中高职教育贯通会计专业核心课程教材系列
上海商贸职业教育集团

U0815396

成本会计练习册

吕　凡　龚如彦／主　编
李　敏／主　审

立信会计出版社
LIXIN ACCOUNTING PUBLISHING HOUSE

前　言

本习题集是为了配合“成本会计”教材而编写的。习题形式有单项选择题、多项选择题、判断改错题和技能训练题等。习题集紧扣教材内容，题量丰富，内容完整，由浅入深，由易到难。编写本习题集旨在便于广大教师教学，也便于学生边学边练，提高学生的学习兴趣，增强学生的实际操作能力。

在习题集的编写过程中，编写人员充分学习、吸收和运用了有关专家学者、前辈的研究成果和教学改革成果，根据《企业产品成本核算制度（试行）》等成本核算规范，以《企业会计准则》和《小企业会计准则》为依据，在对“成本会计”教材的重点和难点进行归纳阐述的基础上，提供了大量理论练习题和实务训练题。本习题集根据中等财经专业学生的实际情况和专业知识需求及技能要求，结合编者多年来从事会计课程教学的体会和经验编写，以期能够满足广大中职师生的需要。

本习题集由吕凡、龚如彦担任主编。全书七个模块的编写具体分工如下：龚如彦负责编写模块一、四，吕凡负责编写模块二，陆炜渊负责编写模块三、七，郑艺负责编写模块五，谢咏梅负责编写模块六。

在本习题集的编写过程中，作者花费了大量的时间和心血，但疏漏之处在所难免，恳请广大教师和学生提出批评意见，以便今后不断修改和完善。

编　者

2018 年秋

目　　录

模块1　成本会计的认识

一、知识训练

(一) 单项选择题

1. 工业企业产品成本是指________。（　　）
   A. 生产费用、销售费用、管理费用、财务费用之和
   B. 生产一定种类、一定数量的产品所支出的各种生产费用之和
   C. 生产费用与管理费用之和
   D. 生产费用与管理费用、财务费用之和
2. 正确计算产品成本，应做好的基础工作是________。（　　）
   A. 正确划分各种费用界限　　B. 确定成本计算对象
   C. 建立健全原始记录工作　　D. 确定成本项目
3. 下列各项中，属于产品生产成本项目的是________。（　　）
   A. 外购材料　　B. 直接人工　　C. 折旧费　　D. 利息费用
4. 下列支出属于资本性支出的是________。（　　）
   A. 购入原材料支付的运杂费　　B. 支付的产品销售费用
   C. 购进产品生产线的价款　　D. 支付给生产工人的工资
5. 下列各项中，属于资本性支出的是________。（　　）
   A. 购置固定资产支出　　B. 销售人员报销差旅费
   C. 生产产品领用材料　　D. 预提银行短期借款利息
6. 为正确计算产品成本，应正确划分的费用界限是________。（　　）
   A. 销售费用和财务费用　　B. 生产费用和期间费用
   C. 财务费用和管理费用　　D. 管理费用和销售费用
7. 固定资产报废清理净损失应计入________。（　　）
   A. 生产成本　　B. 管理费用　　C. 营业外支出　　D. 制造费用
8. 少计成本、费用，会导致________。（　　）
   A. 虚增利润　　B. 增加生产成本
   C. 增加库存商品　　D. 使企业成本、费用得到应有的补偿
9. 为组织和管理企业生产经营活动所发生的管理费用，应计入________。（　　）
   A. 生产成本　　B. 期间费用　　C. 库存商品　　D. 营业外支出
10. 船舶制造企业按照生产组织形式划分属于________。（　　）
    A. 大量生产　　B. 大批生产　　C. 单件生产　　D. 小批生产
11. 下列各项中，属于产品成本核算基本方法的是________。（　　）
    A. 定额法　　B. 交互分配法

C. 分步法　　D. 分类法

12. 以产品品种为成本计算对象的产品成本核算方法称为________。（　）

A. 分类法　B. 分步法　C. 分批法　D. 品种法

（二）多项选择题

1. 属于产品成本项目的有________。（　）

A. 直接材料　B. 直接人工　C. 制造费用　D. 燃料与动力

2. 企业确定成本核算方法时，应考虑的因素有________。（　）

A. 产品的投产量　　B. 企业的生产类型特点

C. 企业成本管理要求　　D. 产品的完工时间

3. 成本核算的基本方法主要包括________。（　）

A. 分类法　B. 品种法　C. 分批法　D. 分步法

4. 成本核算的辅助方法主要包括________。（　）

A. 分类法　B. 品种法　C. 定额法　D. 分步法

（三）判断改错题

1. 成本项目的设置，应根据企业的生产特点和管理的要求来决定。（　）

正确：

2. 对于工业企业生产经营的费用进行合理的分类，其中最基本的方法是按照费用的经济内容和经济用途划分。（　）

正确：

3. 每个工业企业的产品成本项目都分为直接材料、直接人工、制造费用三个成本项目。

正确：（　）

4. 非常损失应计入经营管理费用。（　）

正确：

5. 企业购建固定资产所发生的支出属于收益性支出。（　）

正确：

二、技能训练

习题 1-1

【目的】 练习产品成本的计算。

【资料】 假设本月甲产品发生生产费用 6 000 元，期初甲产品成本为 4 000 元，期末甲产品成本为 2 000 元。

【要求】 根据以上资料，计算本月完工甲产品成本。

习题 1-2

【目的】 练习成本计算方法的选择。

【资料】 某服装是一个小型服装企业，有一个基本生产车间，分为 A，B，C 三道生产工序；生产是按订单小批量生产各种服装。

【要求】 根据以上资料，分析判断该服装企业属于哪种生产类型。该服装企业应选择哪种成本核算方法比较合适？并说明理由。

模块 2　费用的归集与分配

一、知识训练

（一）单项选择题

1. ________是指经过加工后能够构成产品主要实体的各种原料和材料。（　　）
   A. 原料及主要材料　　B. 辅助材料
   C. 外购半成品　　D. 燃料
2. ________不作为固定资产核算和管理的各种劳动资料，包括工具、管理用具、包装容器等。（　　）
   A. 包装物　　B. 低值易耗品　　C. 辅助材料　　D. 燃料
3. 期末，企业根据全部领料凭证汇总编制________，确定计入直接材料费用的材料消耗量。（　　）
   A. 领料单　　B. 限额领料单
   C. 发出材料汇总表　　D. 生产成本明细账
4. 对于材料费用同时被多个对象耗费且无法直接确认的，应________。（　　）
   A. 采用比例法进行分配　　B. 不需要进行分配
   C. 管理人员决定分配　　D. 归入某个对象成本
5. 实际工作中一般用“________”账户核算外购动力费用，即在付款时先作为暂付款处理。（　　）
   A. 其他应付款　　B. 其他应收款　　C. 应收账款　　D. 应付账款
6. 企业销售部门人员的工资及福利费，应计入________。（　　）
   A. 销售费用　　B. 生产成本　　C. 管理费用　　D. 制造费用
7. 在按 20.83 天计算日工资率的企业中，节假日________、________工资。（　　）
   A. 要算、要扣　　B. 要算、不扣　　C. 不算、不扣　　D. 不算、要扣
8. ________是企业专门用于职工医疗、补助以及其他福利事业的经费。（　　）
   A. 职工福利费　　B. 社会保险费　　C. 工会经费　　D. 职工教育经费
9. ________是指在职工劳动合同尚未到期前，企业决定解除与职工的劳动关系而给予的补偿，或者在职工劳动合同尚未到期前，为鼓励职工自愿接受裁减而给予的补偿。（　　）
   A. 职工福利费　　B. 失业保险　　C. 工会经费　　D. 辞退福利
10. ________是指直接用于产品生产而发生的工资费用，只是其受益对象不能直接确认为独立受益产品，而是需要利用一定的方法在各受益产品之间进行分配。（　　）
   A. 直接计入工资费用　　B. 间接计入工资费用
   C. 产品人工成本　　D. 计件工资

11. 在企业生产产品成本中，“直接人工”项目不包括________。 ( )

A. 直接参加生产的工人的工资　B. 按生产工人工资计提的福利费

C. 直接参加生产的工人的计件工资　D. 企业行政管理人员工资

12. 基本生产车间计提的固定资产折旧费，应借记“________”账户。 ( )

A. 管理费用　B. 销售费用　C. 制造费用　D. 基本生产成本

13. 其他费用发生时，应根据有关的付款凭证，按照费用的用途进行归类，分别记入“制造费用”“管理费用”“销售费用”等账户的借方，贷记“________”账户。 ( )

A. 其他应收款　B. 其他应付款　C. 银行存款　D. 应付账款

14. ________是指为基本生产、企业行政管理部门等单位进行的产品生产和劳务供应。 ( )

A. 辅助生产　B. 基本生产　C. 行政管理　D. 产品销售

15. 采用直接分配法分配辅助生产成本，________各辅助生产车间之间相互提供劳务或产品的情况，将各种辅助生产费用直接分配给辅助生产以外的各受益单位。 ( )

A. 不考虑　B. 必须考虑

C. 视情况是否考虑　D. 可以不考虑

16. 采用直接分配法分配辅助生产成本的特点是将归集的辅助生产车间的成本________。 ( )

A. 直接记入“辅助生产成本”账户

B. 直接分配给所有受益的车间、部门

C. 直接分配给其他辅助生产车间

D. 直接分配给辅助生产车间以外各受益单位

17. ________是指各辅助生产车间分配费用按受益多少的顺序排列，受益少的排在前面，先将费用分配出去；受益多的排在后面，后将费用分配出去，后列车间负担前列车间分配转入的费用，但不再向前列车间分配费用。 ( )

A. 直接分配法　B. 顺序分配法　C. 代数分配法　D. 计划成本分配法

18. ________是指根据辅助生产车间相互提供的劳务量和交互分配前的费用分配率在辅助生产车间之间进行一次交互分配；然后将归集的辅助生产车间交互分配后的实际费用（即交互分配前的费用加上交互分配转入的费用，减去交互分配转出的费用），再按其提供给辅助生产车间之外各受益单位的劳务量进行分配的方法。 ( )

A. 顺序分配法　B. 直接分配法　C. 代数分配法　D. 一次交互分配法

19. 辅助生产成本交互分配法的交互分配是在________之间的分配。 ( )

A. 辅助生产车间与基本生产车间　B. 企业内部各基本生产车间

C. 企业内部各辅助生产车间　D. 辅助生产车间与其他各受益车间、部门

20. ________是指按辅助生产车间生产的产品或劳务的计划单位成本分配辅助生产费用的一种方法。 ( )

A. 顺序分配法　B. 代数分配法

C. 计划成本分配法　D. 一次交互分配法

21. 计划成本分配法的成本差异合计数转入“________”账户。 ( )

A. 制造费用　B. 待处理财产损溢

C. 基本生产成本　　　　　　　　D. 管理费用

22. 先根据解联立方程的原理，计算辅助生产劳务或产品的单位成本，然后根据各受益单位（包括辅助生产内部和外部各单位）耗用的数量和单位成本分配辅助生产费用的分配方法是________。（　　）

A. 代数分配法　　　　　　　　B. 计划成本分配法

C. 一次交互分配法　　　　　　D. 顺序分配法

23. 在辅助生产费用的各种分配方法中，分配结果最正确的是________。（　　）

A. 代数分配法　　　　　　　　B. 计划成本分配法

C. 一次交互分配法　　　　　　D. 顺序分配法

24. 辅助生产车间发生的制造费用________。（　　）

A. 必须通过“制造费用”总账账户核算

B. 不必通过“制造费用”总账账户核算

C. 首先记入“辅助生产成本”账户

D. 根据具体情况可记入“制造费用”总账账户，也可直接记入“辅助生产成本”账户

25. ________是指工业企业为生产产品或提供劳务而发生的、应该计入产品成本但没有专设成本项目的各项生产费用。（　　）

A. 制造费用　　B. 管理费用　　C. 销售费用　　D. 基本生产成本

26. “制造费用”账户期末应________。（　　）

A. 无余额　　　　　　　　　　B. 可能有余额，一定在借方

C. 可能有余额，一定在贷方　　D. 可能有借方或贷方余额

27. 制造费用明细表反映工业企业________。（　　）

A. 辅助生产车间的制造费用　　B. 基本生产车间的制造费用

C. 所有生产车间的制造费用　　D. 各生产单位的制造费用

28. 按计划分配率分配制造费用时，年末如果实际发生额小于计划分配额，其差额应在12月份________。（　　）

A. 用红字借记“制造费用”账户，贷记“基本生产成本”账户

B. 用蓝字借记“制造费用”账户，贷记“基本生产成本”账户

C. 用蓝字借记“基本生产成本”账户，贷记“制造费用”账户

D. 用红字借记“基本生产成本”账户，贷记“制造费用”账户

29. 产成品入库后，由于保管不善等原因而损坏变质的损失，应作为________处理。（　　）

A. 废品损失　　B. 管理费用　　C. 销售费用　　D. 营业外支出

30. 下列不属于废品的有________。（　　）

A. 生产过程中发现的不可修复的在产品

B. 生产过程中发现的可修复的半成品

C. 入库后发现的可修复的产成品

D. 入库后发现的由于保管不善导致的变质品

31. ________是指因生产操作等原因，造成质量不符合规定的技术标准，不能按原定用途使用，或需经加工修理才能使用的在产品、半产品或产成品。（　　）

A. 废品　　B. 在产品　　C. 半成品　　D. 产成品

32. 由于自然灾害造成的非正常停工损失，应计入________。 （ ）

A. 营业外收入 B. 营业外支出 C. 管理费用 D. 制造费用

33. 对于季节性停工企业在停工期间所发生的费用，应计入________。 （ ）

A. 制造费用 B. 营业外支出 C. 停工损失 D. 管理费用

34. ________是指因企业每月末在产品数量很少，月初和月末在产品的成本也很小，月初在产品成本与月末在产品成本的差额更小。在计算月末完工产品成本时，可以将期末在产品忽略不计。 （ ）

A. 在产品不计算成本法 B. 在产品按年初(固定)成本计价法

C. 在产品按完工产品计算法 D. 约当产量法

35. 在产品不计算成本法适用于________的产品。 （ ）

A. 没有在产品 B. 各月月末在产品数量很小

C. 各月月末在产品数量变化很小 D. 各月月末在产品数量固定

36. 采用________分配方法时，各月月末在产品的成本固定不变。 （ ）

A. 在产品不计算成本法 B. 在产品按年初(固定)成本计价法

C. 在产品按完工产品计算法 D. 约当产量法

37. 在产品成本按完工产品成本计算的前提条件是________。 （ ）

A. 月末在产品数量较大 B. 在产品已接近完工

C. 在产品原材料费用比重大 D. 月末在产品数量稳定

38. 在产品成本按定额成本计算，月末在产品定额成本与实际成本的差异应该________。 （ ）

A. 全部由完工产品负担 B. 全部由在产品负担

C. 结转给管理费用负担 D. 由完工产品和在产品共同负担

39. 若产品的各项消耗定额比较准确、稳定，各月月末在产品数量变化不大，完工产品和在产品费用分配应采用________。 （ ）

A. 定额成本法 B. 定额比例法

C. 在产品按完工产品计算法 D. 约当产量法

40. 原材料费用按完工产品产量与月末在产品数量比例进行分配的条件是________。 （ ）

A. 原材料费用所占比重较大 B. 原材料在生产开始时一次投入

C. 原材料费用定额比较正确 D. 原材料分工序一次投入

41. 原材料随着产品生产进度陆续投料时，各工序结存的在产品在本工序的平均投料程度按________计算。 （ ）

A. 20% B. 30% C. 50% D. 80%

42. 某产品经两道工序加工完成，第一道工序月末在产品数量为100件，完工程度为20%；第二道工序月末在产品数量为200件，完工程度为70%。月末在产品产量为________件。 （ ）

A. 20 B. 135 C. 140 D. 160

43. 约当产量比例法适用于________的产品。 （ ）

A. 月末在产品数量较大

B. 各月末在产品数量变化较大

C. 产品成本中直接材料、直接人工、制造费用比重相差不大

D. 以上三项条件同时具备

44. 某产品经三道工序加工而成，各工序的工时定额分别为 6 小时、12 小时、12 小时。则第三道工序的完工率为________。 (　　)

A. 40%　　B. 50%　　C. 80%　　D. 100%

(二) 多项选择题

1. 发出材料按实际成本计价有________几种方法。 (　　)

A. 先进先出法　　B. 月末一次加权平均法

C. 移动加权平均法　　D. 个别计价法

2. 下列可以在“原材料”总账科目中核算的有________。 (　　)

A. 自制半成品　　B. 原料及主要材料

C. 外购半成品　　D. 修理用备件

3. 材料费用同时被多个对象耗费且无法直接确认的，可以采用以下________的分配方法分配计入各有关产品成本的“直接材料”成本项目。 (　　)

A. 产量(重量)比例法　　B. 定额消耗量比例法

C. 定额费用比例法　　D. 直接分配法

4. 外购燃料动力费用的分配可以按产品的________或其他比例分配。 (　　)

A. 生产工时比例　　B. 机器工时比例

C. 定额耗电量比例　　D. 个别计价

5. 职工薪酬准则规定的职工薪酬主要包括________。 (　　)

A. 职工工资、奖金、津贴和补贴　　B. 职工福利费、五险一金

C. 工会经费和职工教育经费　　D. 非货币性福利、辞退福利

6. 工资费用的原始记录有________。 (　　)

A. 考勤记录　　B. 产量和工时记录

C. 工资单　　D. 其他凭证

7. 我国目前的折旧计算方法主要有________。 (　　)

A. 年限平均法　　B. 工作量法

C. 双倍余额递减法　　D. 年数总和法

8. 分配折旧费用时，可以借记的账户有________。 (　　)

A. 辅助生产成本　　B. 制造费用

C. 管理费用　　D. 生产费用

9. 辅助生产费用的分配通常采用的方法有________。 (　　)

A. 直接分配法、顺序分配法　　B. 一次交互分配法

C. 代数分配法　　D. 计划成本分配法

10. 分配辅助生产成本采用直接分配法的特点有________。 (　　)

A. 成本只是对外分配　　B. 成本需要对内分配

C. 计算工作简便　　D. 计算较繁琐

11. 采用代数分配法分配辅助生产费用，________。（　　）

A. 计算简便　　B. 能够提供正确的分配计算结果

C. 适用于实现电算化的企业　　D. 便于分析考核

12. 辅助生产费用分配的一次交互分配法，其的特点有________。（　　）

A. 核算工作量较大　　B. 核算工作较简便

C. 需要计算两个费用分配率　　D. 核算结果较正确

13. 制造费用包括________以下内容。（　　）

A. 直接生产费用　　B. 没有专设成本项目的直接生产费用

C. 间接生产费用　　D. 车间或分厂用于组织和管理生产的费用

14. 制造费用分配方法主要有________等。（　　）

A. 生产工时比例法　　B. 生产工人工资比例法

C. 机器工时比例法　　D. 年度计划分配率法

15. “制造费用”账户月末________。（　　）

A. 可能有余额　　B. 可能没有余额

C. 余额可能在借方　　D. 余额可能在贷方

16. 下列________各项费用中，应计入制造费用。（　　）

A. 生产车间管理人员工资及福利费　　B. 生产车间固定资产折旧费

C. 生产车间的办公费　　D. 销售人员的工资及福利费

17. “废品损失”账户借方应反映________。（　　）

A. 可修复废品的生产成本　　B. 不可修复废品的生产成本

C. 可修复废品的修复费用　　D. 废品残料回收价值

18. 停工损失包括________。（　　）

A. 停工期间所发生的材料费用　　B. 停工期间所发生的燃料和动力费用

C. 停工期间所支付的工资和福利费　　D. 停工期间应负担的制造费用

19. 计算不可修复废品的净损失应包括________下列因素。（　　）

A. 不可修复废品的生产成本　　B. 废品的残值

C. 废品的应收赔款　　D. 废品的价值

20. “废品损失”账户对应的贷方可能有________。（　　）

A. 基本生产成本　　B. 其他应收款

C. 制造费用　　D. 原材料

21. 生产费用在完工产品与在产品之间的分配的方法不包括________。（　　）

A. 在产品不计算成本法　　B. 在产品按年初(固定)成本计价法

C. 计划成本分配法　　D. 代数分配法

22. 在产品按所耗原材料费用计算法的适用条件为________。（　　）

A. 产品成本中原材料费用比重较大　　B. 各月末在产品数量稳定

C. 各月末在产品数量较大　　D. 各月月末在产品数量变化较大

23. 本月生产费用等于本月完工产品成本的方法是________。（　　）

A. 约当产量比例法　　B. 在产品不计算成本法

C. 在产品按完工产品成本计价法　　D. 在产品按年初固定成本计价法

24. 约当产量法适用于________。（　　）

A. 月末在产品接近完工　　B. 期末在产品数量较大

C. 各月在产品数量变化较大　　D. 各月在产品数量变化较小

25. 采用定额比例法分配完工产品和在产品费用，应具备________以下条件。（　　）

A. 各项消耗定额比较准确　　B. 各项消耗定额比较稳定

C. 各月月末在产品数量变化不大　　D. 各月月末在产品数量变化较大

（三）判断改错题

1. 对生产所剩余料，应编制退料单，据以退回仓库；对于车间已经领用下月需要继续耗用的材料，为了加强管理，应实际退回仓库。（　　）

正确：

2. 在几种产品共同耗用原材料的情况下，原材料既可以按定额消耗量分配，也可以按定额费用比例分配。（　　）

正确：

3. 记入“直接人工”成本项目的工资费用都是直接计入费用。（　　）

正确：

4. 工资总额包括计时工资、计件工资、加班加点工资、奖金、退休金和各种工资性质的津贴。（　　）

正确：

5. 实行计件工资制的企业，由于材料缺陷产品的废品，不付计件工资。（　　）

正确：

6. 实行计件工资制的企业，由于工人过失而造成的废品，不付计件工资。（　　）

正确：

7. 生产车间所有职工的工资费均记入“直接人工”成本项目。（　　）

正确：

8. 在采用计时工资情况下，只生产一种产品，生产工人的职工薪酬应直接计入该种产品成本。（　　）

正确：

9. 折旧方法一经确定，不得变更。（　　）

正确：

10. 辅助生产的主要任务是，在为基本生产车间提供服务的同时，主要对外销售产品和提供劳务。（　　）

正确：

11. 辅助生产车间为基本生产车间生产的工具、模具等产品成本，应在产品完工入库时，从“辅助生产成本”账户的贷方转入“低值易耗品”账户的借方。（　　）

正确：

12. 按计划成本分配法分配辅助生产费用时，为简化分配，成本差异数额较小时，可以全部计入管理费用。（　　）

正确：

13. 采用顺序分配法分配辅助生产车间费用时，为了使分配结果更具有准确性，排列在前面的辅助生产车间和部门要负担排列在后面的辅助生产车间和部门的费用。（　　）
正确：
14. 采用一次交互分配法分配辅助生产费用，实际上是进行了两次费用分配。（　　）
正确：
15. 辅助生产费用的分配，应遵循谁受益谁负担的原则。（　　）
正确：
16. 机器工时比例法适用于季节性生产企业分配制造费用。（　　）
正确：
17. 生产工人工资比例分配法适用于产品生产的机械化程度大致相同的情况下。（　　）
正确：
18. 在按年度计划分配率法分配制造费用的车间中，年末“制造费用”账户一般无余额。（　　）
正确：
19. 非季节性的停工损失，应记入“营业外支出”账户中。（　　）
正确：
20. 计算可修复废品的损失，可不必计算其生产成本。（　　）
正确：
21. 在完工产品成本计算出来以后，应将其成本从“基本生产成本”账户的贷方转入“库存商品”账户的借方，“基本生产成本”账户月末没有余额。（　　）
正确：
22. 为了正确计算产品成本，应该正确划分各期产品成本的费用界限。（　　）
正确：
23. 采用在产品成本按年初固定成本计价法时，某种产品本月发生的生产费用就是本月完工产品的成本。（　　）
正确：
24. 如果原材料在生产开始时一次性投入，则原材料费用的完工率为100%。（　　）
正确：
25. 各月月末在产品数量变化不大的产品，可以不计算月末在产品成本。（　　）
正确：

二、技能训练

习题 2-1

【目的】 练习按定额消耗量比例法分配材料费用。

【资料】 某工厂生产A，B两种产品，共耗圆钢26 100千克，单价3元/千克，计78 300元。生产A产品3 000只，单位消耗定额为6千克；生产B产品2 000只，单位消耗定额为4.5千克。

【要求】 按材料定额消耗量比例分配A，B产品共同耗费的圆钢费用并编制会计分录。

习题 2-2

【目的】 练习按定额费用比例法分配材料费用。

【资料】 某企业生产甲、乙两种产品，共同耗用 A 材料 1 200 千克，每千克 4 元。甲产品的实际产量为 140 件，单件产品材料消耗定额为 4 千克；乙产品的实际产量为 80 件，单件产品材料消耗定额为 5.5 千克。

【要求】 按材料定额费用比例法分配甲、乙共同耗费的材料费用并编制会计分录。

习题 2-3

【目的】 练习计时工资的计算。

【资料】 某企业职工李某 201×年 12 月份的月工资标准为 3 000 元。12 月份共 31 天，该工人请事假 1 天，请病假 2 天，星期六、星期天休假 8 天，出勤 20 天。根据该工人的工龄，其病假工资按工资标准的 90%计算。该工人病假和事假期间没有节假日。

【要求】

(1) 按 30 天计算日工资率时，按月工资标准扣除缺勤计算工资。

(2) 按 30 天计算日工资率时，按出勤天数计算工资。

(3) 按 20.83 天计算日工资率时，按月工资标准扣除缺勤计算工资。

(4) 按 20.83 天计算日工资率时，按出勤天数计算工资。

(1)

(2)

(3)

(4)

习题 2-4

【目的】 练习个人计件工资的计算。

【资料】 某企业职工本月生产甲、乙两种产品，生产甲产品 300 件，均为合格品；生产乙产品 272 件，其中合格品为 260 件，料废品 10 件，工废品 2 件。两种产品的工时定额分别为 0.5 小时和 0.3 小时，该职工的小时工资率为 8 元/小时。

【要求】 计算该企业本月应付该职工的计件工资。

习题 2-5

【目的】 练习职工薪酬的分配。

【资料】 某企业基本生产车间生产工人的计时工资共计 79 520 元，按甲、乙两种产品的生产工时比例分配，甲产品生产工时 3 200 小时，乙产品生产工时 2 400 小时，基本生产车间管理人员工资 6 138 元，辅助生产车间工人工资 12 225 元，管理人员工资 3 618 元，行政管理部门人员工资 11 039 元。

【要求】

(1) 按生产工时比例分配甲、乙产品应分配的工资费用。

(2) 编制分配工资费用的会计分录。

(3) 计提社会保险费和住房公积金，并编制会计分录。

(4) 计提工会经费和职工教育经费，并编制会计分录。

(1)

(2)

(3)

(4)

习题 2-6

【目的】练习辅助生产费用直接分配法。

【资料】某企业 1 月份供电车间发生费用 5 000 元，供水车间发生费用3 000元。如表习题 2-1 所示。

表习题 2-1 **辅助生产车间耗用数量分配表**

201×年×月×日

受益部门	用电(度)	用水(吨)
供电车间		2 000
供水车间	5 000	
甲产品	8 000	
乙产品	7 000	
基本生产车间	3 000	7 000
管理部门	2 000	3 000
合计	25 000	12 000

【要求】用直接分配法分配辅助生产费用，编制辅助生产成本分配表(如表习题 2-2 所示)和会计分录。

表习题 2-2 **辅助生产成本分配表(直接分配法)**

201×年 1 月 3 日

项目		供水车间(吨)	供电车间(度)	金额合计(元)
待分配生产费用				
供应辅助生产以外部门的劳务数量				
分配率(单位成本)				
基本生产—甲产品	耗用数量			
	分配金额			
基本生产—乙产品	耗用数量			
	分配金额			
基本生产车间一般耗用	耗用数量			
	分配金额			
管理部门	耗用数量			
	分配金额			
合计				

根据分配的结果，编制会计分录如下：

习题 2-7

【目的】 练习辅助生产费用一次交互分配法。

【资料】 某企业有供电和供水两个辅助生产车间，供电车间本月发生费用 5 500 元，供水车间本月发生费用 2 100 元。如表习题 2-3 所示。

表习题 2-3 辅助生产车间耗用数量分配表

201×年×月×日

受益部门	用电(度)	用水(吨)
供电车间		200
供水车间	2 000	
甲产品	15 500	
基本生产车间	3 000	3 100
管理部门	1 000	600
销售部门	500	300
合计	22 000	4 200

【要求】 用一次交互分配法分配辅助生产费用，编制辅助生产成本分配表(如表习题 2-4 所示)和会计分录。

表习题 2-4 辅助生产费用分配表(交互分配法)

201×年 12 月

项目			交互分配			对外分配		
			供电(度)	供水(吨)	合计(元)	供电(度)	供水(吨)	合计(元)
待分配费用								
供应劳务量								
费用分配率(单位成本)								
辅助生产成本	供电车间	耗用数量						
		分配金额						
	供水车间	耗用数量						
		分配金额						
基本生产成本	甲产品	耗用数量						
		分配金额						
制造费用		耗用数量						
		分配金额						
管理费用		耗用数量						
		分配金额						
销售费用		耗用数量						
		分配金额						
合计								

根据交互分配的结果，编制会计分录如下：

习题 2-8

【目的】 练习辅助生产费用计划成本分配法。

【资料】 某企业设有运输和蒸汽两个辅助生产车间，本月发生辅助生产费用、提供劳务数量和计划单位成本如表习题 2-5 所示。

表习题 2-5　　辅助生产费用、计划单位成本和提供劳务情况表

201×年×月×日

辅助生产车间名称		蒸汽车间	机修车间
辅助生产费用合计		22 500(元)	54 000(元)
提供的劳务总量		40 000(立方米)	24 000(小时)
计划单位成本		0.9(元/立方米)	2.2(元/小时)
各受益对象	蒸汽车间		6 000(小时)
	机修车间	4 000(立方米)	
	基本生产甲产品	10 800(立方米)	
	基本生产乙产品	10 000(立方米)	
	基本生产车间	7 200(立方米)	12 000(小时)
	行政管理部门	8 000(立方米)	6 000(小时)

【要求】

(1) 采用计划成本分配法计算登记辅助生产费用分配表(如表习题 2-6 所示)。

(2) 编制辅助生产费用分配的会计分录

表习题 2-6　　辅助生产费用分配表(计划成本分配法)

201×年×月×日　　　　金额单位:元

辅助生产车间名称			蒸汽车间	机修车间	合计
待分配辅助生产费用					
供应的劳务数量					
计划单位成本					
辅助生产成本	蒸汽车间	耗用数量		6 000	
		分配金额			
	机修车间	耗用数量	4 000		
		分配金额			
基本生产成本	甲产品	耗用数量	10 800		
		分配金额			
	乙产品	耗用数量	10 000		
		分配金额			
制造费用		耗用数量	7 200	12 000	
		分配金额			
管理费用		耗用数量	8 000	6 000	
		分配金额			
按计划成本分配费用合计					
辅助生产实际成本					
辅助生产成本差异					

习题 2-9

【目的】 练习辅助生产费用代数分配法。

【资料】 以习题 2.7 资料为例，采用代数分配法分配辅助生产费用。

【要求】 编制辅助生产成本分配表（如表习题 2-7 所示）和会计分录。

表习题 2-7　　辅助生产费用分配表（代数分配法）

201×年×月×日　　金额单位：元

辅助生产车间名称			供电	供水	合计
待分配辅助生产费用					
供应劳务数量					
分配率					
辅助生产成本	供电车间	耗用数量		200	
		分配金额			
	供水车间	耗用数量	2 000		
		分配金额			
基本生产成本	甲产品	耗用数量	15 500		
		分配金额			
制造费用		耗用数量	3 000	3 100	
		分配金额			
管理费用		耗用数量	1 000	600	
		分配金额			
销售费用		耗用数量	500	300	
		分配金额			
分配金额合计					

习题 2-10

【目的】 练习制造费用的归集与分配。

【资料】 某企业生产车间生产甲、乙两种产品，本月发生下列业务：

（1）本月耗用材料 99 600 元，其中直接用于甲产品生产 45 000 元，用于乙产品生产 32 000 元，用作基本生产车间机物料 12 100 元，用于企业行政管理部门 10 500 元。

（2）发生工资费用 62 000 元，其中基本生产车间甲生产工人工资 34 000 元，管理人员工资 13 000 元，企业行政管理人员工资 15 000 元。

（3）计提固定资产折旧费 49 000 元，其中基本生产车间 27 400 元，行政管理部门

21 600元。

(4) 用银行存款支付其他费用 45 000 元,其中基本生产车间 26 000 元,行政管理部门 19 000 元。

该企业基本生产车间的制造费用按产品机器工时比例分配,其机器工时为:甲产品 1 670小时,乙产品 1 658 小时。

【要求】

(1) 编制各项费用发生的会计分录。

(2) 计算基本生产车间甲、乙产品应分配的制造费用并编制会计分录。

(1)

(2)

习题 2-11

【目的】 练习制造费用计划分配率。

【资料】 某车间全年计划制造费用总额为 40 000 元,全年计划生产甲产品 2 000 件,乙产品 1 000 件。甲产品工时定额为 3 小时,乙产品工时定额为 4 小时。1 月份甲产品实际产量 180 件,乙产品实际产量 100 件,1 月份制造费用总额为 3 700 元。

【要求】 按计划分配法分配甲、乙产品本月应负担的制造费用,并编制相应的会计分录。

习题 2-12

【目的】 练习可修复废品损失的计算。

【资料】 某企业第二车间本月在生产丙产品时发现可修复废品 3 件,当即进行修复。耗用材料费 210 元,直接人工费 100 元,应分配制造费用 128 元,应向过失人索赔 75 元。

【要求】 计算丙产品的可修复废品损失,并编制会计分录。

习题 2-13

【目的】 练习不可修复废品损失的计算(按实际成本计算)。

【资料】 某车间本月生产甲产品 500 件,其中验收时发现不可修复废品 20 件,合格品生产工时为 9 600 小时,废品工时为 400 小时,甲产品成本计算单所列合格品和废品的全部生产费用为:直接材料 30 000 元,燃料及动力 5 600 元,直接人工 8 600 元,制造费用 3 800元,共计 48 000 元。废品残料回收价值 600 元,原材料于生产开工时一次性投入。原材料费用按合格品数量和废品数量的比例分配,其他费用按生产工时比例分配。

【要求】

(1) 编制"废品损失计算表"。

(2) 编制相应会计分录。

(1) 编制"废品损失计算表"如表习题 2-8 所示。

表习题 2-8 **废品损失计算表(按实际成本计算)**

200×年×月×日 废品数量:20

产品名称:甲产品 金额单位:元

项目	数量(件)	直接材料	生产工时(小时)	燃料及动力	直接人工	制造费用	成本合计
费用总额	500	30 000	10 000	5 600	8 600	3 800	48 000
费用分配率							
废品成本							
减:废品残料							
废品损失							

(2) 根据废品损失计算表,编制会计分录如下:

习题 2-14

【目的】 练习废品损失的计算。

【资料】 某企业甲产品可修复废品共发生修复费用为:原材料 1 700 元,应付工资 480 元。职工福利费 65 元,制造费用 240 元。不可修复废品 5 件,每件原材料费用定额 120 元;5 件废品的定额工时共计 100 小时,每小时费用定额为:工资及福利费 4 元,制造费用 6 元,废品残料入库 160 元,由过失人赔偿 300 元。

【要求】 计算废品净损失,并编制会计分录。

习题 2-15

【目的】练习在产品不计算成本法。

【资料】某企业本月投产甲产品 300 件,月末完工 285 件,未完工 15 件,月末在产品数量很小,不计算月末在产品成本。本月发生的生产费用如下:直接材料 42 750 元,直接人工 16 815 元,制造费用 12 540 元,合计 72 105 元。

【要求】

(1) 登记“产品成本明细账”。

(2) 编制完工产品验收入库的会计分录。

(1) 登记“产品成本明细账”如表习题 2-9 所示。

表习题 2-9　　产品成本明细账

产品名称:甲产品

完工产品产量 285 件

月末在产品数量 15 件

单位:元

成本项目	直接材料	直接人工	制造费用	合计
月初在产品成本				
本月生产费用				
完工产品成本				
完工产品单位成本				
月末在产品成本				

(2) 编制相应的会计分录:

习题 2-16

【目的】练习在产品按年初(固定)成本计算法。

【资料】某企业投产乙产品 930 吨,各月在产品数量变化不大,在产品按年初(固定)成本计价。月初在产品成本和本月生产费用资料如表习题 2-10 所示。

【要求】

(1) 计算完工产品成本和月末在产品成本,登记完整"产品成本明细账"。

(2) 编制完工产品验收入库的会计分录。

(1) 登记"产品成本明细账"。

表习题 2-10　　产品成本明细账

产品名称:乙产品

完工产品产量 800 吨

月末在产品数量 130 吨

单位:元

成本项目	直接材料	直接人工	制造费用	合计
月初在产品成本	229 600	79 800	49 000	358 400
本月生产费用	903 120	387 660	234 300	1 525 080
生产费用合计				
完工产品成本				
完工产品单位成本				
月末在产品成本				

(2) 编制相应的会计分录:

习题 2-17

【目的】 练习在产品按所耗原材料费用计算法。

【资料】 某企业丙产品成本中原材料费用所占比重较大,月末在产品按其所耗原材料费用计价,原材料费用按完工产品与月末在产品的数量比例分配。月初在产品直接材料成本为 5 040 元,本月生产费用为:直接材料 36 288 元,直接人工 5 544 元,制造费用 5 760 元,合计 47 592 元。本月完工产品 756 千克,月末在产品 504 千克。

【要求】

(1) 计算完工产品成本和月末在产品成本,登记"产品成本明细账"。

(2) 编制会计分录。

（1）计算并登记“产品成本明细账”如表习题 2-11 所示。

习题表 2-11 **产品成本明细账**

产品名称：丙产品

完工产品产量 756 千克

月末在产品数量 504 千克

单位：元

成本项目	直接材料	直接人工	制造费用	合计
月初在产品成本				
本月生产费用				
生产费用合计				
费用分配率				
完工产品成本				
月末在产品成本				

（2）编制相应会计分录：

习题 2-18

【目的】练习在产品按所耗原材料费用计算法。

【资料】某企业甲产品成本中原材料费用所占比重很大，月末在产品按其所耗定额原材料费用计价。月初在产品定额直接材料费用 3 600 元，本月生产费用为：直接材料 24 400元，直接人工 3 960 元，制造费用 7 200 元。本月完工产品 540 件，月末在产品 300 件，完工程度 45%。单位产品材料费用定额为 44 元。原材料随生产进度逐步投料。

【要求】

（1）计算完工产品成本和月末在产品成本。

（2）编制会计分录。

（1）计算并编制“产品成本明细账”，如表习题 2-12 所示。

表习题 2-12 **产品成本明细账**

单位：元

成本项目	直接材料	直接人工	制造费用	合计
月初在产品成本				
本月生产费用				
生产费用合计				
完工产品成本				
月末在产品成本				

（2）编制会计分录：

习题 2-19

【目的】练习按完工产品成本计算法计算产品成本。

【资料】某企业生产丙产品，本月份完工产品产量为 600 件，在产品为 400 件。有关的资料如表习题 2-13 所示。

表习题 2-13　　产品成本资料

201×年×月×日　　单位：元

项目	直接材料	燃料及动力	直接工资	制造费用	合计
月初在产品成本	30 000	2 000	800	900	33 700
本月发生费用	86 000	4 000	5 000	3 000	98 000

【要求】

（1）采用在产品按完工产品成本法计算完工产品和在产品成本，登记“产品成本明细账”。

（2）编制会计分录。

（1）计算并登记“产品成本明细账”，如表习题 2-14 所示。

表习题 2-14　　产品成本明细账

产品名称：丙产品

完工产品产量 600 件

在产品 400 件　　单位：元

项　　目	直接材料	燃料及动力	直接人工	制造费用	合　计
月初在产品成本					
本月发生费用					
合　　计					
费用分配率					
完工产品成本					
月末在产品成本					

(2)

习题 2-20

【目的】 练习完工程度的计算。

【资料】 某企业生产甲产品，其单件工时定额为 10 小时，经两道工序制成。其中，第一道工序的工时定额为 4 小时，第二道工序的工时定额为 6 小时。

【要求】 计算各道工序在产品的完工程度。

习题 2-21

【目的】 练习投料程度（一次投入）的计算。

【资料】 某企业生产的甲产品须经过三道加工工序完成，原材料分别在各个工序开始时一次性投入。甲产品单位成品原材料消耗定额 250 元，其中，各工序投料定额分别为 150 元、75 元、25 元。201×年 6 月月末，盘点确定的甲产品数量为 350 件，其中，各工序分别为 90 件、130 件、130 件。

【要求】

(1) 计算每道工序的在产品投料程度。

(2) 计算每道工序的约当产量及全部在产品的总约当产量。

习题 2-22

【目的】 练习投料程度（陆续投入）的计算。

【资料】 某企业生产的甲产品须经过三道加工工序完成，原材料分三道工序。每道工序随着产品生产进度陆续投入原材料。甲产品单位成品原材料消耗定额为 250 元，其中，各工序投料定额分别为150元、75元、25元。201×年6月月末，盘点确定的甲产品数量为350件，其中，各工序分别为90件、130件、130件。

【要求】

(1) 计算每道工序的在产品投料程度。

(2) 计算每道工序的约当产量及全部在产品的总约当产量。

习题 2-23

【目的】 练习完工程度的计算。

【资料】 某产品经过三道工序制成，各道工序工时定额为：第一道工序8小时，第二道工序10小时，第三道工序7小时。三道工序的月末在产品分别为：1 200件、1 500件和1 100件。

【要求】

(1) 计算各道工序的完工程度。

(2) 计算各道工序的约当产量。

(3) 计算全部在产品的总约当产量(列出算式)。

习题 2-24

【目的】 练习约当产量比例法(原材料一次投入)。

【资料】 某企业生产甲产品，月初在产品成本和本月发生的费用如表习题2-15所示。

表习题 2-15　　甲产品月初在产品成本和本月生产费用

201×年×月×日　　单位:元

成本项目	直接材料	直接人工	制造费用	合　计
月初在产品成本	230 000	18 000	11 400	259 400
本月发生费用		45 000	30 000	75 000

本月完工产品1 600件，月末在产品400件，在产品完工程度50%。原材料在生产开始时一次投入。

【要求】

(1) 计算完工产品成本和月末在产品成本(列出料、工、费分配率算式)。

(2) 登记产品成本明细账，编制会计分录。

(1) 计算料、工费：

(2) 登记产品成本明细账(见表习题 2-16)。

表习题 2-16 **产品成本明细账**

产品名称：甲产品

完工产品产量：1 600 件

月末在产品数量：400 件，完工程度：50%　　金额单位：元

成本项目	直接材料	直接人工	制造费用	合　计
月初在产品成本				
本月生产费用				
生产费用合计				
费用分配率				
完工产品成本				
月末在产品成本				

习题 2-25

【目的】 练习约当产量比例法(原材料一次投入)。

【资料】 某企业甲产品要经过三道工序连续加工才能完成。原材料是在生产开始时一次性投入的，三道工序的工时定额和月末在产品的数量见甲产品月末在产品约当产量计算表(如表习题 2-17 所示)，生产费用累计数见甲产品成本明细账(如表习题 2-18 所示)，本月完工产品数量 140 件。

【要求】

(1) 计算各工序在产品的完工率及约当产量。

(2) 按约当产量比例法分配计算完工产品和在产品成本(列出料、工、费分配率算式)，登记产品成本明细账，编制会计分录。

表习题 2-17　　　　甲产品月末在产品约当产量计算表

201×年×月×日

工　序	工时定额（小时）	完工率（列出计算过程）	在产品数量（件）	约当产量（件）
1	30		20	
2	10		10	
3	10		30	
合　计	50		60	

表习题 2-18　　　　产品成本明细账

产品名称：甲产品　　　　金额单位：元

项　　目	直接材料	直接人工	制造费用	合　　计
生产费用累计	45 000	6 480	9 720	61 200
费用分配率				
完工产品成本				
月末在产品成本				

习题 2-26

【目的】 练习题约当产量比例法(原材料一次投入)。

【资料】 某企业生产的甲产品本月完工 280 件，月末在产品 40 件，在产品完工程度平均按 50%计算，材料在生产开始时一次性投入。A 产品月初在产品成本和本月生产费用合计为 29 700 元，其中：直接材料 19 200 元，直接人工 6 000 元，制造费用 4 500 元。

【要求】 按约当产量法计算完工产品和在产品成本，并编制会计分录。

习题 2-27

【目的】 练习约当产量比例法(原材料陆续投入)。

【资料】 甲产品本月完工 180 件,月末在产品 35 件,月初和本月共发生费用 16 082 元。原材料随着生产进度陆续投入,在产品完工程度 20%。

【要求】 按约当产量比例法分配计算完工产品和在产品成本。

习题 2-28

【目的】 练习约当产量比例法(原材料陆续投入)。

【资料】 某企业生产丁产品,月初在产品与本月生产费用合计为直接材料 14 080 元,直接人工 12 320 元,制造费用 11 440 元。本月完工产品 400 件,在产品 80 件,在产品完工程度为 50%。

【要求】 按约当产量比例法分配计算完工产品和在产品成本(列出料、工、费分配率计算式),登记产品成本明细账(如表习题 2-19 所示),编制会计分录。

表习题 2-19 产品成本明细账

产品名称:丁产品
完工产品:400 件
在产品:80 件
完工程度:50%

金额单位:元

项　目	直接材料	直接人工	制造费用	合　计
生产费用累计				
费用分配率				
完工产品成本				
月末在产品成本				

习题 2-29

【目的】 练习在产品按定额成本计价法。

【资料】 某企业本月生产甲产品,月初在产品成本和本月生产费用合计为:直接材料 20 440 元,直接人工 15 840 元,制造费用 10 080 元,合计 46 360 元。该产品所耗原材料在生产开始时一次性投入。月末在产品 50 件,单位产品原材料费用定额 40 元,月末在产品累计工时定额 250 小时,每小时费用定额分别为:直接人工 5.5 元,制造费用 3.8 元。

【要求】

(1) 计算月末在产品的定额原材料费用、定额人工费和定额制造费用。

(2) 计算完工产品成本并登记产品成本明细账(如表习题 2-20 所示。),编制会计分录。

表习题 2-20　　产品成本明细账

单位:元

成本项目	生产费用合计	月末在产品定额成本	完工产品成本
直接材料			
直接人工			
制造费用			
合　计			

习题 2-30

【目的】练习定额比例法。

【资料】某企业 1 月份丁产品成本明细账部分数据如表习题 2-21 所示。

表习题 2-21　　产品成本明细账

金额单位:元

摘　要		直接材料	直接人工	制造费用	合计
月初在产品成本		2 400	2 000	1 800	6 200
本月生产费用		18 600	14 000	12 200	44 800
生产费用累计					
分配率					
完工产品	定额	12 400	5 600	5 600	
	实际				
月末在产品	定额	7 600	2 400	2 400	
	实际				

【要求】按定额比例法分配完工产品与月末在产品成本,登记完整产品成本明细账,编制会计分录。(其中:直接材料费用按定额费用比例分配,直接人工费用和制造费用按定额工时比例分配)。

模块 3　产品成本计算的基本方法

一、知识训练

(一) 单项选择题

1. 品种法的特点是________。　(　　)
   A. 不分批计算产品成本
   B. 不分步计算产品成本
   C. 既不分批又不分步计算产品成本
   D. 既不分批又不分步，只分品种计算产品成本
2. 品种法适用于________。　(　　)
   A. 大量大批的单步骤生产
   B. 大量大批的多步骤生产
   C. 单件小批的多步骤生产
   D. 大量大批的单步骤生产和管理上不要求分步骤计算成本的多步骤生产
3. 工资结算和分配的原始凭证是________。　(　　)
   A. 工资卡片　　B. 考勤记录
   C. 产量记录　　D. 工资结算汇总表
4. 编制材料费用分配表的依据是________。　(　　)
   A. 入库单　　B. 出库单　　C. 领退料凭证　　D. 材料盘存单
5. 企业在产品盘盈时，经单位负责人批准后冲减________。　(　　)
   A. 管理费用　　B. 财务费用　　C. 销售费用　　D. 制造费用
6. 以产品品种为成本核算对象的成本核算方法，称为________。　(　　)
   A. 品种法　　B. 分批法　　C. 分步法　　D. 分类法
7. 品种法成本计算期的特点是________。　(　　)
   A. 按月定期计算成本，一定与生产周期一致
   B. 按月定期计算成本，一定与生产周期不一致
   C. 按月定期计算成本，一定与会计报告期不一致
   D. 按月定期计算成本，一定与会计报告期一致
8. 采用品种法，生产成本明细账应当按照________分别开设。　(　　)
   A. 生产车间　　B. 生产步骤　　C. 产品品种　　D. 订货单
9. 品种法适用的生产组织方式是________。　(　　)
   A. 大量生产　　B. 成批生产
   C. 大量大批生产　　D. 单件小批生产
10. 关于品种法，下列说法正确的是________。　(　　)

A. 品种法是所有生产企业都采用的一种成本计算方法
B. 品种法是按月定期计算产品成本的计算方法
C. 成本计算对象要根据管理要求确定
D. 会计报告期末一般没有在产品

(二) 多项选择题

1. 品种法的适用范围有________。 ( )
A. 大量大批单步骤生产
B. 大量大批多步骤生产
C. 管理上不要求分步骤计算成本的大量大批多步骤生产
D. 单件小批生产

2. 下列企业中,适合采用品种法计算产品成本的有________。 ( )
A. 供电企业
B. 采掘企业
C. 制药厂
D. 只制造和销售整车的自行车厂

3. 品种法的特点是________。 ( )
A. 以产品品种为成本核算对象
B. 各月月末,有在产品时,需要采用一定的方法在完工产品和在产品之间分配费用
C. 各月月末,需要采用一定的方法在各步骤之间分配费用
D. 成本核算在各月月末进行,即成本计算期与会计报告期一致,与产品生产周期不一致

4. 关于品种法,下列说法不正确的是________。 ( )
A. 成本计算对象是产品的订单
B. 按生产部门开设产品成本明细账
C. 在月末一定有在产品
D. 成本计算期固定

5. 采用品种法在月末计算产品成本时,如果________,也可以不计算在产品成本。 ( )
A. 没有在产品
B. 在产品数量很少,且成本数额不大
C. 在产品数量很少,但成本数额很大
D. 在产品数量很多,且成本数额很大

(三) 判断改错题

1. 品种法一般适用于计算大量大批多步骤生产的产品成本。 ( )
正确:

2. 不论什么制造企业,不论什么生产类型,也不论管理要求如何,最终都必须按照产品品种计算产品成本。 ( )
正确:

3. 按产品成本计算的品种法是以产品品种为成本计算对象,归集生产费用、计算产品成本的一种方法。 ( )
正确:

4. 品种法是按月定期计算产品成本的。 ( )
正确:

5. 品种法不需要在各种产品之间分配费用,也不需要在完工产品和月末在产品之间分配费用,所以也被称为简单法。 ( )
正确:

二、技能训练

习题 3-1

【目的】练习产品成本计算的品种法。

【资料】某企业设一个基本生产车间和一个辅助生产车间(机修车间)。基本生产车间生产甲、乙两种产品,采用品种法计算产品成本。

10 月份生产车间发生的经济业务如下:

(1) 基本生产车间领用材料 40 000 元,其中,直接用于甲产品生产的 A 材料 10 800 元,直接用于乙产品生产的 B 材料 1 800 元。甲、乙产品共同耗用的 C 材料 10 000 元(按甲、乙产品的定额消耗量比例进行分配,甲产品的定额消耗量为 440 千克,乙产品的定额消耗量为 560 千克),车间一般消耗 1 200 元;辅助生产车间领用材料 2 300 元,两个生产车间领用材料共计 42 300 元。

(2) 结算本月应付职工工资,其中,基本生产车间的工人工资 16 000 元(按甲、乙产品耗用的生产工时比例分配,甲产品生产工时为 300 小时,乙产品生产工时为 500 小时),车间管理人员工资 2 500 元;辅助生产车间职工工资 1 500 元,两个生产车间工资共计 20 000元。

(3) 按照工资额的 14%计提职工福利费。

(4) 计提固定资产折旧费。基本生产车间月初在用固定资产原值 100 000 元,辅助生产车间月初在用固定资产原值 40 000 元,月折旧率为 1%。

(5) 基本生产车间和辅助生产车间发生的其他支出分别为 1 200 元和 620 元,均通过银行办理转账结算。

(6) 辅助生产车间(机修车间)提供劳务 2 515 小时,其中为基本生产车间提供劳务 2 000小时,为管理部门提供劳务 515 小时。

(7) 基本生产车间的制造费用按生产工时比例在甲、乙产品之间进行分配。

(8) 甲产品各月在产品数量变化不大,生产费用在完工产品与在产品之间的分配,采用在产品按固定成本计价法。乙产品原材料在生产开始时一次性投入,原材料费用按完工产品数量和月末在产品数量的比例进行分配,直接人工和制造费用采用约当产量比例法进行分配。乙产品本月完工产品 100 件,月末在产品 50 件,完工率 50%。甲产品月初在产品成本为 9 500 元,其中,直接材料费用 4 000 元,直接人工 1 200 元,制造费用 4 300 元;乙产品月初在产品成本为 14 500 元,其中,直接材料费用 6 000 元,直接人工 3 500 元,制造费用 5 000 元。

【要求】

(1) 编制各项要素费用分配的会计分录。

(2) 编制辅助生产费用分配的会计分录。

(3) 编制结转基本生产车间制造费用的会计分录。

(4) 计算与填列甲、乙产品成本明细账,计算甲、乙产品成本。

(5) 编制结转完工产品成本的会计分录。

计算过程及会计分录：

(1)

(2)

(3)

（4）编制产品成本明细账如表习题 3-1、表习题 3-2 所示。

表习题 3-1　　　　**产品成本明细账**

产品名称：甲产品

产品产量：100 件

金额单位：元

项目	直接材料	直接人工	制造费用	合计
月初在产品成本				
本月生产费用				
生产费用合计				
完工产品成本				
月末在产品成本				

表习题 3-2　　　　**产品成本明细账**

产品名称：乙产品

完工产品数量：

月末在产品数量：

完工程度：

金额单位：元

项目	直接材料	直接人工	制造费用	合计
月初在产品成本				
本月生产费用				
生产费用合计				
分配率				
完工产品成本				
月末在产品成本				

（5）编制会计分录：

模块 4　产品成本计算的基本方法—分批法

一、知识训练

(一) 单项选择题

1. 分批法的成本计算对象是________。　　（　　）
   A. 产品品种　　B. 产品批别
   C. 产品类别　　D. 产品的生产步骤
2. 分批法适用的生产组织形式是________。　　（　　）
   A. 大量生产　　B. 成批生产　　C. 单件生产　　D. 单件小批生产
3. 下列各种产品成本计算方法，适用于单件、小批生产的是________。　　（　　）
   A. 品种法　　B. 分批法
   C. 逐步结转分步法　　D. 平行结转分步法
4. 分批法适用于下列________类型的企业或车间。　　（　　）
   A. 大批量单步骤生产企业　　B. 多步骤连续式大批量生产企业
   C. 单件小批多步骤生产企业　　D. 多步骤装配式大批量生产企业
5. 某制药厂正在试制生产疫苗。为了核算此疫苗的试制生产成本，该企业最适合选择的成本计算方法是________。　　（　　）
   A. 品种法　　B. 分步法
   C. 分批法　　D. 品种法与分步法相结合
6. 分批法的特点是________。　　（　　）
   A. 按产品步骤计算成本　　B. 按产品批别计算成本
   C. 按产品品种计算成本　　D. 按车间来计算成本
7. 分批法也被称为________。　　（　　）
   A. 分类法　　B. 定单法　　C. 定额法　　D. 品种法
8. 对于成本计算的分批法，下列说法正确的是________。　　（　　）
   A. 不存在完工产品与在产品之间费用分配问题
   B. 适用于小批、单件、管理上不要求分步骤计算成本的多步骤生产
   C. 成本计算期与会计报告期一致
   D. 以上说法全部正确
9. 简化的分批法不宜在________情况下被采用。　　（　　）
   A. 各月间接费用水平相差较大　　B. 各月间接费用水平相差不大
   C. 月末未完工产品批量数较多　　D. 投产批数繁多
10. 累计间接费用分配率应用于________。　　（　　）
   A. 简化的品种法　　B. 简化的分批法

C. 分批法　　D. 分步法

11. 采用简化的分批法，在产品完工之前，________产品成本明细账。（　）
A. 只登记直接材料费用　　B. 只登记间接费用，不登记直接费用
C. 登记间接费用和生产工时　　D. 登记直接材料费用和生产工时

12. 下列方法中，必须设置基本生产成本二级账的是________。（　）
A. 分类法　　B. 简化分批法　　C. 定额法　　D. 简化品种法

（二）多项选择题

1. 简化分批法一般适用于________。（　）
A. 同一月份投产的产品批数很少　　B. 月末未完工产品的批数较多
C. 各月间接费用水平相差不多　　D. 各月生产费用水平相差不多

2. 分批法适用于________。（　）
A. 新产品的试制　　B. 单件生产
C. 小批生产　　D. 机器设备的修理作业

3. 采用简化分批法，在各批产品成本明细账中，对没有完工产品的月份，只登记________。（　）
A. 生产工时　　B. 直接材料　　C. 直接人工费用　　D. 制造费用

4. 采用简化分批法，必须具备的条件是________。（　）
A. 月末未完工产品批数比较多
B. 各个月份的间接计入费用的水平相差不多
C. 月末完工产品批数比较多
D. 月末完工产品批数比较少

5. 在简化分批法下，________。（　）
A. 在产品完工之前，产品成本计算单只登记直接材料费用和生产工时
B. 在产品完工之前，产品成本计算单既要登记直接计入费用，又要登记间接计入费用
C. 在基本生产成本二级账中，既要登记直接计入费用，又要登记间接计入费用
D. 只在有完工产品的那个月份，才计算完工产品成本

6. 分批法的最主要特点是________。（　）
A. 成本计算期与产品生产周期一致　　B. 以产品的品种为成本核算对象
C. 以产品的批别为成本核算对象　　D. 成本计算期与财务报告期一致

（三）判断改错题

1. 分批法是按照产品的生产步骤归集生产费用，计算产品成本的一种方法。（　）
正确：

2. 在单件小批生产的企业中，按照产品批别计算产品成本，往往也就是按照订单计算产品成本，因此，产品成本计算的分批法也被称为定单法。（　）
正确：

3. 采用简化分批法计算产品成本，不必设置基本生产成本二级账。（　）
正确：

4. 采用累计间接费用分配法，在间接费用水平相差悬殊的情况下，会影响成本的正确性。 (　　)

正确：

5. 简化的分批法就是不分批计算在产品成本的分批法。 (　　)

正确：

6. 采用分批法计算产品成本时，不存在完工产品与月末在产品之间分配费用的问题。

正确： (　　)

7. 在简化分批法下，在各批产品成本计算单中，对于没有完工产品的月份，只登记直接材料费用和生产工时。 (　　)

正确：

8. 采用简化分批法，必须设立基本生产成本二级账。 (　　)

正确：

二、技能训练

【目的】练习分批法下产品成本计算单的填写。

【资料】春花工厂按照购货单位的要求，小批生产女装产品，采用分批法计算产品成本。该厂7月份投产女装定制产品50件，批号为701，8月份全部完工；8月份投产女装定制产品40件，批号为801，当月完工30件，已交货，还有10件尚未完工。材料在生产时一次性投入。801批产品在产品约当产量计算表如表习题4-1所示。

表习题4-1　　801批产品在产品约当产量计算表

工序	月末在产品数量(件)	在产品完工程度
1	2	15%
2	2	25%
3	6	70%
合计	10	

【要求】将701批和801批产品成本计算单(分别如表习题4-2和表习题4-3所示)填写完整。

表习题4-2　　产品成本计算单

批号：701

产品名称：定制女装　　开工日期：7月15日

委托单位：昌盛公司　　完工日期：8月15日

批量：50件　　单位：元

项目	直接材料	直接人工	制造费用	合计
7月末成本余额	5 400	405	1 530	
8月份发生生产成本	2 070	765	3 600	
结转产成品成本				
单位成本				

表习题 4-3 **产品成本计算单**

批号:801

产品名称:定制女装 开工日期:8月1日

委托单位:宇昂公司 完工日期:

批量:40件 单位:元

项目	直接材料	直接人工	制造费用	合计
8月份发生生产成本	9 600	3 500	2 100	
合计				
结转产成品成本				
单位成本				
月末在产品成本				

材料成本按完工产品产量和在产品实际数量进行分配。

直接人工和制造费用按完工产品产量和在产品约当产量进行分配。

801批产品在产品约当产量计算表如表习题4-4所示。

表习题 4-4 **约当产量计算表**

工序	月末在产品数量(件)	在产品完工程度	在产品约当产量
1	2	15%	
2	2	25%	
3	6	70%	
合计	10		

701批和801批产品成本计算单如表习题4-5和表习题4-6所示。

表习题 4-5 **产品成本计算单**

批号:701产品

名称:定制女装 开工日期:7月15日

委托单位:昌盛公司 完工日期:8月15日

批量:50件 单位:元

项目	直接材料	直接人工	制造费用	合计
7月末成本余额	5 400	405	1 530	
8月份发生生产成本	2 070	765	3 600	
结转产成品成本				
单位成本				

表习题 4-6 **产品成本计算单**

批号:801 产品

名称:定制女装　　开工日期:8 月 1 日

委托单位:宇昂公司　　完工日期:

批量:40 件　　单位:元

项目	直接材料	直接人工	制造费用	合计
8 月份发生生产成本	9 600	3 500	2 100	
合计				
结转产成品成本				
单位成本				
月末在产品成本				

直接材料分配率=

直接人工分配率=

制造费用分配率=

模块5　产品成本计算的基本方法—分步法

一、知识训练

(一) 单项选择题

1. 分步法适用于________。 (　　)
   A. 单件小批生产　B. 大量大批单步骤生产
   C. 大量大批多步骤生产　D. 成批生产
2. 下列各种分步法中,半成品成本不随实物转移而结转的方法是________。 (　　)
   A. 逐步结转分步法　B. 平行结转分步法
   C. 综合逐步结转分步法　D. 分项逐步结转分步法
3. 采用平行结转分步法时,完工产品与在产品之间的费用分配,是________之间的费用分配。 (　　)
   A. 产成品与月末狭义在产品　B. 产成品与月末广义在产品
   C. 完工半成品与月末加工中的在产品　D. 产成品与月末加工中的在产品
4. 采用分步法计算时,如果不需要分步骤计算半成品的成本,可以采用________计算产品成本。 (　　)
   A. 平行结转分步法　B. 综合结转法
   C. 分项结转法　D. 逐步结转分步法
5. 下列计算成本的方法中,适用于大量大批多步骤生产,且需要计算半成品成本的是________。 (　　)
   A. 品种法　B. 平行结转分步法　C. 逐步结转分步法　D. 分批法
6. 在采用综合逐步结转分步法下,下步骤耗用上一步骤半成品的成本应计入下一步骤产品成本明细账中的________项目。 (　　)
   A. 直接人工　B. 制造费用　C. 间接费用　D. 自制半成品
7. ________,为了反映原始成本项目,必须进行成本还原。 (　　)
   A. 逐步结转分步法　B. 平行结转分步法
   C. 分项逐步结转分步法　D. 综合逐步结转分步法
8. 成本还原应从________生产步骤开始。 (　　)
   A. 第一个　B. 最后一个　C. 中间一个　D. 任意一个
9. 按照________分类,分步法可分为逐步结转分步法和平行结转分步法。 (　　)
   A. 是否计算半成品成本　B. 成本计算方法
   C. 组织形式　D. 产品生产步骤
10. 成本还原的对象是________。 (　　)
    A. 最后步骤的产成品成本

B. 各步骤半成品成本
C. 各步骤所耗上步骤半成品的综合成本
D. 各步骤的全部成本

(二) 多项选择题

1. 采用逐步结转分步法,按照半成品成本在下一步骤产品成本明细账中的反映方法不同,可分为________。（ ）
A. 综合结转分步法　　B. 按实际成本结转
C. 分项结转分步法　　D. 按计划成本结转

2. 平行结转分步法下的在产品包括________。（ ）
A. 正在本步骤加工的在产品
B. 本步骤已完工转入下一步骤继续加工的在产品
C. 本步骤已完工转入半成品库的半成品
D. 最后步骤已完工入库的产成品

3. 企业为了________,需要计算各步骤半成品的成本。（ ）
A. 简化成本核算工作量　　B. 对外销售半成品的需要
C. 结转共同耗用成本的需要　　D. 内部考核的需要

4. 以下关于分步法的表述中,正确的有________。（ ）
A. 当企业需要将半成品对外销售时,不宜采用平行结转分步法
B. 逐步结转分步法有利于加强半成品和在产品的实物管理和资金管理
C. 采用平行结转分步法时,不需要将生产费用在完工产品与在产品之间进行分配
D. 采用平行结转分步法时,需要进行成本还原

5. 分步法计算成本的主要特点有________。（ ）
A. 成本计算对象是各种产品及其生产步骤
B. 不需要将生产费用在完工产品与在产品之间进行分配
C. 成本计算定期在月末进行
D. 需要将生产费用在完工产品与在产品之间进行分配

6. 采用逐步结转分步法的缺点是________。（ ）
A. 不利于对各加工步骤完工半产品的成本进行分析和考核
B. 不能提供各步骤半成品成本资料
C. 不能保证成本计算工作的及时性
D. 在综合结转分步法下,如果需要从整个企业的角度分析产成品的成本构成,还需要进行成本还原

7. 平行结转分步法的特点是________。（ ）
A. 各步骤不计算半成品的成本
B. 各步骤半成品成本随实物转移而结转
C. 各步骤半成品成本不随实物转移而结转
D. 各步骤的生产费用也要在完工产品与月末在产品之间进行分配

8. 平行结转分步法适用于________的企业。（ ）

A. 管理上不要求提供按原始成本项目反映产成品成本资料

B. 管理上不要求提供各步骤半成品成本资料

C. 产品种类多,计算和结转半成品成本工作量大

D. 管理上要求全面反映各步骤生产耗费水平

(三) 判断改错题

1. 分步法适用于大量大批多步骤生产企业。 ( )

   正确:

2. 成本还原应从第一个生产步骤开始。 ( )

   正确:

3. 在逐步结转分步法下,为了反映原始成本项目,必须进行成本还原。 ( )

   正确:

4. 分步法的成本核算对象是产品品种及其所经过的生产步骤。 ( )

   正确:

5. 采用平行结转分步法时,半成品成本不随实物转移而结转。 ( )

   正确:

6. 平行结转分步法的在产品为各步骤尚未加工完成的在产品,但不包括各步骤已经完工但尚未最终完成的在产品。 ( )

   正确:

7. 采用逐步结转分步法,完工产品与在产品之间的费用分配,是指产成品与广义在产品之间的费用分配。 ( )

   正确:

8. 在平行结转分步法下,各步骤都要计算出半成品成本,半成品成本随实物转移而结转。 ( )

   正确:

9. 采用分步法计算产品成本,产品成本计算的分步应与实际的生产步骤完全一致。 ( )

   正确:

二、技能训练

习题 5-1

【目的】 练习产品成本计算的逐步结转分步法。

【资料】 恒大公司生产甲产品,该产品顺序经过第一、第二、第三个加工步骤加工而成。第一步骤生产出 A 半成品,进入第二步骤,生产出 B 半成品,再进入第三步骤,加工成甲产成品。原材料在第一步骤开始生产时一次性投入;各步骤月末在产品的完工程度均为 50%;各步骤完工产品与月末在产品之间的费用采用约当产量法进行分配。该企业采用综合逐步结转分步法计算产品成本,自制半成品通过半成品库收发,发出自制半成品的计价采用加权平均法。201×年 6 月份有关成本资料如表习题 5-1、表习题 5-2、表习题 5-3 所示。

表习题 5-1 产量资料

201×年×月×日 单位:件

项目	月初在产品	本月投入	本月完工	月末在产品
第一步骤	100	600	480	220
第二步骤	60	500	400	160
第三步骤	160	380	500	40

表习题 5-2 期初在产品成本资料

201×年×月×日 单位:元

项目	直接材料	自制半成品	直接人工	制造费用	合计
第一步骤	7 000		1 380	2 800	11 180
第二步骤		8 380	860	2 760	12 000
第三步骤		36 500	14 200	7 900	58 600

期初库存:A 半成品月初库存 120 件,实际成本 17 400 元,B 半成品月初无库存。

表习题 5-3 本月生产费用

201×年×月×日 单位:元

项目	直接材料	直接人工	制造费用	合计
第一步骤	56 000	11 600	19 620	87 220
第二步骤		21 700	21 240	42 940
第三步骤		43 000	38 900	81 900

【要求】

(1) 根据上述资料,登记半成品明细账以及三个步骤的产品成本明细账。

(2) 编制有关完工产品入库、领用半成品的会计分录。

A 半成品产品成本明细账如表习题 5-4 所示。

表习题 5-4 产品成本明细账

完工产品数量:件
在产品数量: 件
完工程度:
金额单位:元

第一步骤:A 半成品

项目	直接材料	直接人工	制造费用	合 计
月初在产品成本				
本月生产费用				
合 计				
约当产量				
分配率(单位成本)				
完工半成品成本				
月末在产品成本				

第一步骤成本计算：

直接材料的约当产量＝
直接材料的分配率＝
完工半成品应负担的材料费＝
月末在产品应负担的材料费＝
直接人工的约当产量＝
直接人工的分配率＝
完工半成品应负担的人工费＝
月末在产品应负担的材料费＝
制造费用的约当产量＝
制造费用的分配率＝
完工半成品应负担的制造费用＝
月末在产品应负担的制造费用＝

根据完工 A 半成品入库单作如下会计分录：

A 半成品明细分类账如表习题 5-5 所示。

表习题 5-5　　　　半成品明细分类账

名称：A 半成品　　　　金额单位：元

摘要	收　入			发　出			结　存		
	数量(件)	单价	金额	数量(件)	单价	金额	数量(件)	单价	金额
期初余额									
第一步骤增加									
第二步骤领用									

A 半成品的单位成本＝
第二步骤领用半成品成本＝

根据第二步骤 A 半成品领用单，应编制会计分录如下：

B半成品产品成本明细账如表习题5-6所示。

表习题5-6 **产品成本明细账**

完工产品数量:件
在产品数量: 件
完工程度:
金额单位:元

第二步骤:B半成品

项目	自制半成品	直接人工	制造费用	合计
月初在产品成本				
本月生产费用				
合计				
约当产量				
分配率(单位成本)				
完工半成品成本				
月末在产品成本				

第二步骤成本计算:

自制半成品的约当产量=
自制半成品的分配率=
完工半成品应负担的半成品费=
在产品应负担的半成品费=
直接人工的约当产量=
直接人工的分配率=
完工半成品应负担的人工费=
在产品应负担的人工费=
制造费用的约当产量=
制造费用的分配率=
完工半成品应负担的制造费用=
在产品应负担的制造费用=

根据完工B半成品入库单做如下会计分录:

B半成品明细分类账如表习题5-7所示。

表习题5-7 **半成品明细分类账**

名称:B半成品　　金额单位:元

摘要	收入			发出			结存		
	数量(件)	单价	金额	数量(件)	单价	金额	数量(件)	单价	金额
期初余额									
第二步骤增加									
第三步骤领用									

B半成品的单位成本＝

第三步骤领用半成品成本＝

根据第三步骤B半成品领用单，应编制会计分录如下：

甲产品产品成本明细账如表习题5-8所示。

表习题5-8 **产品成本明细账**

完工产品数量：件
在产品数量： 件
完工程度：
产品名称：甲产品 金额单位：元

项 目	自制半成品	直接人工	制造费用	合 计
月初在产品成本				
本月生产费用				
合 计				
约当产量				
分配率（单位成本）				
完工产成品成本				
月末在产品成本				

第三步骤成本计算：

自制半成品的约当产量＝
自制半成品的分配率＝
完工产成品应负担的半成品费＝
在产品应负担的半成品费＝
直接人工的约当产量＝
直接人工的分配率＝
完工产成品应负担的人工费＝
在产品应负担的人工费＝
制造费用的约当产量＝
制造费用的分配率＝
完工产成品应负担的制造费用＝
在产品应负担的制造费用＝

根据完工甲产品的入库单作如下会计分录：

习题 5-2

【目的】 练习产品成本计算的分项结转分步法。

【资料】 江淮公司生产乙产品分两个步骤连续加工而成。第一步骤生产乙半成品直接转入第二步骤继续加工，成本计算采用分项结转法。原材料在生产开始时一次性投入，第一步骤月末完工产品与在产品之间的费用按约当产量比例分配，第二步骤月末在产品按定额成本计算，乙产品原材料费用定额为 48 元/件，直接人工的定额为 30 元/件，制造费用的定额为 20 元/件。201×年 9 月，有关成本资料如表习题 5-9 至表习题 5-11 所示。

表习题 5-9　　　　产 量 资 料

201×年×月×日　　　　单位：件

项　目	月初在产品	本月投入	本月完工	月末在产品
第一步骤	50	300	250	100
第二步骤	30	250	200	80

表习题 5-10　　　　期初在产品成本资料

201×年×月×日　　　　单位：元

项目	直接材料	直接人工	制造费用	合计
第一步骤	2 600	1 500	1 100	5 200
第二步骤	1 440	900	600	2 940

表习题 5-11　　　　本月生产费用资料

201×年×月×日　　　　单位：元

项　目	直接材料	直接人工	制造费用	合　计
第一步骤	15 320	7 180	5 100	27 600
第二步骤		1 500	1 600	3 100

第一步骤月末在产品的完工程度为 60%。

【要求】

(1) 根据上述资料，登记两个生产步骤的产品成本明细账。

(2) 编制有关完工产品入库的会计分录。

登记乙半成品的产品成本明细账如表习题 5-12 所示。

表习题 5-12 产品成本明细账

完工产品数量:件
在产品数量: 件
完工程度:
金额单位:元

第一步骤:乙半成品 201×年×月×日

项　目	直接材料	直接人工	制造费用	合　计
月初在产品成本				
本月生产费用				
合计				
约当产量				
分配率(单位成本)				
完工半成品成本				
月末在产品成本				

第一步骤成本计算:

直接材料的约当产量=
直接材料的分配率=
完工半成品应负担的材料费=
月末在产品应负担的材料费=
直接人工的约当产量=
直接人工的分配率=
完工半成品应负担的人工费=
月末在产品应负担的材料费=
制造费用的约当产量=
制造费用的分配率=
完工半成品应负担的制造费用=
月末在产品应负担的制造费用=

登记乙产品的产品成本明细账如表习题 5-13 所示。

表习题 5-13 产品成本明细账

完工产品数量:件
在产品数量: 件
金额单位:元

第二步骤:乙产品 201×年×月×日

项　目	直接材料	直接人工	制造费用	合　计
月初在产品定额成本				
本月生产费用				
耗用上一步骤半成品费用				
合计				
完工产品成本				
完工产品单位成本				
月末在产品定额成本				

月末在产品定额成本：

直接材料＝
直接人工＝
制造费用＝

完工产品成本：

直接材料＝
直接人工＝
制造费用＝

根据完工乙产品的入库单，作如下会计分录：

习题 5-3

【目的】 练习成本还原。

【资料】 某企业生产甲产品，第一车间完工甲半成品成本和第二车间完工甲产成品成本有关资料如表习题 5-14 所示。

表习题 5-14 甲产品成本资料

201×年×月×日 单位：元

项目	半成品	直接材料	直接人工	制造费用	合计
产成品成本	18 600		6 000	5 400	30 000
半成品成本		6 000	4 400	5 600	16 000

【要求】 进行成本还原，编制产品成本还原计算表。

产品成本还原计算表如表习题 5-15 所示。

表习题 5-15 产品成本还原计算表

201×年×月×日 金额单位：元

项目	还原分配率	半成品	直接材料	直接人工	制造费用	合计
还原前产成品成本						
本月所产半成品成本						
成本还原						
还原后产成品成本						

习题 5-4

【目的】 练习产品成本计算的平行结转分步法。

【资料】 鹏达公司生产丁产品按顺序需经过三个车间，成本计算采用平行结转分步法。原材料在生产开始时一次性投入。各车间期末在产品的完工程度均为 50%，月末按约当产量法将生产费用在完工产品与在产品之间分配。2015 年 11 月有关资料分别如表习题 5-16 至表习题 5-18 所示。

表习题 5-16　　丁产品产量资料

201×年×月×日　　单位：件

项目	第一车间	第二车间	第三车间
月初在产品	80	120	200
本月投入	772	720	760
本月完工	720	760	800
月末在产品	132	80	160

表习题 5-17　　月初在产品成本

201×年×月×日　　单位：元

项目	直接材料	直接人工	制造费用	合计
第一车间	6 576	1 214	1 166	8 956
第二车间	11 648	840	960	13 448
第三车间	25 920	4 000	5 920	35 840

表习题 5-18　　本月生产费用

201×年×月×日　　单位：元

项目	直接材料	直接人工	制造费用	合计
第一车间	61 400	6 528	8 788	76 716
第二车间	—	7 000	11 200	18 200
第三车间	—	7 792	10 800	18 592

【要求】

(1) 根据上述资料，登记三个生产车间的产品成本明细账。

(2) 编制产成品成本汇总计算表。

(3) 编制有关完工产品入库的会计分录。

第一车间产品成本明细账如表习题 5-19 所示。

表习题 5-19 **产品成本明细账**

第一车间 金额单位:元

项目	直接材料	直接人工	制造费用	合计
月初在产品成本				
本月生产费用				
合计				
约当量				
分配率(单位成本)				
计入产成品成本的份额				
月末在产品成本				

直接材料约当产量=

直接材料分配率=

直接材料应计入产成品成本的份额=

直接人工约当产量=

直接人工分配率=

直接人工应计入产成品成本的份额=

制造费用约当产量=

制造费用分配率=

制造费用应计入产成品成本的份额=

第二车间的产品成本明细账如表习题 5-20 所示。

表习题 5-20 **产品成本明细账**

第二车间 金额单位:元

项目	直接材料	直接人工	制造费用	合计
月初在产品成本				
本月生产费用				
合计				
约当量				
分配率(单位成本)				
计入产成品成本的份额				
月末在产品成本				

直接材料约当产量=

直接材料分配率=

直接材料应计入产成品成本的份额=

直接人工约当产量=

直接人工分配率=

直接人工应计入产成品成本的份额＝

制造费用约当产量＝

制造费用分配率＝

制造费用应计入产成品成本的份额＝

第三车间产品成本明细账如表5-21所示。

表习题5-21 **产品成本明细账**

第三车间 金额单位:元

项目	直接材料	直接人工	制造费用	合计
月初在产品成本				
本月生产费用				
合计				
约当量				
分配率(单位成本)				
计入产成品成本的份额				
月末在产品成本				

直接材料约当产量＝

直接材料分配率＝

直接材料应计入产成品成本的份额＝

直接人工约当产量＝

直接人工分配率＝

直接人工应计入产成品成本的份额＝

制造费用约当产量＝

制造费用分配率＝

制造费用应计入产成品成本的份额＝

产品成本计算汇总表如表习题5-22所示。

表习题5-22 **产品成本计算汇总表**

产品名称:丁产品 201×年×月×日 单位:元

项目	直接材料	直接人工	制造费用	合计
一车间转来份额				
二车间转来份额				
三车间转来份额				
产成品总成本(　件)				
单位成本				

根据产成品入库单,应编制会计分录如下:

模块 6　产品成本计算的辅助方法

一、知识训练

(一) 单项选择题

1. 产品成本计算的辅助方法有________。（　　）
   A. 品种法　　B. 定额法　　C. 分批法　　D. 分步法
2. 采用分类法的目的在于________。（　　）
   A. 分类计算产品成本　　B. 简化各种产品的成本计算工作
   C. 简化各类产品成本的计算工作　　D. 准确计算各种产品的成本
3. 企业在生产主要产品过程中，附带生产出的一些非主要产品，称为________。（　　）
   A. 联产品　　B. 废品　　C. 副产品　　D. 次品
4. 采用分类法，应当按照________设置生产成本明细账。（　　）
   A. 产品品种　　B. 生产步骤　　C. 联产品　　D. 产品类别
5. 在产品品种、规格较多的企业，为了________可以采用分类法。（　　）
   A. 分类计算产品成本　　B. 简化产品计算工作
   C. 分品种计算产品成本　　D. 正确计算产品成本
6. 采用________计算产品成本具有一定的假定性。（　　）
   A. 分类法　　B. 分步法　　C. 简化分批法　　D. 品种法
7. 联产品在分离前计算出的总成本称为________。（　　）
   A. 直接成本　　B. 间接成本　　C. 联合成本　　D. 分项成本
8. 按照系数比例分配同类产品中各种产品成本的方法________。（　　）
   A. 是一种完工产品和月末在产品之间分配费用的方法
   B. 是一种单独的产品成本计算方法
   C. 是一种简化的分类法
   D. 是一种分配间接费用的方法
9. 产品成本计算的分类法适用于________。（　　）
   A. 品种、规格繁多的产品
   B. 可以按照一定标准分类的产品
   C. 只适用于大批大量生产的产品
   D. 品种、规格繁多，而且可以按照产品结构、所用原材料和工艺过程的不同划分为若干类别的产品
10. 原材料脱离定额差异是________。（　　）
   A. 数量差异　　B. 价格差异
   C. 一种定额变动差异　　D. 原材料成本差异

11. 需要计算定额变动的产品是________。 (　　)

A. 月末在产品　B. 本月投入产品　C. 月初在产品　D. 本月完工产品

12. 采用定额法，计算完工产品实际成本应以________为基础。 (　　)

A. 月初在产品定额成本　B. 本月完工产品定额成本

C. 月末在产品定额成本　D. 本月投入产品定额成本

13. 在完工产品成本中，如果月初在产品定额变动差异是正数，说明________。 (　　)

A. 定额提高了　B. 定额降低了

C. 本月定额管理和成本管理不利　D. 本月定额管理和成本管理取得了成绩

14. 产品成本计算的定额法，在适用范围上________。 (　　)

A. 与生产的类型没有直接关系　B. 与生产的类型有着直接的关系

C. 只适用于大批大量生产的机械制造业　D. 只适用于小批单件生产的企业

15. 在产品按定额成本计价法，每月生产费用脱离定额的差异________。 (　　)

A. 全部计入当月完工产品成本　B. 全部计入当月在产品成本

C. 当月在完工与月末在产品之间分配　D. 全部计入管理费用

(二) 多项选择题

1. 以下不属于产品成本计算辅助方法的有________。 (　　)

A. 品种法　B. 分批法　C. 分步法　D. 分类法

2. 采用分类法计算产品成本的优点有________。 (　　)

A. 可以简化成本计算工作

B. 可以分类掌握产品成本情况

C. 可以使类内的各种产品成本的计算结果更为准确

D. 便于成本的日常控制

3. 采用系数法，应在同类产品中选择一种产品作为标准产品，该标准产品的确定应具备的条件有________。 (　　)

A. 产量较大　B. 规格居中　C. 成本较高　D. 生产比较稳定

4. 可以或者应该采用分类法计算成本的产品有________。 (　　)

A. 联产品

B. 零星产品

C. 副产品

D. 品种、规格繁多，但可按一定标准进行分类的产品

5. 在分类法下，同类产品内各种产品之间分配费用的标准通常有________。 (　　)

A. 产品体积　B. 定额费用　C. 产品售价　D. 定额消耗量

6. 分类法对类内产品成本的计算，一般可以采用的方法有________。 (　　)

A. 系数法　B. 实物量分配法

C. 定额比例法　D. 相对销售收入分配法

7. 可以用于联产品联合成本分配的方法有________。 (　　)

A. 分类法　B. 实物量分配法

C. 系数法　D. 相对销售收入分配法

8. 按照系数比例分配同类产品中各种成本的方法________。 (   )

A. 是一种单独的产品成本计算方法

B. 是完工产品和月末在产品之间分配费用的方法

C. 是分类法的一种

D. 是一种简化的分类法

9. 采用分类法,可将________等方面相同或者相似的产品归为一类。 (   )

A. 产品结构和耗用原材料　　B. 产品的性质和用途

C. 产品生产工艺技术过程　　D. 产品的售价

10. 下列产品中,可以作为同一个成本核算对象的有________。 (   )

A. 灯泡厂同一类别不同瓦数的灯泡

B. 无线电元件厂同一类别不同规格的无线电元件

C. 炼油厂同时生产出的汽油、柴油、煤油

D. 机床厂各车间同时生产的车床、刨床、铣床

11. 材料脱离定额差异的计算方法有________。 (   )

A. 加权平均法　　B. 限额领料单法　　C. 切割法　　D. 盘存法

12. 采用定额法计算产品成本的企业,应当具备的条件有________。 (   )

A. 定额管理制度比较健全　　B. 定额管理基础工作比较好

C. 产品生产已经定型　　D. 各项消耗定额比较准确、稳定

13. 定额法的主要优点是________。 (   )

A. 有利于加强成本控制,便于成本定期分析

B. 有利于提高成本的定额管理和计划管理水平

C. 能够较为合理、简便地解决完工产品和月末在产品之间的费用分配问题

D. 较其他成本计算方法核算工作量小

14. 在脱离定额差异的核算中,与原材料脱离定额差异核算方法相同或类似的有________。 (   )

A. 自制半成品　　B. 计件工资形式下的生产工人工资

C. 计时工资形式下的生产工人工资　　D. 制造费用

15. 分类法不是一种独立的成本计算方法,往往要与________等成本计算方法联合使用。 (   )

A. 定额法　　B. 系数法　　C. 品种法　　D. 分批法

(三) 判断题

1. 分类法在同类产品之间分配产品成本的方法有系数分配法和定额比例法,企业可以选用。 (   )

正确:

2. 联产品是使用同样的原材料,并在同一生产过程中生产出来的。 (   )

正确:

3. 在实际工作中,分类法不需要与基本方法结合,可以单独使用。 (   )

正确:

4. 在按系数在类内各种产品之间分配费用的情况下，若系数是按消耗定额或费用定额计算确定的，则按系数分配的结果与直接按定额消耗量或定额费用的比例分配的结果相同。（　　）

正确：

5. 只要产品的品种、规格繁多，就可以采用分类法计算产品成本。（　　）

正确：

6. 在类内各种产品之间分配费用时，只能按照同一的分配标准分配各成本项目的成本。（　　）

正确：

7. 由于分类法计算出的类内各种产品的成本具有一定的假定性，因此选择何种分配标准以及如何分类就显得无关紧要。（　　）

正确：

8. 主、副产品在分离前应合为一类产品计算成本。（　　）

正确：

9. 副产品的计算方法与联产品相同。（　　）

正确：

10. 分类法是以产品类别为成本计算对象的一种产品成本计算的基本方法。（　　）

正确：

11. 分类法与产品生产类型没有直接关系，原则上可以在各种工艺类型的生产中被采用。（　　）

正确：

12. 副产品在与主产品分离后，还需要单独进行加工的，应按其分离后继续加工的生产特点和管理要求单独计算成本。（　　）

正确：

13. 定额成本是一种目标成本，是企业进行成本控制和考核的依据。（　　）

正确：

14. 定额法是一种单纯计算产品实际成本的计算方法。（　　）

正确：

15. 限额领料单所列领料限额，就是本期实际投产的材料定额消耗量。（　　）

正确：

16. 在定额法下，退料单是一种差异凭证。（　　）

正确：

17. 在计件工资形式下，生产工人工资直接计入费用，因而其脱离定额差异的核算与原材料相似。（　　）

正确：

18. 在计时工资形式下，生产工人工资脱离定额的差异一般不能按照产品进行日常核算。（　　）

正确：

19. 定额变动差异反映的是生产费用的实际支出符合定额的程度。（　　）

正确：

20. 定额法的优点是较其他成本计算方法核算工作量要小。（　　）

正确：

21. 只有大批大量生产的企业才能采用定额法计算产品成本。（　　）

正确：

22. 在计算月初在产品定额变动差异时，若是定额降低的差异，应从月初在产品定额成本中减去，同时加入本月产品成本中。（　　）

正确：

23. 如果月初定额变动差异为正数，说明定额提高了。（　　）

正确：

24. 在实际工作中，有的企业也可以根据需要单独采用定额法计算产品成本。（　　）

正确：

25. 分类法是工业企业产品成本计算的基本方法之一。（　　）

正确：

二、技能训练

习题 6-1

【目的】 练习原材料费用系数计算并编表。

【资料】 东华工厂采用分类法计算产品成本，5 月份 A 类甲、乙、丙三种产品的原材料费用定额和当月产量资料如表习题 6-1 所示。

表习题 6-1　　原材料费用定额和产量资料

201×年×月×日　　单位：元

产品	原材料费用定额	本月产量
甲	1 032	2 780
乙	860	3 600
丙	688	2 490

类内原材料费用按原材料费用系数分配，原材料费用系数按原材料费用定额计算，乙产品为标准产品。

【要求】

(1) 计算原材料费用系数(列出算式)。

(2) 计算原材料费用总系数(列出算式)。

(3) 编制原材料费用系数计算表。

习题 6-2

【目的】 练习编制 A 类产品成本计算表。

【资料】 东华工厂采用分类法计算产品成本，A 类产品有甲、乙、丙三种产品购成。

(1) 类内各种产品之间分配费用的标准为：原材料费用按原材料费用系数分配，加工费用按定额工时比例分配。

(2) 甲、乙、丙三种产品 5 月份原材料费用总系数、工时定额和产量资料如表习题 6-2 所示。

表习题 6-2　　原材料费用总系数、工时定额、产量资料表

201×年×月×日

项目	甲产品	乙产品	丙产品
原材料费用总系数	1 024	896	640
工时定额(小时)	25	20	30
本月产量(件)	120	230	170

根据 A 类产品成本明细账，A 类产品 5 月份完工产品总成本资料如表习题 6-3 所示。

表习题 6-3　　完工产品总成本

201×年×月×日　　单位:元

项目	直接材料	直接人工费	制造费用	合计
完工产品成本	115 200	101 600	114 300	331 100

【要求】

(1) 计算三种产品的定额工时(列出算式)。

(2) 计算各成本项目的分配率(列出算式)。

(3) 分成本项目计算各产品应分配的总成本(列出算式)。

(4) 编制 A 类产品成本计算表(如表习题 6-4 所示)。

表习题 6-4　　　　产品成本计算表

类别:A 类　　　　201×年×月×日　　　　金额单位:元

项目	分配率	甲产品	乙产品	丙产品	合计
产量(件)					
原材料费用总系数					
工时定额(小时)					
定额工时(小时)					
直接材料					
直接人工					
制造费用					
合计					

习题 6-3

【目的】练习登记主副产品的基本生产明细账。

【资料】东华工厂的主产品甲产品在生产过程中会生产出可以加工为副产品 A 产品的原材料。A 产品的原材料按计划单价每千克 4 元计价,从甲产品的原材料费用中扣减。本月甲产品的产量为 7 200 千克,A 产品的产量为 850 千克。生产甲产品本月领用原材料 181 200 元,在甲产品的生产过程中产出 A 产品的原料 820 千克,全部被当月 A 产品耗用。

该车间生产工人工资费用为 12 175 元,制造费用为 24 350 元,这些费用在甲、A 产品之间按生产工时比例分配,其中,甲产品生产工时为 4 560 小时,A 产品生产工时为 310 小时。

由于原材料在生产费用中的比重较大,因而甲、A 产品的在产品均按所耗原材料定额费用计价。甲在产品的定额材料费用月初为 63 400 元,月末为 54 600 元;A 在产品的定额材料费用月初为 430 元,月末为 301 元。

【要求】登记主副产品的基本生产明细账(如表习题 6-5、表习题 6-6 所示),编制工资和制造费用分配表(如表习题 6-7 所示),分配主、副产品应负担的加工费,并将计算结果填入基本生产明细账。

表习题 6-5　　　　甲产品成本明细账　　　　金额单位:元

项目	产量(件)	原材料	工资费用	制造费用	成本合计
月初在产品成本					
本月生产费用					
减:副产品应负担					
生产费用累计					
产成品成本					
产成品单位成本					
月末在产品成本					

表习题 6-6　　**A 产品成本明细账**　　金额单位:元

项目	产量(件)	原材料	工资费用	制造费用	成本合计
月初在产品成本					
本月生产费用					
减:副产品					
生产费用累计					
产成品成本					
产成品单位成本					
月末在产品成本					

表习题 6-7　　**工资和制造费用分配表**

201×年×月×日　　金额单位:元

项目	生产工时(小时)	工资费用	制造费用
本月发生额			
分配率			
甲产品(主产品)			
A 产品(副产品)			

习题 6-4

【目的】 练习在定额法下完工产品和月末在产品的原材料费用。

【资料】 甲产品采用定额法计算成本,本月份有关产品原材料费用资料如下:

(1) 月初在产品定额费用为 1 000 元,月初在产品脱离定额的差异为节约 50 元,月初在产品定额费用调整为降低 20 元,定额变动差异全部由完工产品负担。

(2) 本月定额费用为 24 000 元,本月脱离定额的差异为节约 500 元。

(3) 本月原材料成本差异为节约 2%,材料成本差异全部由完工产品成本负担。

(4) 本月完工产品定额费用为 22 000 元。

【要求】

(1) 计算月末在产品的原材料定额费用。

(2) 计算完工产品和月末在产品的原材料实际费用。

(定额差异,按定额成本比例在完工产品和月末在产品之间分配)

模块 7　成本报表的编制

一、知识训练

(一) 单项选择题

1. 成本报表的种类、格式、项目和内容一般由________决定。　（　）
   A. 国家财政部门　　B. 上级主管部门
   C. 企业自行　　D. 审计部门
2. 成本报表是________。　（　）
   A. 内部报表　　B. 对外报表
   C. 静态报表　　D. 年度报表
3. 企业过去曾经正式生产过、有完整的成本资料的产品是________。　（　）
   A. 主要产品　　B. 商品产品
   C. 不可比产品　　D. 可比产品

(二) 多项选择题

1. 成本报表的分析方法有________。　（　）
   A. 比较分析法　　B. 比率分析法
   C. 因素分析法　　D. 连环替代法
2. 比率分析法主要有________。　（　）
   A. 相关比率分析法　　B. 构成比率分析法
   C. 财务费用　　D. 销售费用

(三) 判断改错题

1. 成本报表属于外部报表，必须按一定格式编制。　（　）
   正确：
2. 连环替代法是比较分析法的主要方法。　（　）
   正确：
3. 相关比率分析法是通过计算两个性质相同而又相关的指标的比率，来进行数量分析的一种方法。　（　）
   正确：
4. 可比产品是指企业过去曾经正式生产过，有完整的成本核算资料的产品。　（　）
   正确：

二、技能训练

习题 7-1

【目的】练习连环替代法。

【**资料**】某企业201×年原材料费用的变动主要受产品产量、单位产品原材料消耗和材料单价三个因素影响，原材料费用实际总额为240 000元，计划总额为225 990元，实际比计划减少了14 010元，其原材料消耗情况如下表所示：

表习题7-1 **原材料费用消耗分析表**

201×年×月×日

项目	单位	计划数	实际数	差异
产量	件	400	406	+6
单位产品原材料消耗	千克	20	18	−2
材料单价	元	30	31	+1
原材料费用总额	元	240 000	225 990	−14 010

【**要求**】根据上述资料，采用连环替代法分析各因素对原材料费用的影响。

八

中高职教育贯通会计专业核心课程教材系列
上海商贸职业教育集团

成本会计

吕 凡 龚如彦／主 编
李 敏／主 审

立信会计出版社
LIXIN ACCOUNTING PUBLISHING HOUSE

中高职教育贯通会计专业核心课程教材系列
上海商贸职业教育集团

成本会计

吕　凡　龚如彦／主　编
李　敏／主　审

立信会计出版社
LIXIN ACCOUNTING PUBLISHING HOUSE

图书在版编目(CIP)数据

成本会计：含练习册／吕凡，龚如彦主编．—上海：立信会计出版社，2018.9

ISBN 978－7－5429－5980－5

Ⅰ.①成… Ⅱ.①吕… ②龚… Ⅲ.①成本会计—习题集 Ⅳ.①F234.2－44

中国版本图书馆 CIP 数据核字(2018)第 230868 号

策划编辑 蔡莉萍
责任编辑 蔡莉萍
封面设计 南房间

成本会计(含练习册)

出版发行	立信会计出版社		
地　　址	上海市中山西路 2230 号	邮政编码	200235
电　　话	(021)64411389	传　　真	(021)64411325
网　　址	www.lixinaph.com	电子邮箱	lxaph@sh163.net
网上书店	www.shlx.net	电　　话	(021)64411071
经　　销	各地新华书店		

印　　刷	常熟市梅李印刷有限公司	
开　　本	787 毫米×1092 毫米	1/16
印　　张	14.75	
字　　数	340 千字	
版　　次	2018 年 9 月第 1 版	
印　　次	2018 年 9 月第 1 次	
印　　数	1—3100	
书　　号	ISBN 978－7－5429－5980－5/F	
定　　价	36.00 元	

如有印订差错，请与本社联系调换

中高职教育贯通会计专业核心课程教材系列
编委会

序

2014年由教育部等六部门颁发的《现代职业教育体系建设规划(2014—2020年)》以及上海市教委颁布的《上海现代职业教育体系建设规划(2015—2030)》中指出,2015年我国将初步形成现代职业教育体系框架,中、高等职业教育全面衔接,职业教育服务国家发展战略的进一步提升,职业教育吸引力将进一步增强。近几年,全国各中、高职校为不断提升中、高职教育衔接的办学质量和办学效益,正逐步挤进中、高职教育的“立交桥”建设,其中一个令人瞩目的举措就是不断完善“中、高职教育贯通培养”模式试点的改革实践。

上海商贸职业教育集团是经上海市教委批准、于2008年跨界成立的职业教育组织,目前核心成员单位已达59家,其中本科院校2家,高职院校6家,中职学校26家,本市大中型企业25家。多年来,集团主持、研究制订了会计、国际商务、市场营销/连锁经营管理、金融事务、物流管理、商务英语、酒店管理、艺术设计8个专业教学标准;受上海市人力资源和社会保障局委托,研究制订了营业员、营销师等8个职业资格标准(含1～5级);受上海市教委委托,研究制订了会计、市场营销、电子商务、连锁经营管理4个国际水平职业教育专业教学标准。先后开发了24门核心课程“教学包”,并在全国首创“文化素质＋专业技能”高职高专招考模式的改革。这些成果不仅获得了上海市市级有关成果奖项,而且通过全国性的职业院校教师培训,已经辐射到全国,产生了积极的、深远的影响。

由上海商贸职业教育集团牵头推进的中高职教育贯通培养模式试点,始终坚持职业教育内涵建设,呈现出以下特点:

1. 多点布局,坚持质量优先和集聚改革案例。做有特点的强强联合,不做装点形式的事情。

2. 服务社会,坚持专业特色和促进就业为导向。做符合职教理念的专业改革探索,做“进口”与“出口”目标一致的、使学生多样化发展的助推器,不做只关注“生源”的短视行为。

3. 统筹兼顾,坚持以专业标准和服务发展为宗旨,做专业标准下的改革探索,做专业试点和师训、教材研发相结合的综合配套改革工程,不做单纯的“婚姻介绍人”。

本系列教材,就是上述工作的一个配套组成部分。本系列教材服务于《基础会计》《初级财务会计》《出纳实务》《成本会计》《中级财务会计》《财务管理》《管理会计应用基础》《企业内部会计控制基础》《税务会计》9门核心课程。力图解决好以下问题:

1. 构建现代职业教育体系,中职教育是基础,高职教育是“腰”。在非贯通教育模式中,要强调的是各自相对独立,要“安分守己”,要关注中职与高职之间的有效衔接。而在贯通教育模式中,要强调的是“一体化设计”。

2. 一体化设计,关键是课程内容之间的糅合和融通。如下表所示:

中职(3年制)	中、高职教育贯通(5年制)
1. 基础会计(职业能力17条)	1. 基础会计(职业能力17条)
2. 出纳实务(职业能力36条)	2. 出纳实务(职业能力37条)
3. 财务会计实务(职业能力38条)	3. 财务会计实务(职业能力52条)
4. 会计电算化(职业能力10条)	4. 会计电算化(职业能力11条)
5. 会计法规与职业道德(职业能力9条)	5. 会计法规与职业道德(职业能力9条)
	6. 成本会计(职业能力16条)
	7. 财务管理(职业能力22条)
	8. 管理会计基础(职业能力18条)
	9. 税务会计(职业能力21条)
合计学时:372(13.15%)	净增职业能力93条,合计学时:720(16.83%)

值得关注的是,贯通教育不仅仅在于职业能力的净增,因为这种净增是可以在不同的职业教育阶段完成的。我们要关注的是这种对课程的糅合和融通,甚至是全新的排列设计。表内列入课程名称相同的5门课,其内涵的区别不仅是条目的增加,我们更须关注的是条目相同而内涵不尽相同的情况。这种不同体现在对条目描述的不同和教学实施的不同。

此外,从一体化设计思想出发,哪些课程可以下放到前3年实施教学,哪些课程可以移到后2年实施教学,哪些课程可以糅合后重组实施教学等,都是我们要予以界定和明确回答的。

3. 对核心课程的遴选,应当是有标准和依据的。所谓核心课程,就是对这个专业的课程体系发挥基础的、关键性作用的课程,它对锻造学生的专业能力应当具有决定意义和发挥出被广泛接受的作用。简而言之,不学习这些课程,就不能学好后续的专业课程。就会计专业而言,各行各业都有会计岗位,这些不同领域的会计自然是“大同”而“小异”,但这些“小异”在此时恰恰体现了行业之间会计业务的差异性。有些教师认为,我们的学生未来就业的岗位就是不确定的,所以商品流通企业会计、外贸会计、基建会计、银行会计……的学习都是必要的。我们认为,作为核心课程,最重要的是基础会计、财务会计、成本会计、会计电算化以及会计法规与职业道德。为了体现中等职业教育以促进就业为导向的思想,还可加上出纳实务的学习等。体现各行业特色的会计,可以作为拓展课开设,也可以作为专业选修课开设,甚至可以不开设而让学生到未来可能遇到的岗位上去体验学习。这就是明确什么是核心课程的意义。

4. 核心课程教材的编写,服从于课程标准,而课程标准来自专业标准中的职业能力体系。我们的逻辑体系是:基于工作岗位,提炼职业能力;基于职业能力,提炼课程标准;基于课程标准,编撰教材;基于课程标准和教材,实施课堂教学。

本系列教材编写和使用具有以下几个特点:

1. 本系列教材以《中华人民共和国会计法》以及最新的《企业会计准则》等有关法律、法规为依据，结合近几年国家财政部颁布的《企业会计信息化工作规范》《全面推进管理会计体系建设的指导意见》《管理会计基本指引》《会计改革与发展"十三五"规划纲要》等文件精神，以及新开发的中高职贯通会计专业课程标准编写。

2. 本系列教材力求体现5年制中、高职贯通教育的一体化设计。我们以高职生应具备的职业能力为主线，根据职业能力与课程的对应关系，课程内容之间必然的联系，以及知识的前后承接、左右呼应，将教学内容进行归类、整合、安排，形成职业能力脉络鲜明、教学内容条理清晰的课程体系及课程标准。依此课程标准编写的核心课程系列教材，在5年的专业课程教学中可尽量避免、减少内容的交叉、重复，以满足学生职业能力培养和多样化发展的需要。

3. 本系列教材力求贴近企业实践。随着会计信息化水平不断提高，推动会计工作从传统核算型向现代管理型转变，要求财务会计人员也要懂得经营管理，懂得业务的发生和过程。所以，系列教材中在叙述分析各种财务会计案例时，尽量从企业的业务出发，从管理的角度分析业务的来龙去脉，在此基础上讲解财务会计的处理方法，使学生把学习会计专业知识与企业经营管理知识融合起来，树立"算为管用，算管结合"的理念，有利于学生成为今后企业需要的新型财务工作者。

4. 本系列教材力求体现综合职业能力的教学与训练。为适应经济社会发展对高素质技术型、管理型会计人才需求，本系列教材以培养会计人才综合职业能力为导向，以应用型教育教学为主线，引用企事业单位实际业务为教学案例，在教学过程中强化训练学生各类常见业务的处理能力，有利于学生全面掌握会计专业的理论知识和实务操作要领。

5. 本系列教材力求体现大数据、互联网＋发展对会计工作的影响。当前，随着信息化技术的不断发展，基层单位会计信息系统与业务系统不断有机融合，使得一线会计岗位的业务处理操作基本实现信息化。所以，在本系列教材中，我们尽量把企事业单位会计信息化实践纳入会计专业的教学内容中，让学生在学习会计专业知识的同时，也学会当前在企事业单位各会计岗位上信息化条件下的实际操作方法，有利于学生毕业后更快地适应企事业单位的岗位工作要求。

"十三五"时期，会计行业机遇与挑战并存，会计改革与发展任务艰巨而繁重。为此，会计专业人才的培养责任重大，职业院校的会计专业教学改革任重道远。本系列教材的编写与完善也需要不断与时俱进，跟上时代的变化和实践的发展。

作为改革试点项目，本系列教材中难免存有缺点和不足之处，还望有关专家、使用者提出宝贵意见，以帮助我们进一步修改完善。

上海商贸职业教育集团　　秘书长
上海商学院高等技术学院　原院长
上海商业会计学校　　　　原校长

乔　刚

2017年元月

前　言

“成本会计”教材主要阐述成本及成本会计基本理论、成本核算的原理以及成本会计实务。首先阐述成本核算的原理，使学生了解与掌握成本核算的基本理论和基本方法；在此基础上再学习成本核算实务，系统阐述成本核算的方法如品种法、分批法、分步法等；最后介绍成本会计报表的编制和分析。本书的写作目的是使学生了解成本会计的基本理论和基本方法，掌握成本会计处理的基本流程和基本技能，熟练处理基本的成本核算业务，为以后后续课程的学习打好基础。

为满足职业院校学生职业发展需要，本书内容力求贴近成本会计岗位的实际业务水平。本书根据企业实际案例，设计本书案例；将知识点化整为零，穿插相关模块，循序渐进；通过强化综合技能和操作训练，重视职业能力的培养，并融入“算管结合，算为管用”的成本管理思想。本书内容针对性强、深入浅出。

本书在内容和结构设计上有较大的创新。结构上突破传统教材模式，以模块为单元，通过案例导入，学生实际操作，引出知识；内容上采取“每个职业能力是一个项目，每个模块下又分若干个知识点，任务引领导出知识结构”的教学模式。本书每个模块包括情景导入、实际操作、相关知识、职业技能训练等主要内容。

本书编纂团队由常年在职业教育第一线的有较高会计理论素养的教师和有丰富会计经验的企业在职财务会计专家共同组成；由常年从事职业教育的会计行业专家审核。本书知识体系贴近实际，职业针对性强，适用于中职和高职院校学生学习。另外，我们还聘请一线专家参与最后模块编写，完全采用真实案例模拟实际，使本书内容真正体现产、教融通。

本书由吕凡、龚如彦担任主编，负责全教材的框架设计，包括拟定本书提纲、体例等，并对本书进行修改、总纂、统稿。本书七个模块的编写具体分工如下：龚如彦负责编写模块一、模块四；吕凡负责编写模块二；陆炜渊负责编写模块三、模块七；郑艺负责编写模块五；谢咏梅负责编写模块六。

本书在编写过程中，参考、借鉴了一些国内专家、学者的研究成果；上海商贸职业教育集团的王芬老师作为本书的特别顾问，给予了很多的指导与帮助；上海经隆会计师事务所董事长李敏老师对全书作了审核并提出了宝贵的修改意见；立信会计出版社蔡莉萍老师在本书的出版过程中给予了指点和大力支持，在此一并表示谢意！

教材编写是一项严肃的工作，虽然我们付出了很大的努力，翻阅了大量的资料，但限于编写时间、作者学识水平，本书中疏漏之处在所难免，恳请专家、读者批评指正，以便今后修改完善。

编者

2018 年 8 月

目　　录

模块 1　成本会计的认识

学习任务目标

知识目标

- 了解成本核算的原则与要求
- 理解成本会计的概念和费用的分类
- 熟悉成本会计的岗位职责
- 熟悉成本核算的一般程序和产品成本计算方法

能力目标

- 学会对企业成本按不同标准进行分类
- 能够掌握成本核算账户的结构和使用特点
- 能够掌握成本核算一般程序和产品成本计算方法

情景导入

案例资料·走近各行业

社会上有制造企业、农业企业、批发零售企业、建筑企业、房地产企业、采矿企业、交通运输企业、信息传输企业、软件及信息技术服务企业、文化企业等多种行业，每个行业都有自己的财务核算。那么，不同行业的成本岗位是怎么设置的呢？成本核算的内容又是什么呢？

任务 1.1　认知成本会计任务

·知识构建·

1.1.1　成本概述

成本是商品经济的价值范畴，是商品价值的组成部分。人们要进行生产经营活动或达到一定的目的，就必须耗费一定的资源（人力、物力和财力），其所耗费资源的货币表现及其对象化就称为成本。随着商品经济的不断发展，成本概念的内涵和外延都处于不断地发展变化之中。

1. 成本的构成

我国产品成本采用制造成本法，是将管理费用、销售费用、财务费用作为期间费用直接计入当期损益，将车间经费作为制造费用与生产产品所发生的原材料、燃料和动力、工资薪酬一起计入产品成本。产品成本，是指企业在生产产品过程中所发生的材料费用、职工薪酬等，以及不能直接计入而按一定标准分配计入的各种间接费用。

小贴士

按照我国现行《企业会计准则》和相关会计制度的规定，产品成本的开支范围应包括以下内容。

(1)为制造产品所耗用的原材料、辅助材料、外购半成品和燃料的原价及运输费、装卸费、挑选整理费、途中合理损耗等。

(2)为制造产品而耗用的动力费。

(3)企业生产单位支付给生产工人和车间管理人员的工资等职工薪酬。

(4)车间房屋建筑物和机器设备的折旧费、租赁费、修理费、低值易耗品的摊销费等。

(5)其他为组织和管理生产所发生的制造费用。

2. 成本的含义

工业企业在一定时期(如1个月)内发生的、用货币额表现的生产耗费称为生产费用。企业为生产一定种类、一定数量的产品所支出的各种生产费用的总和，就是这些产品的成本。成本就是企业为生产产品、提供劳务等日常活动中所发生的经济利益的总流出。

1.1.2 成本会计的含义及内容

1. 成本会计的含义

成本会计是以成本费用为对象的一种专业会计。成本会计主要研究物质生产部门为制造产品而发生的成本以及企业在生产经营过程中进行日常管理、销售产品和筹集资金等发生的各种期间费用。

·知识链接 1-1·

关于印发《企业产品成本核算制度(试行)》的通知

财会〔2013〕17号

国务院有关部委、有关直属机构，各省、自治区、直辖市、计划单列市财政厅(局)，新疆生产建设兵团财务局，有关中央管理企业：

为加强企业产品成本核算，保证产品成本信息真实、完整，促进企业和经济社会的可持续发展，根据《中华人民共和国会计法》、企业会计准则等国家有关规定，我部制定了《企业产品成本核算制度(试行)》，现予印发，自2014年1月1日起在除金融保险业以外的大中型企业范围内施行，鼓励其他企业执行。执行本制度的企业不再执行《国营工业企业成本核算办法》。

执行中有何问题，请及时反馈我部。

附件：企业产品成本核算制度（试行）

财政部

2013年8月16日

2. 成本会计的内容

随着经济的发展和企业经营管理要求的提高，成本会计作为一种经济管理活动，其涉及的内容将越来越广泛。企业应当充分利用现代信息技术，编制、执行企业产品成本预算，对执行情况进行分析、考核，落实成本管理责任制，加强对产品生产事前、事中、事后的全过程控制，加强产品成本核算与管理各项基础工作。

现代成本会计的主要内容包括：成本预测、成本决策、成本计划、成本控制、成本核算、成本分析、成本考核、成本检查。

现代成本会计内容如图1-1所示。

现代成本会计内容

- 1. **成本预测**　根据成本数据和其他有关资料，运用定量分析和定性分析的方法，对企业未来成本水平及其变动趋势作出科学估计。
- 2. **成本决策**　在成本预测的基础上，根据企业的具体情况，制订优化成本的各种可行性方案，并运用决策理论和方法对各种备选方案进行分析和比较，从中选择最优方案，决定应该达到的成本目标和采用的有关措施。
- 3. **成本计划**　在成本预测和决策的基础上，具体规定计划期内企业生产经营费用数额、各种产品的成本水平和成本降低任务。
- 4. **成本控制**　在生产经营费用的发生和产品成本的形成过程中，依据成本计划所规定的费用预算和成本标准，及时调整影响费用成本的各项因素，使各项费用的发生和产品成本的形成限制在成本计划和成本标准的范围内。
- 5. **成本核算**　是指对企业生产经营过程中所发生的各种费用和产品成本的形成而进行的会计核算。
- 6. **成本分析**　根据成本计划和成本核算的资料以及其他有关资料，运用一系列专门的方法，揭示影响费用发生和成本形成的各种因素，评价各个因素变化对费用预算和产品成本计划完成情况的影响程度，以挖掘企业降低成本、节约费用的潜力。
- 7. **成本考核**　是指定期对成本计划及相关指标实际完成情况进行考查和评价。
- 8. **成本检查**　成本检查是通过对各项生产费用和产品成本的审核，检查企业各项费用支出的合法性、合理性、真实性和成本计算的正确性。

图1-1　现代成本会计内容

1.1.3 费用的分类

费用可以按不同的标准分类，其中最基本的是按费用的经济内容和经济用途不同进行分类。

1. 费用按经济内容不同分类

(1) 外购材料：指企业为生产经营而耗用的一切从外部购进的原料及主要材料、半成品、辅助材料、包装物、修理用备件、低值易耗品等。

(2) 外购燃料：指企业为生产经营而耗用的一切从外部购进的各种燃料，包括固体、液体和气体燃料。

(3) 外购动力：指企业为生产经营而耗用的从外部购进的各种动力。

(4) 职工薪酬：指企业为获得提供的服务而支付的各种形式的报酬和支出，包括职工工资、奖金、津贴和补贴，职工福利费，社会保险费，住房公积金，工会经费和职工教育经费，非货币性福利等。

(5) 折旧费：指企业按照规定计算的固定资产折旧费。

(6) 利息费用：指企业借款利息费用减去存款利息收入后的净额。

(7) 税金：指企业应缴纳的各种税金，如房产税、车船税、印花税、城镇土地使用税。

(8) 其他费用：指不属于以上各费用的要素。

2. 费用按经济用途不同分类

计入产品的生产费用按其经济用途不同分类的项目称为产品成本项目，简称成本项目。企业应当根据生产经营特点和管理要求，按照成本的经济用途和生产要素内容相结合的原则或者成本性态等设置成本项目。工业企业一般应设置的成本项目有直接材料、燃料和动力、直接人工和制造费用。

(1) 直接材料：指构成产品实体的原材料以及有助于产品形成的主要材料和辅助材料。

(2) 燃料和动力：指直接用于产品生产的各种外购和自制的燃料动力费用。

(3) 直接人工：指直接从事产品生产的工人的职工薪酬。

(4) 制造费用：指企业为生产产品和提供劳务而发生的各项间接费用，包括企业生产部门(如生产车间)发生的水电费、固定资产折旧、无形资产摊销、管理人员的职工薪酬、劳动保护费、国家规定的有关环保费用、季节性和修理期间的停工损失等。

·知识链接 1-2·

其他行业企业设置成本项目表	
制造企业	① 直接材料，是指构成产品实体的原材料以及有助于产品形成的主要材料和辅助材料。 ② 燃料和动力，是指直接用于产品生产的燃料和动力。 ③ 直接人工，是指直接从事产品生产的工人的职工薪酬。 ④ 制造费用，是指企业为生产产品和提供劳务而发生的各项间接费用，包括企业生产部门(如生产车间)发生的水电费、固定资产折旧、无形资产摊销、管理人员的职工薪酬、劳动保护费、国家规定的有关环保费用、季节性和修理期间的停工损失等。

（续表）

其他行业企业设置成本项目表	
农业企业	① 直接材料，是指种植业生产中耗用的自产或外购的种子、种苗、饲料、肥料、农药、燃料和动力、修理用材料和零件、原材料以及其他材料等；养殖业生产中直接用于养殖生产的苗种、饲料、肥料、燃料、动力、畜禽医药费等。 ② 直接人工，是指直接从事农业生产人员的职工薪酬。 ③ 机械作业费，是指种植业生产过程中农用机械进行耕耙、播种、施肥、除草、喷药、收割、脱粒等机械作业所发生的费用。 ④ 其他直接费用，是指除直接材料、直接人工和机械作业费以外的畜力作业费等直接费用。 ⑤ 间接费用，是指应摊销、分配计入成本核算对象的运输费、灌溉费、固定资产折旧、租赁费、保养费等费用。
批发零售企业	① 进货成本，是指商品的采购价款。 ② 相关税费，是指购买商品发生的进口关税、资源税和不能抵扣的增值税等。 ③ 采购费，是指运杂费、装卸费、保险费、仓储费、整理费、合理损耗以及其他可归属于商品采购成本的费用。采购费金额较小的，可以在发生时直接计入当期销售费用。
建筑企业	① 直接人工，是指按照国家规定支付给施工过程中直接从事建筑安装工程施工的工人以及在施工现场直接为工程制作构件和运料、配料等工人的职工薪酬。 ② 直接材料，是指在施工过程中所耗用的、构成工程实体的材料、结构件、机械配件和有助于工程形成的其他材料以及周转材料的租赁费和摊销等。 ③ 机械使用费，是指施工过程中使用自有施工机械所发生的机械使用费，使用外单位施工机械的租赁费，以及按照规定支付的施工机械进出场费等。 ④ 其他直接费用，是指施工过程中发生的材料搬运费、材料装卸保管费、燃料动力费、临时设施摊销、生产工具用具使用费、检验试验费、工程定位复测费、工程点交费、场地清理费，以及能够单独区分和可靠计量的为订立建造承包合同而发生的差旅费、投标费等费用。 ⑤ 间接费用，是指企业各施工单位为组织和管理工程施工所发生的费用。 ⑥ 分包成本，是指按照国家规定开展分包，支付给分包单位的工程价款。
房地产企业	① 土地征用及拆迁补偿费，是指为取得土地开发使用权（或开发权）而发生的各项费用，包括土地买价或出让金、大市政配套费、契税、耕地占用税、土地使用费、土地闲置费、农作物补偿费、危房补偿费、土地变更用途和超面积补缴的地价及相关税费、拆迁补偿费用、安置及动迁费用、回迁房建造费用等。 ② 前期工程费，是指项目开发前期发生的政府许可规费、招标代理费、临时设施费以及水文地质勘察、测绘、规划、设计、可行性研究、咨询论证费、筹建、场地通平等前期费用。 ③ 建筑安装工程费，是指开发项目开发过程中发生的各项主体建筑的建筑工程费、安装工程费及精装修费等。 ④ 基础设施建设费，是指开发项目在开发过程中发生的道路、供水、供电、供气、供暖、排污、排洪、消防、通讯、照明、有线电视、宽带网络、智能化等社区管网工程费和环境卫生、园林绿化等园林、景观环境工程费用等。 ⑤ 公共配套设施费，是指开发项目内发生的、独立的、非营利性的且产权属于全体业主的，或无偿赠与地方政府、政府公共事业单位的公共配套设施费用等。 ⑥ 开发间接费，指企业为直接组织和管理开发项目所发生的，且不能将其直接归属于成本核算对象的工程监理费、造价审核费、结算审核费、工程保险费等。为业主代扣代缴的公共维修基金等不得计入产品成本。 ⑦ 借款费用，是指符合资本化条件的借款费用。 房地产企业自行进行基础设施、建筑安装等工程建设的，可以比照建筑企业设置有关成本项目。

（续表）

其他行业企业设置成本项目表	
采矿企业	① 直接材料，是指采掘生产过程中直接耗用的添加剂、催化剂、引发剂、助剂、触媒以及净化材料、包装物等。 ② 燃料和动力，是指采掘生产过程中直接耗用的各种固体、液体、气体燃料，以及水、电、汽、风、氮气、氧气等动力。 ③ 直接人工，是指直接从事采矿生产人员的职工薪酬。 ④ 间接费用，是指为组织和管理厂（矿）采掘生产所发生的职工薪酬、劳动保护费、固定资产折旧、无形资产摊销、保险费、办公费、环保费用、化（检）验计量费、设计制图费、停工损失、洗车费、转输费、科研试验费、信息系统维护费等。
交通运输企业	① 营运费用，是指企业在货物或旅客运输、装卸、堆存过程中发生的营运费用，包括货物费、港口费、起降及停机费、中转费、过桥过路费、燃料和动力、航次租船费、安全救生费、护航费、装卸整理费、堆存费等。铁路运输企业的营运费用还包括线路等相关设施的维护费等。 ② 运输工具固定费用，是指运输工具的固定费用和共同费用等，包括检验检疫费、车船税、劳动保护费、固定资产折旧、租赁费、备件配件、保险费、驾驶及相关操作人员薪酬及其伙食费等。 ③ 非营运期间费用，是指受不可抗力制约或行业惯例等原因暂停营运期间发生的有关费用等。
信息传输企业	① 直接人工，是指直接从事信息传输服务的人员的职工薪酬。 ② 业务费，是指支付通信生产的各种业务费用，包括频率占用费，卫星测控费，安全保卫费，码号资源费，设备耗用的外购电力费，自有电源设备耗用的燃料和润料费等。 ③ 电路及网元租赁费，是指支付给其他信息传输企业的电路及网元等传输系统及设备的租赁费等。
软件及信息技术服务企业	① 直接人工，是指直接从事软件及信息技术服务的人员的职工薪酬。 ② 外购软件与服务费，是指企业为开发特定项目而必须从外部购进的辅助软件或服务所发生的费用。 ③ 场地租赁费，是指企业为开发软件或提供信息技术服务租赁场地支付的费用等。 ④ 转包成本，是指企业将有关项目部分分包给其他单位支付的费用。
文化企业	① 开发成本，是指从选题策划开始到正式生产制作所经历的一系列过程，包括信息收集、策划、市场调研、选题论证、立项等阶段所发生的信息收集费、调研交通费、通信费、组稿费、专题会议费、参与开发的职工薪酬等。 ② 制作成本，是指产品内容制作成本和物质形态的制作成本，包括稿费、审稿费、校对费、录入费、编辑加工费、直接材料费、印刷费、固定资产折旧、参与制作的职工薪酬等。电影企业的制作成本，是指企业在影片制片、译制、洗印等生产过程所发生的各项费用，包括剧本费、演职员的薪酬、胶片及磁片磁带费、化妆费、道具费、布景费、场租费、剪接费、洗印费等。

任务1.2 成本会计的岗位职责和主要工作任务

1.2.1 成本会计岗位设置

企业要根据生产类型的特点、经营规模的大小、成本管理的要求合理设置成本会计机构。

经营规模大的企业可以在会计机构中设置成本核算部门，小型企业可以设置成本会计核算岗位，负责企业的成本核算与管理。

1.2.2 成本会计岗位职责

1. 基本职责

（1）按照国家法律、法规、公司财会制度和成本管理相关规定，负责拟订企业成本核算实施细则，经上级批准后组织执行。

（2）确定各类成本定额及标准，进行相关费用的归集和分配，按成本计算对象进行成本核算。

（3）积极会同相关人员对企业重大项目、产品等进行成本预算，编制项目成本计划，提供有关的成本资料。

（4）做好相关成本资料的整理、归档工作。

2. 日常工作职责

（1）负责填制与生产费用相关的原始凭证，核对当期的月度计划，对预算超支部门进行检查指导，确保成本、费用计划的实现。

（2）对本月发生的各种成本费用进行估计、分配和结转。

（3）负责编制成本、费用报表、进行成本费用的分析和考核。

1.2.3 主要工作任务

1. 设置成本核算账户

（1）“基本生产成本”账户。“基本生产成本”账户核算企业基本生产车间生产各种产成品、自制半成品等所发生的各项费用。这些费用按成本核算对象和成本项目分别归集，属于直接材料、直接人工等直接费用，直接记入“基本生产成本”账户的借方；结转完工入库的产品或自制半成品成本时，记入该账户的贷方；期末借方余额，反映基本生产车间的在产品成本。该账户应按产品品种、投产批别、生产步骤等成本计算对象分设“基本生产成本明细账”，并按成本项目设置专栏。其格式如表1-1所示。

表 1-1　　基本生产成本明细账

生产批号:803#　　开工日期:201×年 08 月 01 日
生产批量:4 000 件　　完工日期:201×年 09 月 30 日
生产车间:××车间　　金额单位:元

产品名称:甲产品　摘要	直接材料	直接人工	制造费用	合计
期初余额	8 000	7 500	4 700	20 200
本期发生额	14 000	16 000	42 340	72 340
合计	22 000	23 500	47 040	92 540
完工产品成本	22 000	23 500	47 040	92 540
单位产品成本(分配率)	5.5	5.875	11.76	23.135

(2)"辅助生产成本"账户。"辅助生产成本"账户核算企业辅助生产车间为基本生产或其他管理部门提供服务而进行生产和劳务供应等所发生的各项费用。企业辅助生产车间发生的各项生产费用,应按成本核算对象和成本项目分别归集,属于直接材料、直接人工等直接费用,直接记入"辅助生产成本"账户的借方;结转完工入库的工具、模具、修理备件等成本或分配转出劳务费用时,记入该账户的贷方;期末借方余额,反映辅助生产车间的在产品成本。

辅助生产成本明细账如表 1-2 所示。

表 1-2　　辅助生产成本明细账

车间名称:供电车间　　单位:元

年		摘要	直接材料	燃料与动力	工资与福利	折旧费	制造费用	合计
月	日							
12	31	直接材料费用分配表	5 600					5 600
	31	燃料与动力费用分配表		6 800				6 800
	31	直接人工费用分配表			7 300			7 300
	31	折旧费用分配表				800		800
	31	制造费用分配表					4 200	4 200
	31	分配转出	−5 600	−6 800	−7 300	−800	−4 200	平

(3)"制造费用"账户。"制造费用"账户核算企业为生产产品和提供劳务而发生的各种间接费用,包括生产车间的职工薪酬、折旧费、修理费、办公费、水电费、机物料消耗、劳动保护费;季节性修理期间的停工损失等。该账户的借方登记实际发生的制造费用,贷方登记分配转出的制造费用。除季节性生产企业外,该账户月末应无余额。

制造费用明细账如表1-3所示。

表1-3 制造费用明细账

车间名称:生产一车间　　单位:元

年		摘要	原材料	工资	福利费	折旧费	办公费	修理费	合计
月	日								
12	31	材料费用分配表							
	31	职工薪酬分配表							
	31	折旧费用分配表							
	31	辅助生产费用分配表							
	31	其他费用分配表							
	31	本月合计							
	31	本月转出							

2. 根据成本账务处理程序进行成本核算与分析

成本核算账务处理的基本程序如图1-2所示。

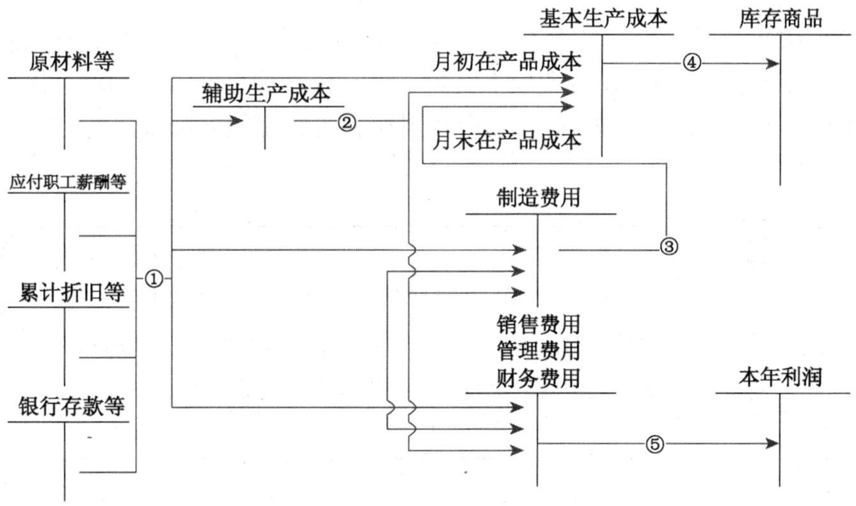

图1-2 成本核算账务处理的基本程序

注:① 根据原始凭证及其他有关资料编制相关费用分配表,登记有关成本费用明细账。
② 编制辅助生产费用分配表,登记有关成本费用明细账。
③ 编制制造费用分配表,登记有关基本生产成本明细账。
④ 结转完工产品成本,计入产成品成本。
⑤ 期末结转各项期间费用。

任务 1.3　企业成本核算的原则和要求

1.3.1　成本核算的一般原则

为了提供管理上需要的资料，提高成本核算质量，充分发挥成本会计的职能，完成成本会计的主要工作任务，成本核算必须遵循以下成本核算原则。

1. 成本分期核算原则

企业生产经营活动在不断地进行着，为了取得一定期间所生产产品的成本，企业必须将生产经营期划分为若干个相等的成本会计期间，按期计算产品生产成本。成本费用的归集、汇总与分配都是按月进行的，产成品成本的计算期与生产类型相关，可能与生产周期一致，但与成本计算期不一定一致。

2. 合法性原则

合法性原则是指计入成本的费用必须符合党和国家的方针、政策和制度的规定。例如，制度规定：购置和建造固定资产的支出、购入无形资产的支出、对外投资的支出、被没收的财物和各项罚款性质的支出、捐赠和赞助性质支出等不能列入成本开支，以保证成本指标的合法性。

3. 一致性原则

一致性原则是指会计实体在各个会计期间所应用的符合会计准则的会计处理方法必须前后一致，不得随意变动，使各期成本资料有一个统一的口径，以便分析、比较与考核。例如，耗用材料成本的计价方法，辅助生产费用和制造费用的分配方法，产成品成本的计算方法等。

小贴士

一致性原则不是说成本核算方法固定不变，当原方法不适用，采用新方法会更有效地取得正确、有用的成本资料时，企业可以采用新方法，但必须在成本报表的附注中说明改变原有方法的原因。

4. 合理分配费用原则

所谓合理，是指在间接费用分配标准的选择上，应选择与所分配费用的高低关系最密切的分配标准，以便尽可能减少主观因素的影响，保持分配方法的合理性。例如，外购材料、外购燃料费用分配的实际消耗量比例法、定额消耗量比例法；制造费用分配的生产工人工资比例法、生产工人工时比例法；辅助生产费用的分配方法；生产费用在完工产品与在产品之间的分配方法等，都要体现合理分配原则。

5. 划分资本性支出和收益性支出原则

资本性支出是指受益期超过 1 年或一个营业周期的支出，即发生该项支出不仅是为了取得本期收益，而且也是为了取得以后各期收益。例如，购置固定资产的支出是为了取得本期以及以后若干期的收益。

收益性支出指受益期不超过1年或一个营业周期的支出，即发生该项支出仅仅是为了取得本期收益。例如，原材料的消耗、直接人工费用、车间经费等的支出是为了本期生产产品获得一定的收益。

划分资本性支出与效益性支出的原则就是会计核算应严格区分两者的界限，以正确计算各期损益。

资产的资本性支出，要在使用过程中逐渐转入成本费用：收益性支出计入当期产品成本或期间费用。如果将资本性支出列入收益性支出，其结果必然少计资产价值，多计当期成本费用。反之，则可能多计资产价值，少计当期的成本费用。无论何种情况，对正确进行产品成本计算将产生不利影响。

6. 实际成本计价原则

实际成本计价也称历史成本计价，是指各项财产物资应按照取得或构建时发生的实际成本入账，并在财务中按实际成本反映。

成本核算按实际成本计价包括两个方面的含义。

(1) 对生产耗用的原材料、燃料、动力和折旧等费用，都必须按实际成本计价。

(2) 对完工产品成本的结转也要按实际成本进行计价。

原材料、燃料也可以按计划成本计价，但在计入产品成本时，需将计划成本调整为实际成本。

·知识链接 1-3·

《企业产品成本核算制度(试行)》节选：

第四十八条　企业不得以计划成本、标准成本、定额成本等代替实际成本。企业采用计划成本、标准成本、定额成本等类似成本进行直接材料日常核算的，期末应当将耗用直接材料的计划成本或定额成本等类似成本调整为实际成本。

7. 重要性原则

重要性原则是指对成本有重要影响的内容和项目，要作为重点单独设立项目进行核算和反映；对次要的内容和项目要简化核算合并反映。例如，构成产品实体或主要成分的原材料、生产工人的工资要直接计入产品成本中“直接材料”“直接人工”项目单独反映；对一般性耗用数额不大的材料费用计入制造费用或管理费用并在综合项目中合并反映。

1.3.2　企业成本核算的要求

企业管理的主要目的就是降低成本和费用，提高经济效益。因此，成本核算与管理相结合，就是要根据企业管理的要求组织成本核算。审核和控制费用，做到算管结合，算为管用。

1. 严格执行企业会计准则规定的成本计量要求

成本是企业为生产产品、提供劳务而发生的各种经济资源的耗费。生产经营过程同时也是资产的耗费过程。例如，为生产产品需要耗费材料、磨损固定资产、向职工支付工资等职工薪酬。材料、固定资产和货币资金都是企业的资产。这些资产的耗费，在企业内部表现为由一种资产转变为另一种资产，是资产内部的相互转变，不会导致企业所有者权益的减少，不是经济利益流出企业，因此不是企业的费用。

2. 正确划分各种成本耗费的界限

(1) 正确划分存货成本与期间费用的界限。成本是在购买材料、生产产品或提供劳务过程中发生的，并由产品或劳务负担的耗费。期间费用指企业当期发生的必须从当期收入得到补偿的经济利益的总流出。期间费用不应由产品或劳务负担。因此，费用不计入产品或劳务成本，而直接计入当期损益。

(2)正确划分各期的成本界限。划清各期产品成本的依据是权责发生制和受益原则，某项耗费是否应计入本月存货成本以及应计入多少，取决于是否应由本月负担以及受益量的大小。某项耗费是否应计入本月产品成本，不取决于成本金额的大小，而决定于本月产品是否受益，只要是本月产品受益的耗费，就应计入本期产品成本；只要是由本月与以后各月共同受益的耗费，就应在相关期内采用适当方法进行合理计量。

(3)正确划分各种产品的成本界限。企业已发生的各种生产成本中，还必须划清应由哪种产品负担。划分的依据是受益原则，哪一种产品受益，就由哪一种产品负担。凡是能直接确定应由某种产品负担的直接耗费，就应直接计入该种产品成本。凡是能确定由几种产品共同负担的耗费，应采用适当分配方法，合理地分配计入相关产品成本。

(4)正确划分完工产品和在产品的成本界限。通过以上成本界限的划分，确定了各种产品本月应负担的生产成本。月末，如果某产品已经全部完工，则本月发生的生产成本全部计入该完工产品；如果该产品全部尚未完工，则本月发生的生产成本全部计入未完工产品。如果某种产品既有完工产品又有在产品，就需要采用适当的分配方法，将产品应负担的成本在完工产品和在产品之间进行分配，分别计算出完工产品应负担的成本和在产品应负担的成本。上月月末尚未完工的在产品，转入本月继续加工，其上月月末分配负担的成本即为本月月初在产品成本。

小贴士

月初在产品成本、本期生产费用、本期完工产品成本和期末在产品成本四者之间的关系如下：

期初在产品成本+本期生产费用=本期完工产品成本+期末在产品成本

上述公式中，本月完工产品应负担的成本，即本月完工产品成本。

为了划清这一成本界限，首先要正确计算完工产品和在产品的数量，然后才能在数量计算的基础上进行成本的分配。

·知识链接 1-4·

企业发生的下列支出,不应计入成本费用。①购置和建造固定资产的支出,购入无形资产和其他资产的支出。②对外界的投资以及分配给投资者的利润。③被没收的财物以及违反法律支付的各项滞纳金、罚款。④企业自愿赞助,捐赠的支出。⑤在公积金中开支的支出。⑥国家法律、法规规定以外的各种付费。⑦国家规定不得列入成本的其他支出。

3. 做好成本核算的基础工作

为了进行成本审核、控制,正确计算产品成本,还必须做好以下各项基础工作。

(1) 定额的制定和修订。产品的消耗定额是编制成本计划、分析和考核成本水平的依据,也是审核和控制耗费的标准。企业应当制定和修订先进而又可行的原材料、燃料、动力和工时等项消耗定额,并据以审核各项耗费是否合理,是否节约,借以控制耗费,降低成本。

(2) 材料物资的计量、收发、领退和盘点。为了进行成本管理和成本核算,还必须对材料物资的收发、领退和结存进行计量,建立和健全材料物资的计量、收发、领退和盘点制度。

(3) 原始记录。为了进行成本核算和管理,对于生产过程中工时和动力的耗费,在产品和半成品的内部转移,以及产品质量的检验结果等,均应进行真实、完整的记录。

(4) 厂内计划价格的制定和修订。在计划管理基础较好的企业中,为了分清企业内部各单位的经济责任,便于分析和考核内部各单位成本计划的完成情况,还应对材料、半成品和厂内各车间相互提供的劳务(如运输、修理等)制定厂内计划价格,作为内部结算和考虑的依据。厂内计划价格应该尽可能接近实际并相对稳定,年度内一般不作变更。

4. 选择适当的成本计算方法

企业在进行成本核算时,应根据本企业的具体情况,选择适合于本企业特点的成本计算方法进行成本核算。成本计算方法的选择,应同时考虑企业生产类型的特点和管理的要求两个方面。在同一个企业里,可以采用一种成本计算方法,也可以采用多种成本计算方法,即多种成本计算方法同时使用或多种成本计算方法结合使用。成本计算方法一经选定,一般不得随意变更。

任务 1.4 产品成本计算方法概述

1.4.1 企业的生产类型

1. 按企业生产组织的特点分类

所谓生产组织,是指保证生产过程各个环节、各个因素相互协调的生产工作方式,它体现着企业生产专业化和生产过程重复程度的高低。按照生产组织的特点,企业的生产类型可分为大量生产、成批生产和单件生产。

(1) 大量生产。大量生产是指不断重复生产一种或几种产品的生产。这种生产组织产品的品种较少,而且生产比较稳定,如采掘、纺织、发电等企业的生产。

(2) 成批生产。成批生产是指按照事先规定的产品批别和数量,或者根据订货者的需要,分批进行一定种类产品的生产。从事这种生产的企业,生产的产品的品种较多,且生产具有一定重复性和周期性,如服装、机械等企业。成批生产按照产品批量的大小又可分为大批生产和小批生产。

(3)单件生产。单件生产是指根据订货单位的要求,生产个别的、特定品种和规格的产品,如重型机器制造、船舶和专用设备的制造等。从事这种生产的企业生产的产品种类较多而生产产品重复很少。

2. 按生产工艺过程的特点分类

产品生产工艺过程是指产品从投料到完工的生产工艺、加工制造的过程。按照生产工艺过程的特点,企业的生产类型可分为单步骤生产和多步骤生产。

(1) 单步骤生产。单步骤生产也称简单生产,是指生产工艺过程不能间断或不能分散在不同地点进行的生产。单步骤生产企业其生产的产品生产周期较短,工艺较简单,如采掘,发电、铸造等企业的生产。

(2) 多步骤生产。多步骤生产也称复杂生产,是指产品的生产工艺过程由若干可以间断的生产步骤所组成的生产。多步骤生产企业的产品生产周期较长、工艺较复杂。多步骤生产按产品的加工方式不同又分为连续式多步骤生产和装配式多步骤生产。

连续式多步骤生产,是指原材料投入生产后,要经过若干个连续的加工工序,前一个加工工序所完成的半成品是下一个加工工序的加工对象,如此加工到最后一个生产工序,制造出产成品,如纺织、冶金、水泥、造纸等企业的生产。

装配式多步骤生产也称平行加工式生产,是指各个生产步骤可以在不同地点和不同时间将各种原材料分别经过加工制成各种零件、部件、半成品,然后将零件、部件,半成品装配成产品。例如,仪表、造船、自行车、家用电器等企业的生产。

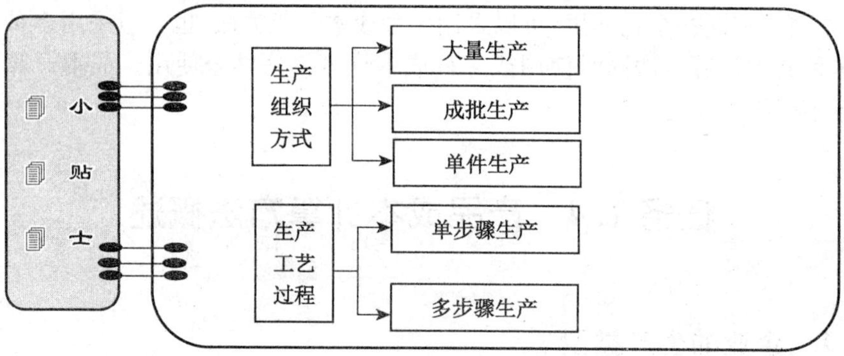

1.4.2 产品成本计算的基本方法

为了适应各种类型生产的特点和管理要求,产品成本计算形成不同的产品成本计算对象:产品的品种、产品的批别、产品的生产步骤。由此形成品种法、分批法、分步法三种基本产品成本计算方法。

1. 品种法

品种法是指按照产品的品种作为成本计算对象来归集生产费用,计算产品成本的方法。这种方法适用于大量大批单步骤生产的企业,如发电、采掘等企业;也适用于管理上不要求分步骤计算成本的大量大批多步骤生产的企业,如水泥企业。

2. 分批法

分批法是指按照产品的批别作为成本计算对象,归集生产费用,计算产品成本的方法。这种方法适用于单件小批单步骤生产和管理上不要求分步骤计算成本的单件小批多步骤生产的企业,如机械、船舶制造等企业。

3. 分步法

分步法是指按照产品的品种及其产品所经过的生产步骤作为成本计算对象,归集生产费用,计算产品成本的方法。这种方法适用于管理上要求分步骤计算产品成本的多步骤生产的企业,如纺织、冶金企业等。

各种产品成本计算方法的基本特点,如表1-4所示。

表1-4　　产品成本计算方法的基本特点

产品成本计算方法	成本计算对象	生产类型		成本管理
		生产组织特点	生产工艺特点	
品种法	产品品种	大量大批生产	单步骤生产	不要求分步计算成本
			多步骤生产	
分批法	产品批别	单件小批生产	单步骤生产	不要求分步计算成本
			多步骤生产	
分步法	生产步骤	大量大批生产	多步骤生产	要求分步计算成本

1.4.3　产品成本计算的辅助方法

为了满足特定的管理需要,在成本计算基本方法的基础上同时采用其他辅助成本计算方法,如分类法、定额法等。

1. 分类法

分类法是以产品类别为成本计算对象,归集生产费用,计算各类产品成本,然后按照一定的标准在同一类产品内计算各种产品成本的方法。这种方法适用于产品的品种和规格繁多,但每种产品的结构和所用的原材料生产工艺过程基本相同的企业。

2. 定额法

定额法是指以产品定额成本为基础,加上(或减去)脱离定额差异和定额变动差异,来计算产品成本的一种方法。这种方法适用于定额管理制度比较健全、定额管理基础工作较好、产品生产定型、消耗定额合理且稳定的企业。

·任务小结·

成本会计的认识内容构成如图 1-3 所示。

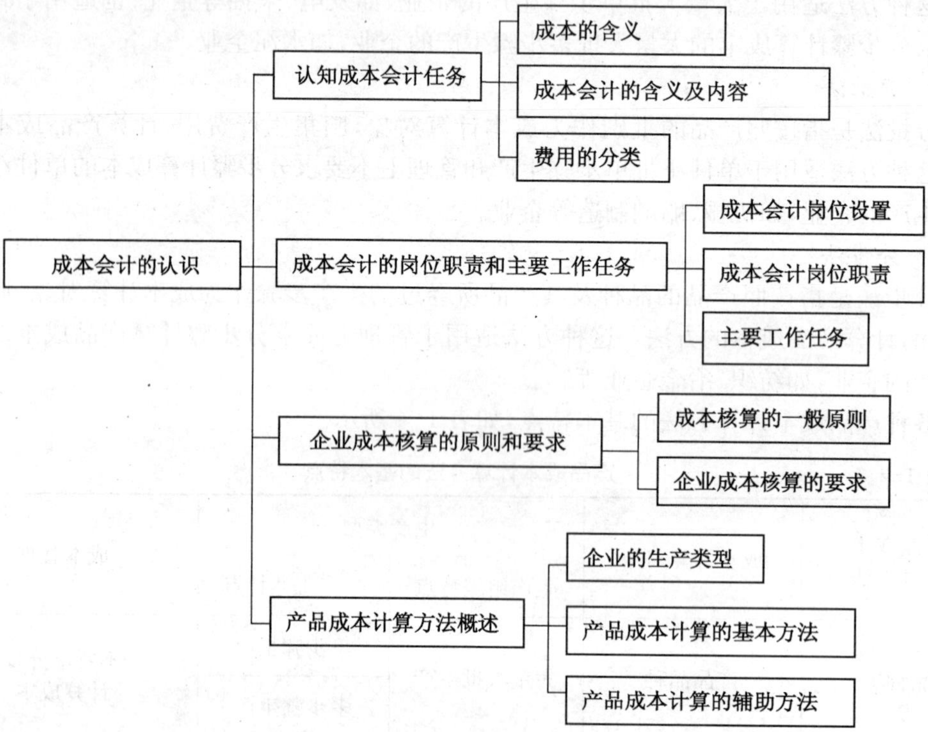

图 1-3　成本会计认识的内容构成

模块 2　费用的归集与分配

学习任务目标

知识目标

- 掌握各种要素费用的分配过程及有关账户应用的原理
- 掌握辅助生产成本的多种分配方法及账务处理的要求
- 掌握制造费用、生产损失的归集和分配及账务处理的要求
- 掌握生产费用在完工产品与在产品之间的分配方法及账务处理的要求

能力目标

- 能编制职工薪金费用分配表
- 能编制外购动力费用表
- 能登记辅助生产成本明细账
- 能登记制造费用明细账
- 能登记生产成本明细账
- 能选择不同的分配方法将产品成本在完工产品与在产品之间进行分配
- 会编制产品成本计算单

情景导入

案例资料 · 走近生产型企业

小王同学大学毕业应聘进一家生产型企业担任成本核算岗位工作。初入公司，面对厚厚一叠产品成本报表，他开始感到迷茫。后来他回忆所学过的成本会计知识，理清思路，打算先从产品的多种原材料入手……

任务 2.1　材料费用的归集与分配

·知识构建·

2.1.1　材料的分类、确认

企业在生产经营过程中耗用的材料，按其在生产中的不同用途，可以分为几个大类，

如表 2-1 所示。

表 2-1　　材料的分类

	分类项目	具体含义
材料	1. 原料及主要材料	指经过加工后能够构成产品主要实体的各种原料和材料。
	2. 辅助材料	指直接用于生产、有助于产品形成或便于产品形成，但不构成产品实体的各种材料。
	3. 外购半成品	指从外部购入的需要本企业进一步加工或装配，并经外单位加工过的原材料。
	4. 燃料	燃料包括固体燃料、液体燃料和气体燃料，如汽油、焦炭、天然气等。
	5. 修理用备件	指为修理本企业机器设备和运输设备所专用的各种零件和备件。
	6. 包装物	指为包装本企业产品，并准备随同产品一同出售，或在销售过程中借给或租给购货单位使用的各种包装物品，如箱、桶、瓶、坛、袋等。
	7. 低值易耗品	不作为固定资产核算和管理的各种劳动资料，包括工具、管理用具、劳动保护用品等。

企业对材料费用进行核算，就是对产品生产过程中发生的材料耗费，根据领料凭证归集到有关成本计算对象中去。

材料的日常核算可按实际成本或计划成本计价。

发出材料实际成本的计算有先进先出法、加权平均法（月末一次加权平均法和移动加权平均法）以及个别计价法等。

发出材料采用计划成本计价的，发出材料的成本仍应当是实际成本。这时，应当单独核算材料实际成本与计划成本之间的差异，并将发出材料的计划成本调整为实际成本。材料实际成本等于计划成本加上应分摊的成本差异。

企业通常设置“原材料”“燃料”“周转材料”等科目对上述各种材料费用进行核算。其中，“原材料”科目通常核算原料及主要材料、辅助材料、外购半成品、修理用备件等材料的增加、减少和结存情况。

2.1.2　材料费用的归集

材料发出应根据领料单、限额领料单登记表等发料凭证进行。会计部门应对发料凭证所列材料的种类、数量等进行审核，检查所领的种类和用途是否符合有关要求，数量有否超过定额。只有经过审核、签章的发料凭证才能据以发料，并以此作为材料发出核算的凭证。原材料的领料凭证有领料单（见表 2-2）、限额领料单（见表 2-3）、退料单等。

表 2-2　　领料单

领料部门：
用途：　　　　年　月　日　　　　领料单号：

材料名称	规格型号	单位	数量		价格	
			请领	实领	单价	金额

仓库负责人：　　　发料：　　　仓库：　　　经手：

表 2-3　　限额领料单

领料部门：　　　　　　　　凭证编号：
用途：　　　　年　月　日　　　　发料仓库：

材料类别	材料编号	材料名称及规格	计量单位	领用限额	实际领用	单价	金额	备注
日期	请领		实发			限额结余	退库	
	数量	签章	数量	发料人	领料人		数量	退库单
合计								

供应部门负责人：　　　生产计划部门负责人：　　　仓库负责人：

生产所剩余料，应该编制退料单，据以退回仓库。对于车间已领未用、下月需要继续耗用的材料，为了避免再办本月末交库、下月初又领用的手续，可以采用“假退料”办法。即材料实物不动，只是填制一张本月的退料单，表示该项余料已经退库；同时编制一张下月的领料单，表示该项余料又作为下月的领料出库。

月末，企业应根据全部领料凭证汇总编制“发出材料汇总表”（见表 2-4），并据以登记“原材料”科目，归集材料费用。

表 2-4　　发出材料汇总表

单位名称：　　　　年　月　日　　　　单位：元

应贷科目 / 应借科目	原材料	燃料	合计
基本生产成本			
辅助生产成本			
制造费用			
管理费用			
合计			

期末，企业根据全部领料凭证汇总编制"发出材料汇总表"，确定计入直接材料费用的材料消耗量。"发出材料汇总表"应当按照领料用途和材料类别分别汇总。凡是能分清某一成本核算对象的材料消耗，应当单独列示；属于几个成本核算对象共同耗用的材料，应当选择适当的分配方法，分配后分别计入有关成本核算对象的直接材料费用项目。

2.1.3　材料费用的分配

材料费用的分配是指定期根据审核后的领料凭证和退料凭证，按照材料的用途进行归类，将其中用于产品生产的材料费用计入与各种产品成本有关的成本项目（直接材料、燃料及动力）；将用于产品销售以及组织和管理生产经营活动的材料费用，计入销售费用和管理费用；将用于建造固定资产的材料费用，计入在建工程；等等。对于材料费用同时被多个对象耗费且无法直接确认的，应采用比例法进行分配。

1. 分配方法

直接用于产品生产、构成产品实体的原料和主要材料，专门设有"直接材料"（或"原材料"）成本项目。这些原料和主要材料一般分产品领用，其费用属于直接计入费用，应根据领退料凭证直接计入某种产品成本的"直接材料"成本项目。原料和主要材料也有不能分产品领用，是由几种产品共同耗用的，这些原材料费用属于间接计入费用，应采用适当分配方法，分配后计入各有关产品成本的"直接材料"成本项目。基本公式为：

$$原材料费用分配率=\frac{待分配材料费用总额}{分配标准总额}$$

企业应根据具体情况选用适当的分配标准分配原材料费用，常用的分配方法有产量（重量）比例法、定额消耗量比例法、定额费用比例法等。

（1）产量（重量）比例法。产量（重量）比例法是以各种产品的产量（通常以重量表示）为标准来分配材料费用的方法。其计算公式为：

$$原材料费用分配率=\frac{各种产品共同耗用的材料费用}{各种受益产品材料实际耗用量之和}$$

·业务核算·

【业务 2-1】

某车间生产领用 A 原材料 40 000 元，用于生产甲产品和乙产品，甲产品实际耗用 A 材料 5 000 千克，乙产品实际耗用 A 材料 3 000 千克，则原材料费用分配如下：

$$原材料费用分配率=\frac{40\ 000}{5\ 000+3\ 000}=5(元/千克)$$

$$甲产品应分配的材料费用=5\times5\ 000=25\ 000(元)$$

$$乙产品应分配的材料费用=5\times3\ 000=15\ 000(元)$$

编制材料费用分配表如表 2-5 所示。

表 2-5　　**A 材料费用分配表**

201×年 12 月 31 日　　单位：元

应借科目	分配标准(千克)	分配率(元/千克)	费用合计(元)
基本生产成本—甲	5 000		25 000
基本生产成本—乙	3 000		15 000
合计	8 000	5	40 000

(2) 定额消耗量比例法。在材料消耗定额比较准确的情况下，原料和主要材料费用也可以按照产品的材料定额消耗量比例或材料定额费用的比例进行分配，消耗定额是指单位产品消耗的数量限额；定额消耗量是指一定产量下按照消耗定额计算的可以消耗的数量。费用定额和定额费用，则是消耗定额和定额消耗量的货币表现。材料费用定额和材料定额费用，就是材料消耗定额和材料定额消耗量的货币表现；工资定额和定额工资，则是工时消耗定额(也称工时定额)和工时定额消耗量(也称定额工时)的货币表现。

材料定额耗用量比例法的计算步骤如下：①计算各种产品材料定额消耗量总额(分配标准总额)；②计算材料耗用量分配率；③计算某种产品应分摊的材料数量；④求出某种产品应分摊的材料费用。

具体计算公式如下所列：

某种产品原材料定额耗用量＝该种产品实际产量×单位产品原材料消耗定额

原材料耗用量分配率＝原材料实际消耗总量/各种产品原材料定额耗用量之和

某种产品应分配的原材料数量＝该种产品定额消耗的材料总量×原材料耗用量分配率

某种产品应分配的原材料费用＝该种产品应分配的原材料数量×材料单价

·业务核算·

【业务 2-2】

企业 201×年 12 月份生产甲、乙两种产品领用 A 材料 4 500 千克，单价 20 元/千克，共计 90 000 元。本月投产的甲产品为 200 件，乙产品为 180 件。甲产品的材料消耗定额为 16 千克，乙产品的材料消耗定额为 10 千克。分配计算如下：

甲产品的 A 材料定额消耗量＝200×16＝3 200(千克)

乙产品的 A 材料定额消耗量＝180×10＝ 1 800(千克)

$$\text{A 材料消耗量分配率}=\frac{4\ 500}{3\ 200+1\ 800}=0.9$$

甲产品应分配的 A 材料数量＝3 200×0.9＝2 880(千克)

乙产品应分配的 A 材料数量＝1 800×0.9＝1 620(千克)

甲产品应分配的 A 材料费用＝2 880×20＝57 600(元)

乙产品应分配的 A 材料费用＝1 620×20＝32 400(元)

这种分配方法，可以考核材料消耗定额的执行情况，有利于进行材料消耗的实物管理，但分配的计算工作量较大。为了简化分配计算工作量，也可以直接按材料定额消耗量分配材料费用。分配计算公式为：

原材料费用分配率＝原材料费用总额/各种产品材料定额消耗量之和

某种产品应分配的材料费用＝该种产品的定额消耗量×原材料费用分配率

仍以上例资料分配计算如下：

A原材料费用分配率＝90 000/(3 200＋1 800)＝18(元/千克)

甲产品应分配的A材料费用＝3 200×18＝57 600(元)

乙产品应分配的A材料费用＝1 800×18＝32 400(元)

上述两种分配的计算结果相同，但后一种方法不能反映各种产品材料消耗总量，不利于加强材料消耗的实物管理。

(3) 定额费用比例法。定额费用比例法是按照产品材料定额费用分配材料费用的一种方法，其适用于产品生产过程中消耗原材料品种较多，不宜按品种确定原材料消耗量，但有比较合理的材料费用消耗定额的产品。分配计算公式如下：

某种产品某种材料定额费用

＝该种产品实际产量×单位产品该种材料费用定额

＝该种产品实际产量×单位产品该种材料消耗定额×该种材料计划单价

材料费用分配率＝各种材料实际费用总额/各种产品各种材料定额费用之和

某种产品分配负担的材料费用＝该种产品各种材料定额费用之和×材料费用分配率

·业务核算·

【业务2-3】

假定某企业201×年12月份甲、乙两种产品领用A,B两种主要材料，共计150 000元。本月投产甲产品200件，乙产品180件。甲产品的消耗定额为：A材料16千克，B材料11千克；乙产品的材料消耗定额为：A材料10千克，B材料10千克。A,B两种材料的计划单价分别为20元和12元。分配计算如下(分配率保留4位小数)：

甲产品A种材料定额费用＝200×16×20＝64 000(元)

甲产品B种材料定额费用＝200×11×12＝26 400(元)

甲产品材料定额费用＝64 000＋26 400＝90 400(元)

乙产品A种材料定额费用＝180×10×20＝36 000(元)

乙产品B种材料定额费用＝180×10×12＝21 600(元)

乙产品材料定额费用＝36 000＋21 600＝57 600(元)

$$材料费用分配率=\frac{150\ 000}{90\ 400+57\ 600}\approx 1.013\ 5$$

甲种产品分配负担材料费用＝90 400×1.013 5＝91 620.4(元)

乙种产品分配负担材料费用＝150 000－91 620.4＝58 379.6(元)

计算乙种产品分配负担材料费用应当采用倒挤法，该方法适用于分配率不能除尽的情况，以保证受益对象分配的费用之和与待分配费用总额一致，避免产生尾差。

2. 账务处理

各车间、部门发生的耗用原材料费用应按表2-6所示记入不同的会计账户。

表 2-6 **应记会计账户**

发生的费用项目	应记入的借方账户	应记入的贷方账户
直接用于产品生产并专设成本项目的各种材料费用	基本生产成本——直接材料	
直接用于辅助生产的各种材料费用	辅助生产成本、制造费用	
用于产品销售的各种材料费用	销售费用	
用于组织和管理生产活动等的各种材料费用	管理费用	
已发生的各种材料费用总额		原材料

小贴士

在实际工作中，材料费用的分配是通过编制如表2-5所示的“A材料费用分配表”进行的。材料费用分配表按照材料的具体用途，根据归类的领退料凭证编制。领用材料用于产品生产的，借记“基本生产成本”账户；用于辅助生产的，借记“辅助生产成本”账户；用于车间一般消耗的，借记“制造费用”账户；用于企业管理部门、销售部门和在建工程的，应分别借记“管理费用”“销售费用”和“在建工程”账户，贷记“原材料”账户。

·业务核算·

【业务 2-4】

某工业企业 201×年 12 月份材料费用分配表如表 2-7 所示。

表 2-7 **材料费用分配表**

201×年 12 月 31 日　　　　金额单位:元

应借账户		成本或费用明细账户	间接计入			直接计入	合计
			耗用材料(千克)	分配率	分配额		
基本生产成本	甲	直接材料	500		10 000	2 000	12 000
	乙	直接材料	300		6 000	4 000	10 000
	小计		800	20	16 000	6 000	22 000
辅助生产成本	供电	直接材料				1 500	1 500
	供水	直接材料				1 000	1 000
	小计					2 500	2 500
制造费用	基本生产车间	修理费				500	500
		机物料消耗				800	800
	小计					1 300	1 300
管理费用		机物料消耗				600	600
合计					16 000	10 400	26 400

根据上列材料费用分配表，编制会计分录如下：

借：基本生产成本——甲产品（直接材料）	12 000	
——乙产品（直接材料）	10 000	
辅助生产成本——供电车间	1 500	
——供水车间	1 000	
制造费用	1 300	
管理费用	600	
贷：原材料		26 400

任务 2.2 燃料与动力费用的归集与分配

2.2.1 燃料与动力费用的归集

计入产品成本的燃料和动力费用是指直接用于产品生产的燃料和动力，包括产品生产直接消耗的煤炭、电力、煤制气、液化石油气、天然气等。企业燃料一般由外部购入，动力有外购和自制两种来源。外购动力由企业外部有关单位（如供电、供气公司等）提供；自制动力由企业辅助生产单位（如供电、供气车间）提供。

企业产品生产直接耗用的燃料和外购动力以及自制动力费用，既属于直接费用，又属于基本费用。在成本项目的设置上，有单独设置和不单独设置两种处理办法。燃料和动力在企业产品成本和国民经济中占重要地位，为体现重要性原则和便于考核，应单独设置"燃料和动力"成本项目；如果燃料和动力费用在企业产品成本中占比不大，为了简化核算，也可不设"燃料和动力"成本项目。不单设该成本项目时，由于燃料和动力费用属于直接费用，可以将其并入"直接材料"或"制造费用"成本项目。这里只说明外购动力费用的核算。

在实际工作中，外购动力费用付款期与成本、费用核算期并不一致，即外购动力费用付款日期往往是次月初，而成本、费用核算期一般在本月月末进行。为贯彻权责发生制，实际工作中一般用"应付账款"科目核算外购动力费用，即在付款时先将其作为暂付款处理，借记"应付账款"科目，贷记"银行存款"科目；月末按照外购动力的用途分配费用时，再借记有关成本、费用科目，贷记"应付账款"科目，以冲销原来记入"应付账款"科目的暂付款。如果通过"应付账款"科目核算，每月只需在月末分配一次外购动力费用。每月月末根据当月实际使用的耗用数量分配动力费用，大大简化核算工作。

若每月支付外购动力费用的日期基本固定，且每月月末应付动力费用相差不多，也可不通过"应付账款"科目核算，可于付款时直接借记成本费用科目，贷记"银行存款"科目。

2.2.2 外购动力费用的分配

外购动力费用的分配，在有仪表的情况下，应根据仪表所示耗用数量及单位计算；在没有仪表的情况下，可按生产工时的比例、机器功率时数（机器功率×机器时数）的比例，或定额消耗量的比例分配。各车间、部门的动力用电和照明用电一般都分别装有电表，因此，外购动力费用在各车间、部门的动力用电和照明用电之间，一般按用电度数分配；车间中的动力用电，一般不能按产品分别安装电表，因而车间动力用电费在各种产品之间一般按产品的生产工时比例、机器工时比例、定额耗电量比例或其他比例分配。

进行动力费用分配时，应按照外购动力费用的用途，将其费用记入相应的成本、费用账户，如下表 2-8 所示。

表 2-8　　项目费用应记科目表

发生的费用项目	应记入的借方科目	应记入的贷方科目
产品生产耗用的动力费用	基本生产成本	
辅助生产耗用的动力费用	辅助生产成本	
车间管理耗用的动力费用	制造费用	
厂部管理耗用的动力费用	管理费用	
已发生的各种动力费用总额		应付账款(或银行存款)

一般情况下，对于各车间、部门耗用的动力费用，都可以按仪表数据加以计量。因此各车间、部门应分配动力费用计算公式如下：

车间、部门动力费用分配率＝动力费用总额/各车间、部门耗用数量之和

某车间、部门应负担动力费用＝该车间、部门耗用数量×车间、部门动力费用分配率

对生产车间用于产品生产的动力费用，由于不能按产品分装计量仪器，无法取得各种产品的耗用数量，一般采用工时比例(实际工时或定额工时)进行分配，其计算公式如下：

动力费用分配率＝动力费用总额/各种产品生产工时之和

某种产品应负担动力费用＝该种产品生产工时×动力费用分配率

·业务核算·

【业务 2-5】

某企业本月应支付电费 360 000 元，各车间、部门的电表用电度数为 900 000 度，其中：生产甲、乙两种产品用电 750 000 度，生产车间一般用电 50 000 度，辅助生产车间一般用电 80 000 度，行政管理部门用电 20 000 度。本月生产甲产品的生产工时为 50 000 小时，生产乙产品的生产工时为 30 000 小时。其分配结果如下：

车间、部门电费分配率＝3 600 000/900 000 ＝0.4(元/度)

甲、乙产品应负担的电费＝750 000×0.4＝300 000 (元)

生产车间应负担的电费＝50 000×0.4＝ 20 000(元)

辅助生产车间应负担的电费＝80 000×0.4＝ 32 000 (元)

行政管理部门应负担的电费＝20 000×0.4＝8 000(元)

甲、乙产品负担的电费 300 000 元还需要按照生产工时标准在两种产品之间进行再分配。其分配结果如下：

产品电费分配率＝300 000/(50 000＋30 000)＝3.75(元/小时)

甲产品应负担的电费＝50 000×3.75＝ 187 500 (元)

乙产品应负担的电费＝30 000×3.75＝ 112 500（元）

外购动力费用的分配，是通过编制“外购动力费用分配表”来进行的。根据上述资料编制如表 2-9 所示。

表 2-9　　外购动力费用分配表

201×年 08 月 31 日　　单位：元

应借科目		成本或费用项目	分配量度	生产工时	分配率	分配金额
基本生产成本	甲产品	燃料及动力		50 000		187 500
	乙产品	燃料及动力		30 000		112 500
	小计		750 000	80 000	3. 75	300 000
制造费用		燃料及动力	50 000			20 000
辅助生产成本		燃料及动力	80 000			32 000
管理费用		水电费	20 000			8 000
合计			900 000			360 000

根据表 2-9 可编制会计分录如下：

借：基本生产成本——甲产品（燃料及动力）　187 500
　　　　　　　　——乙产品（燃料及动力）　112 500
　　制造费用　20 000
　　辅助生产成本　32 000
　　管理费用　8 000
　贷：应付账款——应付电费　360 000

任务 2.3　职工薪酬费用的归集与分配

2.3.1　职工薪酬的概念、内容

1. 职工薪酬的概念

《企业会计准则第 9 号—职工薪酬》（以下简称职工薪酬准则）从广义的角度，根据构成完整人工成本的各类薪酬，从人工成本的理念出发，将职工薪酬界定为“企业为获得职工提供的服务而给予各种形式的报酬以及其他相关支出”。也就是说，从性质上凡是企业为获得职工提供的服务给予或付出的各种形式的对价，都构成职工薪酬。职工薪酬作为一种耗费，构成人工成本，与这些服务产生的经济利益相匹配。

2. 职工的范围

职工薪酬准则所称的“职工”包括以下几类人员。

（1）与企业订立劳动合同的所有人员，含全职、兼职和临时职工。

（2）未与企业订立劳动合同，但由企业正式任命的人员，如董事会成员、监事会成员等。

(3) 在企业的计划和控制下，虽未与企业订立劳动合同或未由其正式任命，但为其提供与职工类似服务的人员。

3. 职工薪酬的内容

职工薪酬是企业因职工提供服务而支付或放弃的所有对价。职工薪酬准则规定的职工薪酬主要包括以下内容。

(1) 职工工资、奖金、津贴和补贴。是指按照构成工资总额的计时工资、计件工资，支付给职工的超额劳动报酬和增收节支的劳动报酬，为补偿职工特殊或额外的劳动消耗和因其他特殊原因支付给职工的津贴，以及为保证职工工资水平不受物价影响支付给职工的物价补贴等。

(2) 职工福利费。主要包括职工因公负伤赴外地就医路费、职工生活困难补助、未实行医疗统筹企业职工医疗费用，以及按规定发生的其他职工福利支出。

(3) 医疗保险费、养老保险费等社会保险费。是指企业按照国家规定的基准和比例计算，向社会保险经办机构缴纳的医疗保险费、养老保险费、失业保险费、工伤保险费和生育保险费。

(4) 住房公积金。是指企业按照国家规定的基准和比例计算，向住房公积金管理机构缴存的住房公积金。

(5)工会经费和职工教育经费。是指企业为了改善职工文化生活、为职工学习先进技术和提高文化水平以及业务素质，用于开展工会活动和职工教育及职业技能培训等相关支出。

(6) 非货币性福利。是指企业以自己的产品或外购商品发放给职工作为福利，企业提供给职工无偿使用自己拥有的资产或租赁资产，如提供给企业高级管理人员使用的住房，免费为职工提供诸如医疗保健的服务，或向职工提供企业支付了一定补贴的商品或服务，以低于成本的价格向职工出售住房等。

(7) 因解除与职工的劳动关系给予的补偿。是指由于改制，重组、改组计划等原因，企业在职工劳动合同尚未到期之前解除与职工的劳动关系，或者为鼓励职工自愿接受裁员而提出补偿建议给予职工的经济补偿，即辞退福利。

(8) 其他与获得职工提供的服务相关的支出。是指除上述七种薪酬以外的其他为获得职工提供的服务而给予的薪酬，如企业提供给职工以权益形式结算的认股权、以现金形式结算但以权益工具公允价值为基础确定的现金股票增值权等。

2.3.2 职工薪酬的归集

1. 工资总额的组成

工资费用是应付职工薪酬的重要组成部分，应当按照国家劳动部门制定的工资总额核算。工资总额是各单位在一定时期内直接支付给本单位全部职工的全部劳动报酬总额。工资总额的计算，应以直接支付给职工的全部劳动报酬为依据。具体内容包括六项：计时工资、计件工资、奖金、津贴和补贴、加班加点工资和特殊情况下支付的工资。不属于工资总额范围内而发给职工的款项有医药费、福利补助、退休费、困难补助，发明创造、合理化建议和技术改进奖等。只有划清工资总额的组成与非工资总额的组成界限，才能正确地计算工资费用。

(1) 计时工资。计时工资是指按计时工资标准和工作时间支付给职工的劳动报酬。工资标准是指每一职工在单位时间内(月、日、小时)应得的工资额,它与职工从事工作的技术难度、熟练程度和劳动强度相关。企业为不同职务、不同工种和不同等级的职工分别规定不同的工资标准。

计时工资包括如下内容。①对已做工作按计时工资标准支付的工资。②实行结构工资制的单位支付给职工的基础工作和职务(岗位)工资。③新参加工作职工的见习工资(包括学徒的生活费)等。

(2) 计件工资。计件工资是指按职工所完成的工作量和计件单价计算支付的劳动报酬。计件单价是指完成单位工作量应得的工资。

计件工资包括如下内容。①在实行超额累进计件、直接无限计件、限额计件和超定额计件等工资制度下,按照定额和计件单价支付给职工的工资。②按工作任务包干方法支付给职工的工资。③按营业额提成或利润提成方法支付给职工的工资。

(3) 奖金。奖金是指支付给职工的超额劳动报酬和由于增收节支而给予职工的奖励。

奖金包括如下内容。①生产奖。②节约奖。③劳动竞赛奖。④机关、事业单位的奖励工资。⑤其他经常性奖金。

奖金应该按照国家和本单位的有关规定计算、支付。

(4) 津贴和补贴。津贴和补贴是指为补偿职工特殊的劳动消耗和因其他特殊原因支付给职工的津贴,以及为了保证职工工资水平不受物价影响支付给职工的物价补贴。

津贴和补贴包括如下内容。①补偿职工特殊或额外劳动消耗的津贴。②保健性津贴。③技术性津贴。④年功性津贴。⑤其他津贴。⑥各种物价补贴。津贴和补贴也应按照国家和本单位的有关规定计算、支付。

(5) 加班加点工资。加班加点工资是指企业对职工在法定工作时间以外加班加点而支付的劳动报酬。

(6) 特殊情况下支付的工资。特殊情况下支付的工资是指按国家规定在某些非工作时间内支付给职工的工资。包括如下内容。①根据国家法律规定和政策规定,由于疾病、工伤、产假、计划生育假、婚丧假、探亲假、定期休假、脱产学习等期间按计时工资标准或按这一标准的一定比例支付的工资。②附加工资和保留工资。

企业的工资总额并非全部计入产品制造成本,因此,必须分清工资总额的组成内容与计入产品制造成本的人工费用。人工费用按其计入产品成本的程序和方式,可分为直接人工费用和间接人工费用两种。直接人工费用是指直接从事产品生产而发生的人工费用,可直接计入产品成本,并以“直接人工”成本项目单独列示,形成产品成本的一个重要组成部分,即直接人工成本。间接人工费用是指为组织和管理生产活动而发生的人工费用。间接人工费用应先按其发生地点归集于制造费用,通过分配再计入产品成本,并以“制造费用”成本项目列示,形成产品成本中的间接人工成本。

小贴士

《企业会计准则第9号—职工薪酬》规定：职工薪酬不仅包括企业支付给职工的货币薪酬，还包括支付的非货币薪酬以及辞退福利等。企业在处理职工薪酬时应遵循相应的会计准则。

取消按照14%计提职工福利费的规定，福利费的支出按照实际支出额加以计量。

2. 工资费用的原始记录

（1）考勤记录。考勤记录是登记职工出勤和缺勤情况的原始记录。在考勤记录中，应该登记企业内部每一部门、每一职工的出勤和缺勤时间。月末，考勤人员应将经过车间和部门负责人检查、签章以后的考勤记录送交会计部门审核。经过会计部门审核的考勤记录，即可据此计算每一职工的工资。考勤记录的主要形式有考勤簿、考勤卡、考勤钟等。

（2）产量和工时记录。产量和工时记录登记职工个人或生产班组在出勤时间内完成产品的数量、质量和单位产品耗用工时数的原始记录，它是计算计件工资和按工时在各产品间分配直接人工费的重要依据，也是考核工时定额、明确生产工人的责任、考核劳动生产率的依据。产量和工时记录在不同行业、不同劳动组织的车间或班组，可以根据其工艺特点和管理要求采用不同的格式。常用的产量和工时记录有工作通知单、工作程序卡片、工序进程单、工作班产量报告、产量通知单、产量明细表等。

（3）其他凭证。为了正确地计算、归集和分配企业的人工费用，除了上述考勤记录、产量工时记录以外，还需要设置其他凭证，包括废品通知单及工资性补贴、奖金、津贴、代扣款通知单等。

此外，企业内部规章制度、各种津贴和补贴标准、工人的工作动态和工资动态等，都是企业计算工资费用的必不可少的原始依据。

3. 职工薪酬的归集

（1）计时工资。职工的计时工资根据考勤记录登记的每一职工出勤或缺勤日数，按照规定的工资标准计算。工资标准按其计算的时间不同，可分为年薪制、月薪制、周薪制、日薪制和钟点工资制。

采用月薪制计时工资制度计算工资，由于自然月份的日历天数不同，因而计算的同一职工的日工资率也不相同。在实际工作中，为了简化日工资的计算工作，日工资率一般按照以下两种方法之一计算。①按30天计算日工资率：日标准工资＝月标准工资/30。②按20.83天计算日工资率：日标准工资＝月标准工资/20.83。其中，20.83天是按照年日历数365天减去104个双休日和11个法定节假日，再除以12个月计算出的。在按30天计算工资率的企业中，由于节假日也算工资，因而出勤期间的节假日，也按出勤日算工资。

事假病假等缺勤期间的节假日，也按缺勤日扣工资。在按 20.83 天计算日工资率的企业中，节假日不算、不扣工资。

缺勤包括旷工、事假、6 个月以内的短期病假和超过 6 个月的长期病假。缺勤应扣发工资的比例通常规定为：旷工扣发比例由企业根据管理需要自行确定；事假工资按日工资的 100%扣发；病假扣发比例如表 2-10 所示。

表 2-10　　企业职工病假工资扣发比例一览表

连续病假在 6 个月以内(短病假)						连续病假在 6 个月以上(长病假)		
工龄	2 年以下	2～4 年	4～6 年	6～8 年	8 年以上	不满 1 年	1～3 年	3 年及以上
扣发	40%	30%	20%	10%	0%	60%	50%	40%
应发	60%	70%	80%	90%	100%	40%	50%	60%

月薪制下计时工资计算的两种方法如下所列。

按月标准工资扣除缺勤天数应扣工资额计算(减法)：

$$\text{某职工本月应得工资}=\text{该职工月标准工资}-\left(\text{事假天数}\times\text{日标准工资}\right)-\left(\text{病假天数}\times\text{日标准工资}\times\text{病假扣款率}\right)$$

按出勤天数直接计算(加法)：

$$\text{某职工本月应得工资}=\text{该职工本月出勤天数}\times\text{日标准工资}+\text{病假天数}\times\text{日标准工资}\times(1-\text{病假扣款率})$$

·业务核算·

【业务 2-6】

某企业 201×年 12 月份某工人的月工资标准为 1 050 元。12 月份共 31 天，该工人请事假 3 天，病假 3 天，星期六、星期日休假 10 天，出勤 15 天。根据该工人的工龄，其病假工资按工资标准的 90%计算。该工人病假和事假期间没有节假日。试计算该工人本月应得工资。

方法一：按 30 天计算日工资率。

$$\frac{1\,050}{30}=35(\text{元/天})$$

按月标准工资扣除缺勤天数应扣工资额计算(减法)：

$$1\,050-3\times35-3\times35\times(1-90\%)=934.5(\text{元})$$

按出勤天数直接计算(加法)：

$$35\times(15+10)+3\times35\times90\%=969.5(\text{元})$$

方法二：按 20.83 天计算日工资率。

$$1\,050\div20.83=50.41(\text{元/天})$$

按月标准工资扣除缺勤天数应扣工资额计算(减法)：

$$1\ 050-3\times50.41-3\times50.41\times(1-90\%)=883.65(\text{元})$$

按出勤天数直接计算(加法)：

$$50.41\times15+3\times50.41\times90\%=892.26(\text{元})$$

综上所述，应付职工薪酬一般有四种计算方法。①按 30 天计算日工资率，按缺勤日数扣月工资。②按 30 天计算日工资率，按出勤日数计算月工资。③按 20.83 天计算日工资率，按缺勤日数扣月工资。④按 20.83 日计算日工资率，按出勤日数计算月工资。

企业自行确定工资计算方法后，不应任意变动。

(2) 计件工资。计件工资是根据当月产量记录中的产品数量和规定的计件单价计算的工资。计件单价由产品的工时定额和某一级别职工的小时工资率计算确定。这里的产品数量包括实际完成的合格品的数量和生产过程中因材料不合格而造成的废品的数量。对于因工人过失而造成的废品，则不计付工资，有的还应由职工赔偿损失。计件工资的计算包括个人计件工资的计算和集体计件工资的计算。

一是个人计件工资的计算。

个人计件工资是根据产量记录中登记的每一工人的产品产量，乘以规定的计件单价计算的工资。其计算公式为：

应付计件工资＝∑(某工人本月生产每种产品产量×该种产品计件单价)

其中：

产品产量＝合格品数量＋料废品数量

某产品计件单价＝该产品工时定额×该级别职工的小时工资率

·业务核算·

【业务 2-7】

某企业职工本月生产甲、乙两种产品，生产甲产品 600 件，均为合格品；生产乙产品 512 件，其中合格品为 500 件，料废品 10 件，工废品 2 件。两种产品的工时定额分别为 0.56小时和 0.60 小时，该职工的小时工资率为 4 元/小时。企业本月应付该职工的计件工资计算如下所列。

甲产品的计件单价＝0.56×4＝2.24(元)

乙产品的计件单价＝0.60×4＝2.40(元)

甲产品的计件工资＝2.24×600＝1 344(元)

乙产品的计件工资＝2.40×(500＋10)＝1 224(元)

本月企业应付该职工的计件工资＝1 344＋1 224＝2 568 (元)

二是集体计件工资的计算。

企业中有的产品生产是由集体(班、组)共同组织生产的，则计件工资就需要以班组为对象进行计算。具体计算过程分以下两步：

先计算出集体计件工资总额，计算方法与上述个人计件工资计算的方法相同。

然后将集体计件工资总额在集体各成员之间进行分配。由于工人的级别或工资标准会体现工人的劳动质量和技术水平，工作时间会体现劳动数量，所以，集体计件工资总额的分配大多按每人的工资标准和该月实际工作时间的比例进行分配。

当计算出应付给每一职工的计时工资或计件工资后，再根据有关资料和标准确定每个职工的奖金、津贴和补贴及加班加点工资，从而计算出企业的应付工资；从中扣除应由职工个人承担的房租、水电费等代扣与代垫款项，得出企业的实发工资金额。其计算公式如下：

实发工资＝应付工资－代扣款项

企业应对工资发放情况按车间、部门编制“工资结算汇总表”，详细记录应发工资、实发工资的具体内容，如表 2-11 所示。

表 2-11 **工资结算汇总表**

201×年 10 月 31 日 单位：元

部门		应付标准工资	奖金	津贴	加班工资	应付工资	代扣款项				实发金额
							社保	公积金	个所税	其他	
一车间	生产工人										
	管理人员										
二车间	生产工人										
	管理人员										
机修车间											
行政管理											
合计											

(3) 其他职工薪酬的归集。其他职工薪酬主要包括职工福利费、社会保险费、工会经费和职工教育经费、非货币性福利、辞退福利等。

一是职工福利费。它是企业专门用于职工医疗、补助以及其他福利事业的经费，包括尚未实行分离办社会职能的企业，其内设福利部门所发生的设备、设施和人员费用，包括职工食堂、职工浴室、理发室、医务所、托儿所、疗养院等集体福利部门的设备、设施及维修保养费用和福利部门工作人员的工资薪金、社会保险费、住房公积金、劳务费等；为职工卫生保健、生活、住房、交通等所发放的各项补贴和非货币性福利，包括企业向职工发放的因公外地就医费用、未实行医疗统筹企业职工医疗费用、职工供养直系亲属医疗补贴、供暖费补贴、职工防暑降温费、职工困难补贴、救济费、职工食堂经费补贴和职工交通补贴等；按照规定发放的其他职工福利费，包括丧葬补助费、抚恤费、安家费和探亲假路费等。

职工福利费的会计核算，按照新企业会计准则有关规定，对于没有明确规定计提基础和计提比例的，企业应当根据历史经验数据和自身实际情况计算确定其金额，或直接据实列支。

二是社会保险费。企业应向社会保险经办机构(或企业年金基金账户管理人)缴纳医疗保险费、养老保险费、失业保险费、工伤保险费、生育保险费等社会保险费，应向住房公积金管理中心缴存住房公积金。

三是工会经费和职工教育经费。它是指企业为了改善职工文化生活、全面提高企业职工队伍素质，用于开展工会活动和职工教育及职业技能培训等的相关支出。工会经费按每月全部职工工资总额的 2%计提；职工教育经费一般按照职工工资总额的 1.5%足额提取。

四是非货币性福利。企业提供给职工的非货币性福利方式通常有:以自己生产的产品或以外购商品作为福利发放给职工,无偿向职工提供住房或租赁固定资产等,企业应根据不同情况确定非货币性福利的处理方法。

企业以自己生产的产品作为福利提供给职工,按该产品的公允价值和相关税费确定计入成本或费用的金额,并确认应付职工薪酬、主营业务收入,其销售成本的结转、相关税费等视同正常销售处理。企业以外购商品作为非货币性福利提供给职工的,按照该商品的公允价值和相关税费计入成本费用,并确认应付职工薪酬。

企业无偿向职工提供住房或租赁固定资产供职工使用的,根据受益对象,将房屋等资产应计提的折旧或应支付的租金,计入相关资产成本或当期费用,并确认应付职工薪酬。

五是辞退福利。它是指在职工劳动合同尚未到期前,企业决定解除与职工的劳动关系而给予职工的补偿,或者在职工劳动合同尚未到期前,为鼓励职工自愿接受裁减而给予的补偿。前者职工没有选择继续在职的权利,而后者职工有权选择继续在职或接受补偿离职。

·业务核算·

【业务2-8】

宏达工厂201×年8月份工资如表2-12所示。根据当地政府的规定,该企业分别按照职工工资总额的11%、21%、1.5%、0.5%、1%和7%计提医疗保险费、养老保险费、失业保险费、工伤保险费、生育保险费和住房公积金,并将其缴纳给当地的社会保险经办机构和住房公积金经办机构。另按工资总额的2%和1.5%分别计提了工会经费和职工教育经费。

表2-12 **工资费用分配表**

201×年08月31日

应借账户		成本项目	工资分配费用(元)	据实列支福利费(元)
基本生产成本	甲产品	直接人工	50 000	7 000
	乙产品	直接人工	30 000	4 200
	小计		80 000	11 200
辅助生产成本		直接人工	20 000	2 800
制造费用		工资	10 000	1 400
管理费用		工资	5 000	700
合计			115 000	16 100

该企业其他职工薪酬分配业务的会计处理如下所述。

企业需缴纳的五险一金比例合计=11%+21%+1.5%+0.5%+1%+7%=42%。

需缴纳的工会经费和职工教育经费比例分别为2%和1.5%。

一是应记入"基本生产成本"科目的职工薪酬金额。

甲产品应负担的其他职工薪酬金额=50 000×(42%+2%+1.5%)+7 000=29 750(元)

乙产品应负担的其他职工薪酬金额=30 000×(42%+2%+1.5%)+4 200=17 850(元)

二是应记入"辅助生产成本"科目的职工薪酬金额。

辅助生产成本金额＝20 000×(42%＋2%＋1.5%)＋2 800＝11 900(元)

三是应记入“制造费用”科目的其他职工薪酬金额。

制造费用金额＝10 000×(42%＋2%＋1.5%)＋1400＝5 950(元)

四是应记入“管理费用”科目的其他职工薪酬金额。

管理费用金额＝5 000×(42%＋2%＋1.5%)＋700＝2 975(元)

编制会计分录如下：

借：基本生产成本——甲产品(直接人工)　29 750
　　　　　　　　——乙产品(直接人工)　17 850
　　辅助生产成本　11 900
　　制造费用　5 950
　　管理费用　2 975
　贷：应付职工薪酬——职工福利　16 100
　　　　　　　　　——社会保险费(医疗保险费)　12 650
　　　　　　　　　——社会保险费(养老保险费)　24 150
　　　　　　　　　——社会保险费(失业保险费)　1 725
　　　　　　　　　——社会保险费(工伤保险费)　575
　　　　　　　　　——社会保险费(生育保险金)　1 150
　　　　　　　　　——住房公积金　8 050
　　　　　　　　　——工会经费　2 300
　　　　　　　　　——职工教育经费　1 725

合并编制职工薪酬分配表如表 2-13 所示。

表 2-13　　**职工薪酬分配表**

201×年 08 月 31 日　　单位：元

应借账户		成本项目	工资分配费用	福利费	社会保险费	住房公积金	工会经费	职工教育经费	合计
基本生产成本	甲	直接人工	50 000	7 000	17 500	3 500	1 000	750	79 750
	乙	直接人工	30 000	4 200	10 500	2 100	600	450	47 850
	小计		80 000	11 200	28 000	5 600	1 600	1 200	127 600
辅助生产成本		直接人工	20 000	2 800	7 000	1 400	400	300	31 900
制造费用		工资	10 000	1 400	3 500	700	200	150	15 950
管理费用		工资	5 000	700	1 750	350	100	75	7 975
合计			115 000	16 100	40 250	8 050	2 300	1 725	183 425

4. 职工薪酬的分配

成本核算中的工资费用分配要体现出如下三个方面的内容。

一是按工资耗费的受益对象进行工资费用的确认并将其反映在各受益对象对应的总分类账户中。工资费用的分配是指将企业应付给全体职工的工资作为一种费用，按照其用途分配计入各种产品成本或在指定的项目中开支。企业职工的工资不一定都可以计入产品成本，因此工资费用的分配，首先应划清可计入产品成本的工资费用和不可计入产品成本的工资费用的界限。例如，长病假人员和行政管理部门人员的工资，是在“管理费用”里开支的；账户专设销售机构人员的工资，是在“销售费用”账户里开支的，等等，这些均不能计入产品成本。

二是明确各受益对象应承担的工资费用的计入方式，对可计入产品成本的工资，还要划清可以直接计入产品成本的工资和分配(间接)计入产品成本的工资。

三是确定各受益对象应承担的工资费用金额。

(1) 直接计入工资费用。直接计入工资费用是指直接用于产品生产而发生的工资费用，在计算产品制造成本时能够直接确认给独立的受益产品，并在受益产品的明细账中以“直接人工”成本项目单独列示，也就是指直接从事具体而独立的产品生产所发生的工资费用记入“基本生产成本”总账和相应的受益产品明细账的“直接人工”成本项目中。

(2) 分配(间接)计入工资费用。分配(间接)计入工资费用是指直接用于产品生产而发生的工资费用，只是其受益对象不能直接确认为独立受益产品，而是需要利用一定的方法在各受益产品之间进行分配。由于工资形式不同，直接工资费用的分配方法也不同。

A. 计时工资形式下分配(间接)计入工资费用。分配标准通常采用各产品生产所耗用的生产工时比例。计算公式如下所列。

生产人员工资分配率＝生产人员工资总额/各种产品实际生产工时(定额工时)之和

某种产品应计工资费用＝该种产品实际生产工时(定额工时)×生产人员工资分配率

B. 计件工资形式下分配(间接)计入工资费用。计件工资是依据完工产品数量及计件单价计算的工资费用，其本身已经反映了工资费用的用途，可以直接确认给单独的受益产品而不需要分配。

任务 2.4 折旧费用与其他费用的归集与分配

2.4.1 折旧费用的归集

固定资产由于使用而发生损耗，它的价值也要逐渐减少，直至报废。折旧是指固定资产在使用过程中，由于损耗而转移到产品成本或费用中的那部分价值。固定资产损耗的这部分价值，应当在固定资产的有效使用年限内进行摊销，形成折旧费用，计入各期有关产品成本或费用。

我国目前的折旧计算方法主要有年限平均法、工作量法、双倍余额递减法及年数总和法等。折旧方法一经确定,不得随意变更。

2.4.2 折旧费用的分配

企业应按车间、部门归集折旧费。通常采用“固定资产折旧计算表”的形式进行,折旧费用的分配则是通过编制“固定资产折旧费用分配表”进行。基本生产车间固定资产的折旧费用,记入“制造费用”明细账的“折旧费”项目;辅助生产车间固定资产的折旧费用,记入“辅助生产成本”明细账或其下设的“制造费用”明细账的“折旧费”项目;企业行政管理部门固定资产的折旧费用记入“管理费用”明细账的“折旧费”项目;销售部门固定资产的折旧费用,记入“销售费用”明细账的“折旧费”项目。

·业务核算·

【业务 2-9】

某企业 201×年 12 月的固定资产折旧费用分配表如表 2-14 所示。

表 2-14 **固定资产折旧费用分配表**

201×年 12 月 31 日 单位:元

应借科目	使用部门	上月折旧额	本月折旧增加额	本月折旧减少额	本月折旧额
制造费用	基本生产车间	4 000	780	450	4 330
辅助生产成本	供水车间	3 000	400	600	2 800
	供电车间	2 000		100	1 900
管理费用	管理部门	2 500	20		2 520
合计		11 500	1 200	1 150	11 550

根据表 2-14,编制会计分录如下:

借:制造费用 4 330
　辅助生产成本——供水车间 2 800
　　　　　　　——供电车间 1 900
　管理费用 2 520
　贷:累计折旧 11 550

2.4.3 其他费用的核算

广义的其他费用是指邮电费、租赁费、印刷费、图书报刊资料费、办公用品费、试验检验费、排污费、差旅费、保险费、交通补助费、误餐补贴费、职工技术补助费以及利息和有关费用性税金等。这些费用有的是产品成本的组成部分,有的则不是。其中,属于产品成本组成部分的,也未设立专门的成本项目。因此,在这些费用发生时,应根据有关的付款凭证,按照费用的用途进行归类,分别借记“制造费用”“管理费用”“销售费用”等账户,贷记“银行存款”或“库存现金”等账户。

任务 2.5 辅助生产费用的归集与分配

2.5.1 辅助生产费用的确认

辅助生产是指为基本生产、企业行政管理部门等单位进行的产品生产和劳务供应。

有的辅助生产部门只生产一种产品或提供一种劳务，如供电、供水和供气等；有的则生产多种产品或提供多种劳务，如从事工具、模具、修理用备件的制造以及机器设备的修理等。辅助生产提供的产品和劳务，有时也对外销售，但主要是为本企业服务。

辅助生产产品和劳务成本的高低，对于基本生产产品成本和经营管理水平有着直接的影响，并且，也只有在辅助生产产品和劳务成本确定以后，才能计算基本生产的产品成本和经营管理费用。因此，必须加强辅助生产费用的核算，正确、及时地组织辅助生产费用的归集和分配。

2.5.2 辅助生产费用的归集

辅助生产费用归集的程序与基本生产费用归集的程序相类似，应通过"辅助生产成本"账户进行。"辅助生产成本"属费用类账户，用于核算辅助生产车间为基本生产服务而发生的各项费用的归集和分配情况。一般应按车间及产品或劳务的种类设置明细账，账内按成本项目或费用项目设置专栏，进行明细核算。

对于直接用于辅助生产产品或提供劳务的费用，应直接记入"辅助生产成本"账户及其明细账的借方；对于辅助生产车间发生的制造费用，如该车间下设"制造费用"明细账，则记入"制造费用——辅助生产车间"账户及其明细账的借方进行汇总后，月末再从"制造费用——辅助生产车间"账户及其明细账的贷方，直接转入或分配转入"辅助生产成本"账户及其明细账的借方，从而计算辅助生产的产品或劳务的成本，并从"辅助生产成本"账户及其明细账的贷方转出，分配给各受益对象；期末如有借方余额，则为辅助生产的在产品成本。"辅助生产成本"明细账格式如表 2-15 所示。

表 2-15　　辅助生产成本明细账

车间名称：供电车间　　单位：元

年		摘要	直接材料	燃料与动力	工资与福利	折旧费	制造费用	合计
月	日							
12	31	直接材料费用分配表	5 600					5 600
	31	燃料与动力费用分配表		6 800				6 800
	31	直接人工费用分配表			7 300			7 300
	31	折旧费用分配表				800		800
	31	制造费用分配表					4 200	4 200
	31	分配转出	−5 600	−6 800	−7 300	−800	−4 200	平

如果辅助生产车间规模小，发生的制造费用较少，在不对外提供产品或劳务的情况下，为了简化核算，其制造费用也可直接记入“辅助生产成本”账户，而不通过“制造费用”账户核算。

2.5.3 辅助生产费用的分配

辅助生产费用分配是指将辅助生产成本各明细账上所归集的费用，采用一定的方法计算出产品或劳务的总成本和单位成本，并按受益对象耗用的数量计入相关成本或期间费用的过程。

辅助生产车间发生的各种计入成本、费用的方法，因提供产品或劳务的情形不同而不同，一般有以下两种处理方法。

如果辅助生产车间是从事工具、夹具、模具等产品的制造，在产品完工入库后，应将其成本从“辅助生产成本”账户转入“原材料”或“低值易耗品”等账户。各车间、部门领用时，再按照存货的核算方法，根据具体用途和数量，一次或分次转入有关的成本、费用账户。

如果辅助生产车间提供的是水、电、气、机修等劳务，辅助生产车间发生的各项耗费在归集后，应本着“谁受益谁负担”的原则，根据各受益单位的耗用量，在各受益单位之间进行分配。在这种情况下，虽然辅助生产车间是为基本生产和行政管理部门服务的，但在辅助生产车间之间也存在相互提供产品和劳务的情形，所以，在分配辅助生产费用时.一般还应在辅助车间之间进行费用的交互分配，这就是辅助生产费用分配的特点。

辅助生产费用的分配通常采用的方法有直接分配法、一次交互分配法、顺序分配法、代数分配法和计划成本分配法等。

1. 直接分配法

采用这种分配方法，不考虑各辅助生产车间之间相互提供劳务或产品的情况，而是将各种辅助生产费用直接分配给辅助生产车间以外的各受益单位。其分配程序是：首先，根据各辅助生产车间实际发生的费用和向辅助生产车间以外的各受益对象提供的产品或劳务总量，计算出各辅助生产车间的实际单位生产成本；然后，再按实际单位生产成本和各受益对象的耗用量进行分配。计算公式如下：

$$某辅助生产车间费用分配率=\frac{该辅助生产车间的直接费用}{向辅助生产车间以外的受益单位提供的劳务数量}$$

$$各受益单位应负担的辅助生产费用=受益单位接受的劳务数量\times辅助生产车间费用分配率$$

·业务核算·

【业务 2-10】

某企业有供水和供电两个辅助生产车间，主要为本企业基本生产车间和行政管理等部门服务。201×年 12 月份，供水车间本月发生的费用为 8 000 元，供电车间本月发生的费用为 24 000 元。各辅助生产车间供应的劳务数量见表 2-16，“辅助生产成本分配表”如表 2-17 所示。采用直接分配法分配辅助生产成本费用。

表 2-16　**辅助生产车间供应劳务数量表**

201×年 12 月 31 日

受益部门	耗水(吨)	耗电(度)
基本生产——甲产品	3 000	14 000
基本生产——乙产品	2 000	10 000
基本生产车间——般耗用	2 000	4 000
辅助生产车间——供电	2 000	
辅助生产车间——供水		8 000
行政管理部门	800	2 400
专设销售机构	200	1 600
合计	10 000	40 000

供水车间费用分配率＝8 000/(10 000-2 000)＝1(元/吨)

供电车间费用分配率＝24 000/(40 000-8 000)＝0.75(元/度)

表 2-17　**辅助生产成本分配表(直接分配法)**

201×年 12 月 31 日

项目		供水车间(吨)	供电车间(度)	金额合计(元)
待分配生产费用(元)		8 000	24 000	32 000
供应辅助生产以外部门的劳务数量		8 000	32 000	
分配率		1	0.75	
基本生产——甲产品	耗用数量	3 000	14 000	
	分配金额	3 000	10 500	13 500
基本生产——乙产品	耗用数量	2 000	10 000	
	分配金额	2 000	7 500	9 500
基本生产车间——般耗用	耗用数量	2 000	4 000	
	分配金额	2 000	3 000	5 000
行政管理部门	耗用数量	800	2 400	
	分配金额	800	1 800	2 600
专设销售机构	耗用数量	200	1 600	
	分配金额	200	1 200	1 400
合计		8 000	24 000	32 000

根据“辅助生产成本分配表”，编制会计分录如下：

借:基本生产成本——甲产品 13 500
——乙产品 9 500
制造费用 5 000
管理费用 2 600
销售费用 1 400
贷:辅助生产成本——供水车间 8 000
——供电车间 24 000

根据分录登记“辅助生产成本明细账”(见表2-15)。

采用直接分配法,由于各辅助生产成本只是对外分配,计算工作简便。但当辅助生产车间之间相互提供的产品或劳务量差异较大时,分配结果往往与实际相差较大。因此,这种分配方法只适用于辅助生产车间内部相互提供劳务不多且差异不大的情况。

2. 顺序分配法

顺序分配法是指各辅助生产车间分配费用按受益多少的顺序排列,受益少的排在前面,将费用先分配出去;受益多的排在后面,将费用后分配出去;后列车间负担前列车间分配转入的费用,但不再向前列车间分配费用。其计算公式如下:

某辅助生产车间的可供分配费用=本车间发生的直接费用+排在它前面的车间分配转入的费用

$$\text{某辅助生产车间的费用分配率（对外分配的单位成本）}=\frac{\text{该辅助生产车间可供分配的费用}}{\text{该辅助生产车间对外供应劳务总量}}$$

·业务核算·

【业务2-11】

以业务2-10的资料为准,采用顺序分配法分配辅助生产费用,其结果如下所述。

因在业务2-10中,供电车间耗用水量较少,供水部门耗用电量较多,按照受益少的先分配费用,受益多的后分配费用的原则,应先计算分配供电车间的费用。

电费分配率=24 000/40 000=0.6(元/度)

编制分配电费的会计分录如下:

借:基本生产成本——甲产品 8 400
——乙产品 6 000
辅助生产成本——供水车间 4 800
制造费用 2 400
管理费用 1 440
销售费用 960
贷:辅助生产成本——供电车间 24 000

供电车间分配给供水车间的费用=0.6×8 000=4 800(元)

水费分配率=(8 000+4 800)/(10 000-2 000)=1.6(元/吨)

编制分配水费的会计分录如下:

借：基本生产成本——甲产品　4 800
　　　　　　　　——乙产品　3 200
　　制造费用　3 200
　　管理费用　1 280
　　销售费用　320
　贷：辅助生产成本——供水车间　12 800

辅助生产费用分配表如表 2-18 所示。

辅助生产费用表的下线呈梯形，因而这种分配方法也称梯形分配法。在顺序分配法下，辅助生产费用分配顺序的确定是关键，可以按照各辅助生产车间的贡献程度来决定分配顺序。这里的贡献程度是辅助生产车间之间比较的结果。任一辅助生产车间都面临着转入与转出问题，转入意味着该辅助生产车间受益，而转出则是施益，如果不考虑其他因素，转出辅助生产费用额与转入辅助生产费用额之比越大，则表明该辅助生产车间对其他辅助生产车间的贡献较大，每一辅助生产车间都可以计算出这一比例值并按这一比例值从高到低排序。

由于该种方法要先对辅助生产车间进行排序，排列在前的向排列其后的所有受益单位进行直接分配，而排列其后的不能向其分配费用，即使该辅助生产车间是受益单位，这种单向交互也没能全面反映出辅助生产车间之间的交互关系，交互分配不充分，从而影响了辅助生产费用分配的准确性。另外，各辅助生产车间之间的排序也是比较困难的，有一定的主观性，导致该方法的使用受到一定的限制。因此，这种方法适用于各辅助生产车间之间相互受益程度具有明显顺序的企业采用。弥补单向交互不足的辅助生产费用分配方法便是一次交互分配法。

3. *一次交互分配法*

一次交互分配法是指根据辅助生产车间相互提供的劳务量和交互分配前的费用分配率在辅助生产车间之间进行一次交互分配；然后将归集的辅助生产车间交互分配后的实际费用（即交互分配前的费用加上交互分配转入的费用，减去交互分配转出的费用），再按其提供给辅助生产车间之外各受益单位的劳务量进行分配的方法。

这种方法是把辅助生产车间的费用分为两个阶段进行分配。

(1) 交互分配。其计算公式为：

$$\text{某辅助生产车间交互分配率}=\frac{\text{该辅助生产车间的待分配费用}}{\text{该辅助生产车间劳务供应总量}}$$

$$\text{其他辅助生产车间应负担的该项费用}=\text{该辅助生产车间该项劳务的耗用量}\times\text{该项费用交互分配率}$$

(2) 对外分配。其计算公式为：

$$\text{某辅助生产费用对外分配率}=\frac{\text{该辅助生产分配前费用}+\text{交互分配转入费用}-\text{交互分配转出费用}}{\text{该辅助生产车间对其他辅助车间以外部门提供的劳务总量}}$$

$$\text{某产品(部门)应负担的该项辅助生产费用}=\text{该产品(部门)该项劳务的耗用量}\times\text{该项费用对外分配率}$$

第一阶段的交互分配所要分配的费用是该辅助生产车间直接发生的费用，不包括耗用其他辅助生产车间的费用；所要分配的劳务数量是该辅助生产车间提供的劳务数量，包括其他辅助生产车间耗用的数量。第二阶段的对外分配所要分配的费用是交互分配后的费用；所要分配的劳务数量，不包括各辅助生产车间相互耗用的数量。

表 2-18

辅助生产费用分配表(顺序分配法)

201×年 12 月 31 日

金额单位:元

会计科目	辅助生产成本						基本生产成本		制造费用		管理费用		销售费用		合计
	供电车间			供水车间											
	劳务数量（度）	待分配费用	分配率	劳务数量（吨）	待分配费用	分配率	耗用数量	分配金额	耗用数量	分配金额	耗用数量	分配金额	耗用数量	分配金额	
车间部门	40 000	24 000		10 000	8 000										
分配电费	−40 000	−24 000	0.6		4 800		24 000	14 400	4 000	2 400	2 400	1 440	1 600	960	24 000
	水费合计				12 800										
	分配水费			−8 000	−12 800	1.6	5 000	8 000	2 000	3 200	800	1 280	200	320	12 800
				分配金额合计				22 400		5 600		2 720		1 280	32 000

·业务核算·

【业务 2-12】

以业务 2-10 的资料为准，采用一次交互分配法分配辅助生产费用，其结果如表 2-19 所示。

表 2-19　　　　辅助生产费用分配表(交互分配法)

201×年 12 月 31 日　　　　金额单位:元

项目			交互分配			对外分配		
			供电(度)	供水(吨)	合计	供电(度)	供水(吨)	合计
待分配费用			24 000	8 000	32 000	20 800	11 200	32 000
供应劳务量			40 000	10 000		32 000	8 000	
费用分配率(单位成本)			0.6	0.8		0.65	1.4	
辅助生产成本	供电车间	耗用数量		2 000				
		分配金额		1 600	1 600			
	供水车间	耗用数量	8 000					
		分配金额	4 800		4 800			
基本生产成本	甲产品	耗用数量				14 000	3 000	
		分配金额				9 100	4 200	13 300
	乙产品	耗用数量				10 000	2 000	
		分配金额				6 500	2 800	9 300
制造费用		耗用数量				4 000	2 000	
		分配金额				2 600	2 800	5 400
管理费用		耗用数量				2 400	800	
		分配金额				1 560	1 120	2 680
销售费用		耗用数量				1 600	200	
		分配金额				1 040	280	1 320
合计						20 800	11 200	32 000

(1) 交互分配及其分录。

$$供电车间交互分配率=\frac{24\ 000}{40\ 000}=0.6(元/度)$$

$$供水车间交互分配率=\frac{8\ 000}{10\ 000}=0.8(元/吨)$$

供电车间分入的水费=2 000 ×0.8 =1 600(元)

供电车间分出的电费=8 000×0.6=4 800(元)

供水车间分入的电费=8 000×0.6=4 800(元)

供水车间分出的水费=2 000×0.8 =1 600(元)

分录为：

借:辅助生产成本——供电车间 1 600

——供水车间 4 800

贷:辅助生产成本——供水车间 1 600

——供电车间 4 800

(2) 对外分配及其分录。

$$供电车间对外费用分配率=\frac{24\ 000+1\ 600-4\ 800}{32\ 000}=0.65(元/度)$$

$$供水车间对外费用分配率=\frac{8\ 000+4\ 800-1\ 600}{8\ 000}=1.4(元/吨)$$

分录为：

借:基本生产成本——甲产品 13 300

——乙产品 9 300

制造费用 5 400

管理费用 2 680

销售费用 1 320

贷:辅助生产成本——供电车间 20 800

——供水车间 11 200

采用一次交互分配法进行分配,克服了直接分配法不能反映辅助生产车间相互提供产品和劳务的不足。由于在各辅助生产车间之间分配费用,分配结果较为准确,反映了各部门之间相互服务的关系,同时也能促使各辅助生产车间降低相互之间的消耗。但是,由于计算两个分配率,因此计算工作量也随之增加。另外,各辅助车间的劳务结算只能等其他辅助车间费用转入后才能计算实际费用,因而影响成本分配的及时性。为了克服交互分配法的缺点,在计划管理基础比较好的企业,对辅助生产费用的分配可以采用计划成本分配法。

4. 计划成本分配法

计划成本分配法是指按辅助生产车间生产的产品或劳务的计划单位成本分配辅助生产费用的一种方法。辅助生产为各受益单位(包括其他辅助生产车间)提供的产品或劳务,一律按产品或劳务的实际耗用量和计划单位成本进行分配;辅助生产车间实际发生的费用,包括辅助生产交互分配转入的费用在内,与按计划单位成本分配转出的费用之间的差额,即辅助生产产品或劳务的成本差异,可以在辅助生产以外的各受益单位,按其耗用该产品或劳务的数量或已分配计划成本的比例再进行分配。为简化核算工作,也可将成本差异合计数转入"管理费用"账户。

·业务核算·

【业务 2-13】

以业务 2-10 的资料为准,假定计划单位成本为:供电车间每度电 0.65 元,供水车间吨水 0.9 元。现列示按计划成本分配法的辅助生产费用分配表,如表 2-20 所示。

表 2-20 **辅助生产费用分配表(计划成本分配法)**

201×年12月31日 金额单位:元

辅助生产车间名称			供电车间（度）	供水车间（吨）	合计
待分配辅助生产费用			24 000	8 000	32 000
供应劳务数量			40 000	10 000	
计划单位成本			0.65	0.9	
辅助生产成本	供电车间	耗用数量		2 000	
		分配金额		1 800	1 800
	供水车间	耗用数量	8 000		
		分配金额	5 200		5 200
基本生产成本	甲	耗用数量	14 000	3 000	
		分配金额	9 100	2 700	11 800
	乙	耗用数量	10 000	2 000	
		分配金额	6 500	1 800	8 300
制造费用		耗用数量	4 000	2 000	
		分配金额	2 600	1 800	4 400
管理费用		耗用数量	2 400	800	
		分配金额	1 560	720	2 280
销售费用		耗用数量	1 600	200	
		分配金额	1 040	180	1 220
按计划成本分配金额合计			26 000	9 000	35 000
辅助生产实际成本			25 800	13 200	39 000
辅助生产成本差异			−200	4 200	4 000

供电车间实际成本＝24 000＋1 800＝25 800(元)

供水车间实际成本＝8 000＋5 200＝13 200(元)

根据辅助生产费用分配表编制会计分录如下：

借:辅助生产成本——供电车间 1 800

——供水车间 5 200

基本生产成本——甲 11 800

——乙 8 300

制造费用 4 400

管理费用 2 280

销售费用 1 220

贷:辅助生产成本——供电车间 26 000

——供水车间 9 000

编制分配成本差异会计分录如下：

借：管理费用　　4 000

　贷：辅助生产成本——供电车间　　[200]

　　　　　　　　——供水车间　　4 200

采用按计划成本分配法，各种辅助生产费用也只分配一次，而且劳务的计划单位成本是早已确定的，不必单独计算费用分配率，因而简化了计算工作，加快了会计核算的速度。通过辅助生产成本差异的计算，还能反映和考核辅助生产成本计划的执行情况，可以及时了解各辅助生产费用超支和节约的原因，有利于明确辅助生产车间和各受益单位的经济责任。但假若辅助生产车间的计划单位成本制定得不准确，则会影响辅助生产费用分配结果的准确性，对当期的损益有较大的影响。因此，该方法只适于在辅助生产计划单位成本制定得比较准确的情况下采用。

5. 代数分配法

代数分配法，是指先根据解联立方程的原理，计算辅助生产劳务或产品的单位成本，然后根据各受益单位(包括辅助生产内部和外部各单位)耗用的数量和单位成本分配辅助生产费用。

·业务核算·

【业务 2-14】

以业务 2-10 的资料为准，按代数分配法分配辅助生产费用。其计算如下：

设 x＝供电单位成本，y＝供水单位成本。

设立联立方程式如下：

$$\begin{cases} 24\ 000 + 2\ 000y = 40\ 000x \\ 8\ 000 + 8\ 000x = 10\ 000y \end{cases}$$

解联立方程，得

$$\begin{cases} x = 0.67 \\ y = 1.33 \end{cases}$$

根据各受益单位的耗用量和以上求得的单位成本，编制辅助生产费用分配表，在全部受益单位(包括其他辅助生产车间)之间分配辅助生产费用，其结果如表2-21所示。

表 2-21　　辅助生产费用分配表(代数分配法)

201×年 12 月 31 日　　金额单位：元

辅助生产车间名称	供电车间(度)	供水车间(吨)	合计
待分配辅助生产费用	24 000	8 000	32 000
供应劳务数量	40 000	10 000	
分配率	0.67	1.33	

(续表)

辅助生产车间名称			供电车间	供水车间	合计
辅助生产成本	供电车间	耗用数量		2 000	
		分配金额		2 660	2 660
	供水车间	耗用数量	8 000		
		分配金额	5 360		5 360
基本生产成本	甲	耗用数量	14 000	3 000	
		分配金额	9 380	3 990	13 370
	乙	耗用数量	10 000	2 000	
		分配金额	6 700	2 660	9 360
制造费用		耗用数量	4 000	2 000	
		分配金额	2 680	2 660	5 340
管理费用		耗用数量	2 400	800	
		分配金额	1 468	1 124	2 592
销售费用		耗用数量	1 600	200	
		分配金额	1 072	266	1 338
分配金额合计			26 660	13 360	40 020

注:小数位差额倒挤在管理费用中。

供电车间分配金额合计=24 000+2 000×1.33=26 660(元)

供水车间分配金额合计=8 000+8 000×0.67=13 360(元)

计入管理费用的供电车间费用=26 660−5 360−9 380−6 700−2 680−1 072=1 468(元)

计入管理费用的供水车间费用=13 360−2 660−3 990−2 660−2 660−266=1 124(元)

根据辅助生产费用分配表,编制会计分录如下:

借:辅助生产成本——供电车间	2 660	
——供水车间	5 360	
基本生产成本——甲产品	13 370	
——乙车间	9 360	
制造费用	5 340	
管理费用	2 592	
销售费用	1 338	
贷:辅助生产成本——供电车间		26 660
——供水车间		13 360

采用代数分配法分配辅助生产费用,分配结果最准确,但在辅助生产车间较多的情况下,未知数较多,计算复杂,要用到高等数学中的矩阵方法求解,因此,该方法适宜在辅助生产车间较少或计算工作已经实现电算化的企业采用。

在将辅助生产费用进行归集和分配以后,应计入本月产品成本和经营管理费用的各种费用，都已分别归集在“基本生产成本”“制造费用”和“管理费用”等总分类账和所属明细账的借方；其中记入“基本生产成本”总分类账借方的费用，已在各产品成本明细账的本月发生额中按有关的成本项目反映。

任务 2.6 制造费用的归集与分配

2.6.1 制造费用的确认

制造费用是指工业企业为生产产品或提供劳务而发生的、应该计入产品成本但没有专设成本项目的各项生产费用。它包括以下三部分内容。

1. 间接生产费用

这是制造费用的主要组成部分，如机物料消耗，生产车间用房屋、建筑物的折旧费、修理费、保险费或租赁费，车间生产用的照明费、取暖费、降温费、运输费、劳动保护费，以及季节性停工和生产用固定资产修理期间的停工损失等。

2. 没有专设成本项目的直接生产费用

例如，生产用机器设备的折旧费、修理费、保险费或租赁费，生产用低值易耗品的摊销，设计图纸费和试验检验费等，生产工艺用动力如果没有专设成本项目，也列入制造费用。

3. 车间或分厂用于组织和管理生产的费用

例如，车间管理人员的工资、车间管理用的照明费、水费、取暖费、差旅费和办公费等。如果企业的组织机构分为车间、分厂和总厂等若干层次，由于分厂也作为生产单位，其组织和管理生产的费用也并入制造费用核算。

制造费用一般属于间接计入费用。但是，当某个生产单位只生产一种产品时，该生产单位发生的全部制造费用都可以直接计入该种产品成本，不需要在各种产品（成本计算对象）之间进行分配。这时，该生产单位的制造费用就是直接计入费用，而不是间接计入费用。

2.6.2 制造费用的归集

制造费用的归集和分配是通过“制造费用”账户进行的，该账户应按车间（基本生产车间、辅助生产车间）、部门设置明细账，账内按照费用项目设专栏，分别反映各个车间、部门各项制造费用的支出情况。制造费用明细账格式如表 2-22 所示。

表 2-22　　制造费用明细账

车间名称：生产一车间　　　　单位：元

年		摘要	原材料	工资	福利费	折旧费	办公费	修理费	合计
月	日								
12	31	材料费用分配表							
	31	职工薪酬分配表							
	31	折旧费用分配表							

（续表）

年		摘要	原材料	工资	福利费	折旧费	办公费	修理费	合计
月	日								
	31	辅助生产费用分配表							
	31	其他费用分配表							
	31	本月合计							
	31	本月转出							

发生制造费用时，应记入“制造费用”账户及其明细账的借方，并视具体情况，分别记入“银行存款”、“原材料”“应付职工薪酬”“累计折旧”等账户的贷方；期末按照一定的标准进行分配时，从“制造费用”账户及其明细账的贷方转出，记入“基本生产成本”等账户及有关明细账的借方；除季节性生产的车间外，“制造费用”账户期末应无余额。

如果辅助生产车间发生的制造费用是通过下设“制造费用——辅助生产车间”账户及其明细账单独核算的，则应比照基本生产车间发生的制造费用进行核算；如果辅助生产车间发生的制造费用不通过“制造费用”账户及其明细账单独核算的，则应全部记入“辅助生产成本”账户及其明细账的有关成本或费用项目。

制造费用项目可以根据工业企业自己的生产特点和管理上的要求进行调整，既可以合并或进一步细分，也可以另行设立制造费用项目。但是，制造费用项目一经确定，不应任意变更。

2.6.3 制造费用的分配

为了正确计算产品或劳务的成本，企业必须合理地分配制造费用。在生产单一产品的车间或分厂，归集的制造费用可直接计入该种产品的制造成本；在生产多种产品的车间或分厂，因制造费用有多个受益对象，应采用一定的方法，按各成本计算对象受益的比例进行分配。

分配制造费用的目的主要有以下几点。① 确定成本对象的完全成本。②促使经营管理者更加经济、有效地管理成本对象。③比较业务活动的各个不同的选择方案，进行计划、控制和决策。

制造费用必须采用适当的标准和方法分配计入该生产单位所生产的各种产品的成本。合理分配制造费用的关键在于正确选择分配标准。由于制造费用内容复杂，费用项目性质迥异，为制造费用分配标准的选择带来了一定的难度。一般情况下，选择制造费用分配标准应遵循以下原则。

(1) 相关性原则。分配标准与被分配的制造费用的发生应具有密切的依存关系。

(2) 易操作原则。分配标准的资料必须易于取得，容易操作，并可以进行客观计量。

(3) 相对稳定原则。分配标准一经选定，不宜经常改变，以利于各期进行分析对比。

由于各个车间制造费用水平不同，所以，制造费用应该按照各个车间分别进行分配，而不能将各车间的制造费用统一起来在整个企业范围内统一分配。

制造费用的分配通常采用的有生产工时比例法、生产工人工资比例法、机器工时比例法以及年度计划分配率法等。分配方法一经确定，不应任意变更。

1. 生产工时比例法。生产工时比例法是按照各种产品所用生产工时的比例分配制造费用的一种方法。生产工时可以是各种产品实际耗用的生产工时（实用工时），也可以是定额工时。其计算公式如下：

$$制造费用分配率=\frac{制造费用总额}{各种产品生产工时总数}$$

$$\begin{matrix}某种产品应负担\\的制造费用\end{matrix}=\begin{matrix}该种产品的\\生产工时数\end{matrix}\times 分配率$$

·业务核算·

【业务 2-15】

某企业基本生产车间生产甲、乙两种产品。201×年 12 月份已归集在“制造费用”科目借方的制造费用合计为 60 000 元。甲产品生产工时为 6 000 小时，乙产品生产工时为 4 000 小时，要求按照生产工时比例法分配制造费用。（为简化计算，本题中只考虑完工产品的生产工时）

$$制造费用分配率=\frac{60\ 000}{6\ 000+4\ 000}=6(元/小时)$$

$$甲产品应负担的制造费用=6\ 000\times 6=36\ 000(元)$$

$$乙产品应负担的制造费用=4\ 000\times 6=24\ 000(元)$$

根据以上计算结果编制制造费用分配表，如表 2-23 所示。

表 2-23 **制造费用分配表**

201×年 12 月 31 日

应借账户		分配标准生产工时(小时)	分配率(元/小时)	分配金额(元)
基本生产成本	甲产品	6 000		36 000
	乙产品	4 000		24 000
合计		10 000	6	60 000

根据制造费用分配表，编制会计分录如下：

借：基本生产成本——甲产品（制造费用）　36 000
　　　　　　　——乙产品（制造费用）　24 000
　贷：制造费用　60 000

根据以上资料继续登记制造费用明细账。

按照生产工时比例分配制造费用，同分配工资费用一样，能将劳动生产率与产品负担的费用水平联系起来，使分配结果更加合理。同时，这种方法所需的生产工时资料比较容易取得，所以在实际工作中应用较广。但是，如果企业各种产品的工艺机械化程度差异较大，可导致分配结果与实际发生情况不符。因此，它一般适用于机械化程度较低或各产品机械化程度大致相同的企业。由于生产工时是分配间接计入费用常用的分配标准之一，所以必须做好平时生产工时的记录。

2. 生产工人工资比例法

生产工人工资比例法是按照计入各种产品成本的生产工人实际工资的比例分配制造费用的方法。其计算公式如下：

$$\text{制造费用分配率}=\frac{\text{制造费用总额}}{\text{各种产品生产工人工资之和}}$$

$$\begin{matrix}\text{某种产品应负担}\\\text{的制造费用}\end{matrix}=\begin{matrix}\text{该种产品的}\\\text{生产工人工资}\end{matrix}\times\begin{matrix}\text{制造费用}\\\text{分配率}\end{matrix}$$

·业务核算·

【业务 2-16】

仍以业务 2-15 资料为例，假设甲产品生产工人工资为 50 000 元，乙产品生产工人工资为 30 000 元，甲、乙产品各应负担的制造费用计算如下：

$$\text{制造费用分配率}=\frac{60\ 000}{50\ 000+30\ 000}=0.75(\text{元})$$

$$\text{甲产品应负担的制造费用}=50\ 000\times0.75=37\ 500(\text{元})$$

$$\text{乙产品应负担的制造费用}=30\ 000\times0.75=22\ 500(\text{元})$$

由于工资费用分配表中有着现成的生产工人工资的资料，因而采用这一分配方法，核算工作很简便。但是采用这一方法，各种产品生产的机械化程度应该相差不多，否则机械化程度高的产品，由于工资费用少，分配负担的制造费用也少，影响费用分配的合理性。这是因为，制造费用中包括不少与机械使用有关的费用，如机器设备的折旧费、修理费、租赁费和保险费等；产品生产的机械化程度高，应该多负担这些费用，而不应该少负担这些费用。

另外，如果生产工人工资是按照生产工时比例分配计入各种产品成本的，那么按照生产工人工资比例分配制造费用，实际上也就是按照生产工时比例分配制造费用。

3. 机器工时比例法

机器工时比例法是按照各种产品生产时所用机器设备时数作为分配标准来分配制造费用的一种方法。其计算公式为：

$$\begin{matrix}\text{制造费用}\\\text{分配率}\end{matrix}=\frac{\text{制造费用总额}}{\text{各种产品生产机器工时之和}}$$

$$\begin{matrix}\text{某产品应分配的}\\\text{制造费用}\end{matrix}=\begin{matrix}\text{该产品生产}\\\text{机器工时}\end{matrix}\times\begin{matrix}\text{制造费用}\\\text{分配率}\end{matrix}$$

·业务核算·

【业务 2-17】

仍以业务 2-15 资料为例，假设甲产品生产所用机器小时为 2 000 小时，乙产品生产所用机器小时为 1 000 小时，甲、乙产品各应负担的制造费用计算如下：

$$制造费用分配率=\frac{60\ 000}{2\ 000+1\ 000}=20(元/小时)$$

甲产品应负担的制造费用=2 000×20=40 000(元)

乙产品应负担的制造费用=1 000×20=20 000(元)

在机械化程度较高的车间归集的制造费用中，与机器设备使用有关的费用所占比重比较大，而这一部分费用与机器设备运转的时间有密切的联系。采用这一方法时，如果车间机器设备的类型不一，各种机器的功率相差较大。为提高分配结果的合理性，可将机器设备分为若干类别，按类归集和分配制造费用，但核算工作量也随之增加。采用这种方法，必须具备各种产品所用机器工时的原始记录。

4. 年度计划分配率法

年度计划分配率分配法是根据企业正常生产经营条件下的年度制造费用预算数和计划产量的定额标准(定额工时、预计工人工资等)计算年度计划分配率，再根据年度计划分配率分配制造费用的方法。其计算公式如下：

$$年度计划分配率=\frac{年度制造费用预算数}{年度预计定额标准数}$$

$$某月某产品应负担的制造费用=该月该种产品实际产量的定额标准\times年度计划分配率$$

采用这种分配方法，不管各月实际发生的制造费用多少，每月各种产品中的制造费用都按年度计划分配率分配。制造费用明细账及与之相联系的“制造费用”总分类账，可能有月末余额，若为借方余额，则表示超过计划的预计的预付费用；若为贷方余额，则表示按照计划应付而未付的费用。

“制造费用”账户如果有年末余额，就是全年制造费用的实际发生额与计划分配额之间的差额，一般应在年末按已分配的比例进行一次调整，分配计入 12 月份的产品成本。届时借记“基本生产成本”账户，贷记“制造费用”账户。如果实际发生额大于计划分配额，用蓝字补加；否则用红字冲减。但在年度内如果发现全年的制造费用实际数和产量实际数与计划可能发生较大的差额时，应及时调整计划分配率。

·业务核算·

【业务 2-18】

某企业一车间全年制造费用计划为 84 000 元，全年各种产品的计划产量为：甲产品 1 200件，乙产品 1 000 件；单件产品的工时定额为：甲产品 10 小时，乙产品 8 小时。假定该车 6 月份的实际产量为：甲产品 125 件，乙产品 100 件；该月实际制造费用为 8 500 元。计算年度制造费用分配率和分配 6 月份制造费用。

甲产品年度计划产量的定额工时=1 200×10=12 000(小时)

乙产品年度计划产量的定额工时=1 000×8=8 000(小时)

$$制造费用年度计划分配率=\frac{84\ 000}{12\ 000+8\ 000}=4.2(元/小时)$$

6 月份甲产品制造费用=125×10×4.2=5 250(元)

6 月份乙产品制造费用=100×8×4.2=3 360(元)

该车间 6 月份应分配转出的制造费用=5 250+3 360=8 610 (元)

该车间6月份的实际制造费用为8 500元，小于按该月实际产量和年计划分配率分配转出的制造费用8 610元。差额为－110元，即多分配了金额，平时不予调整。

假定本年度实际制造费用80 000元，年终已按年度计划分配率分配制造费用80 400元，其中甲产品负担60 300元，乙产品负担20 100元，那么本年度多分配了400元（80 000－80 400），该部分按已分配的制造费用比例予以调整。

甲产品制造费用调整数＝(－400)×(60 300/80 400)＝－300(元)
乙产品制造费用调整数＝(－400)×(20 100/80 400)＝－100(元)

根据上述计算作出调整分录：

借：基本生产成本——甲产品　　300（红字）
　　　　　　　　——乙产品　　100（红字）
　贷：制造费用　　400（红字）

采用这种分配方法，是不考虑各月实际发生的制造费用多少的，核算工作简便，特别适用于季节性生产企业。因为在这种企业中，每月发生的制造费用相差不多，但生产淡月和旺月的产量却相差悬殊。如果按照实际费用分配，各月单位产品成本中的制造费用将随之或高或低，而这并不是生产部门本身引起的，因而不便于成本分析工作的进行。采用年度计划分配率法分配制造费用则可较好地避免这个问题。但采用这种分配方法，必须有较高的计划管理工作水平，否则，年度制造费用的计划数脱离实际成本太大，就会影响成本计算的准确性。

通过上述制造费用的归集和分配，除了采用按年度计划分配率分配法的企业以外，“制造费用”总分类账和所属明细分类账月末都应没有期末余额。

任务2.7 生产损失的归集与分配

2.7.1 生产损失概述

生产损失是指在生产过程中发生的不能形成正常产出的各种耗费，在不同企业，生产损失的类型不尽相同。但通常情况下，可将其划分为以下几个类别。

1. *生产损耗*

指所投入的原材料的收缩、蒸发、滴漏、自然损耗等，生产过程中的损耗越多，投入量就越高，在生产数量一定的情况下，必然增加产品的制造成本。

2. *生产废料*

指生产过程中产生的边角余料等。在投入量一定的条件下，废料越少，产出越多，生产废料少必然降低产品的生产成本。

3. *废品损失*

指在生产过程中，由于主观或客观原因造成的产品质量不符合规定技术标准而发生的额外耗费。在生产过程中，当投入量一定时，产生的废品越多，合格品数量则越少。废品损失多必然增加合格品的成本。

4. 停工损失

指由于机器故障及季节性、修理期间的停工而发生的耗费。停工期间的费用通常应由开工期间生产的产品负担。因此,停工时间越长,停工次数越多,必然增加产品的制造成本。

生产损失是几乎所有的制造业都无法避免的,而生产中的一切损失(非正常损失除外),归根到底都要由合格品负担。为了充分利用有限的经济资源,生产出更多的合格品,将损失控制在合理的范围内,以达到降低产品成本的目的,除在生产技术上采取措施外,对生产损失进行核算不失为一项重要的措施。

计算发生的生产损失可设置“废品损失”“停工损失”成本项目,在产品成本组成中单独列式。

2.7.2 生产损失的核算

1. 废品和废品损失的概念、分类及注意点

废品是指因生产操作等原因,造成产品质量不符合规定的技术标准,不能按原定用途使用,或需经加工修理才能使用的在产品、半产品或产成品。包括生产过程中发现的废品和入库后发现的废品。

废品按其产生的原因不同,可分为工废和料废两种。工废是指由于工人操作上的原因造成的废品,属于操作工人的责任;料废是由于被加工的原材料或半成品的质量不符合要求所造成的废品,不属于操作人员的责任。

废品按其能否修复与是否具有修复价值,分为可修复废品和不可修复废品两种。可修复废品是指经过修理可以使用,而且所花费的修复费用在经济上合算的废品;不可修复废品,是指不能修复,或者所花费的修复费用在经济上不合算的废品。可修复废品与不可修复废品的组成内容不同,其废品损失的归集计算方法也不一样。

废品损失是指在产品生产过程中发现的和入库后发现的不可修复废品的生产成本,以及可修复废品的修复费用,扣除回收的废品残料价值和应收赔款以后的损失。

在实际工作中应注意以下几点。

(1) 经过质量检验部门鉴定不需要返修、可以降价出售的不合格品的成本与合格品的成本相同,其降价损失,应在计算销售损益时体现,不应作为废品损失处理。

(2) 产成品入库后,由于保管不善等原因而损坏变质的损失,属于管理上的问题,应作为管理费用处理,也不作为废品损失处理。

(3) 实行包退、包修、包换“三包”的企业,在产品出售以后发现的废品及其所发生的一切损失,也应计入管理费用,不包括在废品损失内。

为了便于分清责任,实行有效控制,对废品的处理应遵循必要的凭证传递程序。发现废品后,质量检验部门应该填制废品通知单,列明废品的种类、数量、生产废品的原因和过失人等。成本会计人员应该会同检验人员对废品通知单所列产生废品的原因和过失人等项目加强审核。只有经过审核的废品通知单,才能作为废品损失核算的根据。

废品损失的归集与分配,应根据废品损失计算单和分配表等有关凭证,通过“废品损失”账户进行。该账户借方反映不可修复废品的生产成本和可修复废品的修复费用;贷方

反映废品材料回收的价值、有关赔偿的数额及应由本月产品成本负担的废品净损失。“废品损失”一般按车间设立明细账并按产品品种分设专户，期末该账户无余额。

2. 可修复废品损失的计算、账务处理

可修复废品损失是指在废品修复过程中发生的各种修复费用，包括为修复废品所耗用的直接材料、直接人工、制造费用等。因此，修复后的产品成本应该由修复前发生的生产费用与修复过程中发生的各项修复费用构成。如果有废品回收残值或应收赔偿款，也应从废品损失中扣除。其计算公式如下：

$$\begin{matrix}可修复\\废品损失\end{matrix}=\begin{matrix}修复废品\\材料费用\end{matrix}+\begin{matrix}修复废品\\人工费用\end{matrix}+\begin{matrix}修复废品\\制造费用\end{matrix}-\begin{matrix}赔偿\\收入\end{matrix}$$

由于可修复废品修复后仍可作为合格品入库待售，因此不必计算原来的生产成本而只需计算其修复费用。可修复废品损失在废品修复时计算，即如果当月发生的废品次月修复，那么损失就表示在次月的成本计算单上。

可修复废品损失具体会计处理为：

（1）根据各种费用分配表结转修复费用时，

借：废品损失——X产品

　贷：原材料（应付职工薪酬、制造费用等）

（2）回收残值或应收赔偿款时，

借：原材料（或其他应收款）

　贷：废品损失——X产品

（3）废品损失计入生产成本时，

借：基本生产成本——X产品

　贷：废品损失——X产品

不单独核算废品损失的企业，不设“废品损失”账户和“废品损失”成本项目，在回收废品残料时，记入“原材料”账户的借方和“基本生产成本”账户的贷方，并从所属有关产品成本明细账的“原材料”成本项目中扣除残料价值。

2. 不可修复废品损失的计算、账务处理

不可修复废品的损失，是指不可修复废品的生产成本扣除废品材料残值和应收赔款后的净损失。计算不可修复废品损失，首先，应计算不可修复废品的生产成本，并从“基本生产成本”账户的贷方转入“废品损失”账户的借方及在废品损失计算表进行归集。其次，对于回收的残料价值应从废品损失中扣除，由“废品损失”账户的贷方转入“原材料”账户的借方；应由造成废品的单位或过失人负担的赔款，也应从废品损失中扣除，由“废品损失”账户的贷方转入“其他应收款”账户的借方；扣除残料价值和应收赔款后的废品净损失，应全部由本月所产同种产品的合格产品成本负担，转入“基本生产成本”账户及其明细账的“废品损失”项目，并全部归由本月完工产品负担。由于废品在报废之前所发生的各项生产费用是与合格品一起归集在“基本生产成本”账户的，因此，在确定不可修复废品的生产成本时，有以下两种计算方法：按废品所耗实际费用计算法或按废品所耗定额费用计算法。

(1) 按废品所耗实际费用计算法计算。采用按废品所耗实际费用计算法计算时，就需要按一定比例，将归集在“基本生产成本”账户的各项生产费用在合格品与废品之间进行分配，计算出废品的实际生产成本。相关的计算公式如下：

$$\text{废品承担的直接材料费用}=\frac{\text{某产品直接材料费用总额}\times\text{废品数量（或约当产量）}}{\text{合格品数量}+\text{废品数量（或约当产量）}}$$

$$\text{废品承担的直接人工费用}=\frac{\text{某产品直接人工费用总额}\times\text{废品约当产量（或工时）}}{\text{合格品数量（或工时）}+\text{废品约当产量（或工时）}}$$

$$\text{废品承担的制造费用}=\frac{\text{某产品制造费用总额}\times\text{废品约当产量（或工时）}}{\text{合格品数量（或工时）}+\text{废品约当产量（或工时）}}$$

·业务核算·

【业务 2-19】

某车间 201×年 8 月生产甲产品 800 件，其中验收时发现不可修复废品 10 件；合格品生产工时为 9 900 小时，废品工时为 100 小时，甲产品成本计算单（见表 2-24）所列合格品和废品的全部生产费用为：直接材料 48 000 元，燃料及动力 11 000 元，直接人工 12 800 元，制造费用 6 600 元，共计 78 400 元。废品残料回收价值 200 元，原材料于生产开工时一次投入，原材料费用按合格品数量和废品数量的比例分配；其他费用按生产工时比例分配。

表 2-24　　甲产品成本计算单（按实际成本计算）

201×年 08 月 31 日　　产品名称：甲产品

数量单位：件　　金额单位：元

项目	数量	直接材料	生产工时（小时）	燃料及动力	直接人工	制造费用	合计
费用总额	800	48 000	10 000	11 000	12 800	6 600	78 400
分配率		60		1.1	1.28	0.66	
废品成本	10	600	100	110	128	66	904
减：残料		200					200
废品损失		400		110	128	66	704

$$\text{直接材料分配率}=\frac{48\,000}{800}=60\text{（元/件）}$$

废品承担直接材料费用＝10×60＝600（元）

废品直接材料净损失＝600－200＝400（元）

$$燃料及动力分配率=\frac{11\ 000}{9\ 900+100}=1.1(元/小时)$$

废品承担燃料及动力费用=100×1.1=110(元)

$$直接人工分配率=\frac{12\ 800}{9\ 900+100}=1.28(元/小时)$$

废品承担直接人工费用=100×1.28=128(元)

$$制造费用分配率=\frac{6\ 600}{9\ 900+100}=0.66(元/小时)$$

废品承担制造费用=100×0.66=66 (元)

根据表 2-24 的资料，编制会计分录如下：

结转废品成本(实际成本)：

借：废品损失——甲产品	904	
贷：基本生产成本——甲产品(直接材料)		600
——甲产品(燃料及动力)		110
——甲产品(直接人工)		128
——甲产品(制造费用)		66

回收废品残料价值：

借：原材料	200	
贷：废品损失——甲产品		200

费用净损失转入该种合格品产品成本：

借：基本生产成本——甲产品(废品损失)	704	
贷：废品损失——甲产品		704

按废品所耗实际费用计算法计算和分配废品损失，计算结果符合实际，但该种方法核算工作量较大。废品是在完工以后发现的，这时单位废品负担的各项生产费用应与单位合格产品完全相同，因此，可按合格品数量和废品的数量比例分配各项生产费用，计算分配实际成本。

(2) 按废品所耗定额费用计算法计算。废品所耗定额费用计算法是指对不可修复废品按照工时定额和各种费用定额计算其成本，实际成本与定额成本的差额全部由合格品负担的方法。其计算公式如下：

废品定额原材料费用=废品原材料费用定额×废品数量

废品燃料及动力、直接人工、制造费用=废品各项费用定额×废品定额工时

·业务核算·

【业务 2-20】

某车间 201×年 8 月生产甲产品，在验收入库存时发现不可修复废品 10 件，回收废品残值 360 元，按废品所耗定额费用计算法计算废品成本和废品损失。根据以上资料，编制废品损失计算如表 2-25 所示。

表 2-25　　废品损失计算表(按实际成本计算)

201×年 08 月 31 日

产品名称:甲产品

单位:元

项目	直接材料	燃料及动力	直接人工	制造费用	合计
费用定额	300	60	20	15	395
废品定额成本	3 000	600	200	150	3 950
减:残料	360				360
废品损失	2 640	600	200	150	3 590

根据表 2-25,编制会计分录如下:

结转废品成本(实际成本):

借:废品损失——甲产品　　3 950

　贷:基本生产成本——甲产品(直接材料)　　3 000

　　　　——甲产品(燃料及动力)　　600

　　　　——甲产品(直接人工)　　200

　　　　——甲产品(制造费用)　　150

回收废品残料价值:

借:原材料　　360

　贷:废品损失——甲产品　　360

费用净损失转入该种合格品产品成本:

借:基本生产成本——甲产品(废品损失)　　3 590

　贷:废品损失——甲产品　　3 590

采用这一方法,计算工作较为简便,不受废品实际费用水平高低的影响,便于进行成本的分析和考核。但采用此方法计算废品生产成本必须具备准确的消耗定额和费用定额资料。

3. 停工损失的计算、账务处理

停工损失指企业基本生产车间由于计划减产,或因停电、待料、机器设备故障而停工,在停工期间所发生的一切费用。它包括支付的职工薪酬,耗用的燃料和动力,应负担的制造费用。由过失单位或保险公司负担的赔款应冲减停工损失。

计算停工损失的时间界限应由企业有关部门规定。为了简化核算工作,停工不满一个工作日的,一般不计算停工损失。发生停工的原因有很多,应分别根据不同情况进行处理:由于自然灾害引起的停工损失,应按照规定转作营业外支出;其他停工损失,如原材料供应不足,机器设备发生故障,以及计划减产等原因发生的停工损失,应计入产品成本。企业发生停工时,由车间填制“停工单”并在考勤记录中登记。在“停工单”中,应详细列明停工的范围、起止时间、原因、过失单位(或个人)等内容。“停工单”经有关部门审核后,作为停工损失核算的原始凭证。

为了单独核算停工损失，在会计账户中应增设“停工损失”账户，在成本项目中应增设“停工损失”项目。该账户应按车间设立明细账，账内按成本项目分设专栏或专行，进行明细核算。停工期间发生、应该计入停工损失的各种费用，都应在该账户的借方归集，借记“停工损失”账户，贷记“燃料”“应付职工薪酬”“制造费用”等账户。因此，在单独核算停工损失的企业中，在编制各种费用分配表时，应该将属于停工损失的费用加填借记“停工损失”账户的行次，而在制造费用的费用项目中，则可不再设立“季节性和修理期间停工损失”费用项目。

“停工损失”账户借方的费用，由于产生的原因不同，其结转分配的方法也不同，主要包括下列情形。

(1) 对于应向过失人或保险公司索赔的损失，记入“其他应收款”账户。

(2) 属于自然灾害等原因引起的非正常停工损失，记入“营业外支出”账户。

(3) 对于计划内停工损失，一般应由开工期所产产品的制造成本来负担，记入“基本生产成本”账户。

(4) 对于由于原材料供应不足、机器设备发生故障等原因引起的计划外停工损失，在规定的期限内(全厂连续停产 10 天以内、生产车间连续停产 1 个月以内)，应计入当月生产的产品制造成本；超过上述期限的转作营业外支出。

停工损失的具体账务处理如下。

发生计划内停工损失时：

借:停工损失
　贷:燃料
　　应付职工薪酬
　　制造费用等

由过失人赔偿时：

借:其他应收款(或“库存现金”等)
　贷:停工损失

结转停工损失时：

借:基本生产成本——X 产品
　贷:停工损失

或：

借:营业外支出(非正常停工损失)
　贷:停工损失

“停工损失”账户月末一般无余额。

在不单独核算停工损失的企业，不单设“停工损失”账户和“停工损失”成本项目。停工期间发生的属于停工损失的各种费用，直接记入“制造费用”和“营业外支出”等账户。这种核算方法很简便，但对于停工损失的分析和控制会产生一定的不利影响。

任务 2.8　生产费用在完工产品与在产品之间的分配

2.8.1　在产品概述

在产品是指企业已经投入生产但尚未最后完工，不能作为商品销售的产品。在产品有广义在产品和狭义在产品之分。广义在产品是就整个企业而言的，指期末没有完成全部生产过程，不能作为商品销售的产品。它包括期末正在各个生产单位加工中的在制品和已经完成一个或几个生产步骤，尚需继续加工的自制半成品，以及等待验收入库的产品、正在返修或等待返修的返修品等。狭义在产品是就企业某一生产单位（车间、分厂）或某一生产步骤而言的，仅指本生产单位或生产步骤正在加工中的在制品，不包括该生产单位或生产步骤已经完工转出的自制半成品。本节的在产品是指狭义的在产品。

在产品完成生产过程，验收合格入库以后，就被称为完工产品。工业企业的本期完工产品一般仅指最终完工的产成品。

2.8.2　在产品核算

1. 在产品收发结存的核算

要准确核算在产品成本，必须准确地确定在产品数量。在产品数量的确定方式通常有两种：一是通过账面核算资料确定，二是通过月末实地盘点确定。在采用前种确定方式下，要求企业设置“在产品收发存账簿”，这种账簿也称“在产品台账”。通过登记“在产品台账”的，反映在产品的数量。在实际工作中，在产品数量的两种确定方式往往同时运用，即在做好在产品收发日常核算工作的同时，也要做好在产品的定期盘点工作，以便随时掌握在产品的动态，确定在产品的数量，以保证在产品数量的准确性。

“在产品台账”应当分生产单位（车间、分厂）或生产步骤（生产工序），并按照产品品种和在产品（零部件）名称设置。“在产品台账”应当根据有关领料凭证、在产品内部转移凭证、产品检验凭证和产品交库单等原始凭证逐笔登记。生产单位的核算人员应对“在产品台账”的登记情况进行审核和汇总。“在产品台账”基本格式如表 2-26 所示。

表 2-26　在产品台账

零部件名称：

车间名称：　　　　　　　　　　　　　　　　　　　　计量单位：

日期	摘要	收入		转出			结存			备注
		凭证号数	数量	凭证号数	合格品	废品	已完工	未完工	废品	
	合计									

2. 在产品清查的核算

在产品与其他存货一样，是企业的重要资产，企业应当定期进行在产品的清查盘点，做到账实相符，保证在产品的安全、完整。在产品清查一般于月末结账前进行。并采用实地盘点法。盘点的结果,应填制"在产品盘点表",采用实地盘点法,并与在产品的台账核对。如有不符,还应填制"在产品盘盈盘亏报告表",并说明发生盈亏的原因及处理意见等。对于报废和毁损的在产品还要登记残值。成本核算人员应认真审核并报经有关部门和领导审批,对清查的结果进行相应的账务处理。具体处理程序和方法如下所述。

(1) 盘盈的会计处理。

发生盘盈时:

借:基本生产成本——×产品
　贷:待处理财产损溢——待处理流动资产损溢

批准后予以转销时:

借:待处理财产损溢——待处理流动资产损溢
　贷:管理费用

(2) 盘亏及毁损的会计处理。

发生盘亏及毁损时:

借:待处理财产损溢——待处理流动资产损溢
　贷:基本生产成本——×产品

批准后转销时,应区别不同情况来处理:

借:原材料(毁损在产品收回的残值)
　其他应收款(应收过失人或保险公司赔偿的损失)
　营业外支出(非常损失的净损失)
　管理费用(无法收回的损失)
　贷:待处理财产损溢——待处理流动资产损溢

需说明的是,在产品盘亏、毁损要计算应负担的增值税,其增值税额也记入"待处理财产损溢"账户,即借记"待处理财产损溢"账户,贷记"应交税费——应交增值税(进项税额转出)"账户。

2.8.3 生产费用在完工产品与在产品之间的分配

企业在生产过程中发生的应计入本月各种产品成本的生产费用,经过在各种产品之间进行归集和分配后,都已经集中在"基本生产成本"账户及其所属各种产品成本明细账中。为了计算当月产品成本,还需要加上期初在产品成本,然后将其在本期完工产品与在产品之间进行分配,计算出本月产成品成本。计算出的产成品成本决定了产成品存货的账面价值及存货发出成本,因而对企业资产负债表及利润表都有着直接影响。同时这也是企业内部控制的要求。

某种产品在没有在产品的情况下,计入该种产品成本的全部生产费用,就是本期完工产品成本;如果没有完工产品,计入该种产品成本的全部生产费用,就是期末在产品成本;如果既有完工产品,又有在产品,就需要采取适当的分配方法,在本月完工产品和期末在产品之间进行分配,分别计算月末完工产品成本和在产品成本。属于在产品的生产费用称为在产品成本,结转至下一成本核算期而形成该产品月初在产品成本。

月初在产品成本、本月生产费用、本月完工产品成本和月末在产品成本之间的关系可用下列公式表示：

月初在产品成本＋本月生产费用＝本月完工产品成本＋月末在产品成本

将上述公式进行移项，可得出：

本月完工产品成本＝月初在产品成本十本月生产费用－月末在产品成本

由上式可知，本月生产费用合计在完工产品和月末在产品之间分配有以下三种情况。

(1) 先计算出完工产品成本，本月费用合计数减去完工产品成本，余额即为月末在产品成本。

(2) 先计算月末在产品成本，本月费用合计数减去月末在产品成本，余额即为本月完工产品成本。

(3) 同时计算出完工产品和月末在产品成本。

企业应该根据在产品数量的多少、各月在产品数量变化的大小、各项费用比重的大小，以及定额管理基础的好坏等具体条件，采用适当的分配方法。通常采用的分配方法有：在产品不计算成本法、在产品按年初(固定)成本计价法、在产品按所耗原材料费用计价法、在产品按完工产品成本计算法、约当产量比例法、在产品定额比例法和在产品按定额成本计价法。

1. 在产品不计算成本法

在产品不计算成本法是指因为企业每月月末在产品数量很少，月初和月末在产品的成本也很小，月初在产品成本与月末在产品成本的差额更小，因而是否计算各月在产品成本对于完工产品成本的影响也就很小。所以，在计算月末完工产品成本时，可以将期末在产品成本忽略不计。企业在月末虽有在产品，但不计算在产品成本，基本生产成本明细账中归集的全部生产费用全部由本月完工产品负担，月末在产品不承担生产费用。

这种方法适用于各月在产品数量很少且稳定、价值较低、生产周期较短、生产步骤也简单的产品核算。这种方法的计算公式如下：

本月生产费用＝本月完工产品成本

·业务核算·

【业务 2-21】

某企业 10 月生产甲产品，每月月末在产品的数量较少，采用在产品不计算成本法。该月发生生产费用 60 000 元，其中，原材料 40 000 元，工资及福利费用 11 000 元，制造费用 9 000 元。该月完工产品 2 000 件，月末在产品 2 件。

甲产品的完工成本计算如下：

$$甲产品完工产品的总成本=40\ 000+11\ 000+9000=\ 60\ 000(元)$$

$$甲产品完工产品的单位成本=\frac{60\ 000}{2\ 000}=30(元/件)$$

根据费用分配结果，编制甲产品成本计算单如表 2-27 所示。

表 2-27 **产品成本计算单**

产品名称:甲产品 201×年 10 月 31 日 单位:元

项目	直接材料	直接人工	制造费用	合计
月初在产品成本	—	—	—	—
本月生产费用	40 000	11 000	9 000	60 000
本月生产费用合计	40 000	11 000	9 000	60 000
本月完工产品成本	40 000	11 000	9 000	60 000
完工产品单位成本	20	5.5	4.5	30
本月在产品成本	—	—	—	—

根据产品成本计算单编制会计分录如下:

借:库存商品——甲产品 60 000
　贷:基本生产成本——甲产品(直接材料) 40 000
　　　　　　　　——甲产品(直接人工) 11 000
　　　　　　　　——甲产品(制造费用) 9 000

2. 在产品按年初(固定)成本计价法

采用这种分配方法时,各月月末在产品的成本固定不变。为了简化核算工作,同时又反映在产品占用的资金,各月在产品按固定年初数计算。各月发生的生产费用就是该月完工产品成本,但年末在产品成本必须根据实地盘点数重新计算,以免影响成本计算的正确性。用计算公式表示为:

月初在产品成本(固定年初数额)+本月生产费用=本月完工产品成本+月末在产品成本(固定年初数额)

由于月初在产品成本(固定年初数额)=月末在产品成本(固定年初数额),根据上述公式,则有:

本月生产费用=本月完工产品成本

本月发生生产费用采用在产品按年份(固定)成本计价法计算,虽计算简单,但这种方法只适用于各月月末在产品数量较小,或者在产品数量虽大,但数量稳定,生产周期较短,各月之间变化不大的产品生产。例如,炼钢、化工企业产品的生产或其他固定容器装置的生产。另外,采用这种方法时,不论年末在产品数量变动与否,都应对在产品进行实地盘点,并以实际盘存数为计算基础重新确定年末在产品成本。在该方法下,1 至 11 月各月月末在产品成本是固定的,大大简化了成本核算工作。从全年来看,因为年初和年末的在产品都经过实地盘点,全年完工产品总成本的计算也是准确的。

小贴士

使用该方法时需要注意企业生产的产品数量必须相对稳定,产品应该具有相对的垄断性。如果产品产量与市场的反应度、关联度较大,产量容易受市场行情变化影响而波动的,不适用该种方法。

·业务核算·

【业务 2-22】

某工厂生产的甲产品月末在产品数量比较稳定，采用在产品按年初(固定)成本计价法。该产品 201×年 10 月月初在产品成本为 60 000 元，其中，直接材料 38 000 元，直接人工 12 000 元，制造费用 10 000 元。10 月份发生生产费用 120 000 元，其中，直接材料 55 600元，直接人工 35 000 元，制造费用 29 400 元。本月完工入库甲产品 1 000 千克。根据月初在产品成本和本月发生的生产费用资料，甲产品的完工成本计算如下：

甲产品完工产品的总成本＝55 600＋35 000＋29 400＝120 000(元)

甲产品完工产品的单位成本＝120 000/1 000＝120(元/千克)

根据费用分配结果编制甲产品成本计算单如表 2-28 所示。

表 2-28　　产品成本计算单

产品名称：甲产品　　201×年 10 月 31 日　　单位：元

项目	直接材料	直接人工	制造费用	合计
月初在产品成本	38 000	12 000	10 000	60 000
本月生产费用	55 600	35 000	29 400	120 000
本月生产费用合计	93 600	47 000	39 400	180 000
本月完工产品成本	55 600	35 000	29 400	120 000
完工产品单位成本	55.6	35	29.4	120
本月在产品成本	38 000	12 000	10 000	60 000

根据产品成本计算单编制会计分录如下：

借：库存商品——甲产品　　1200 000

　贷：基本生产成本——甲产品(直接材料)　　55 600

　　　　——甲产品(直接人工)　　35 000

　　　　——甲产品(制造费用)　　29 400

3. 在产品按所耗原材料费用计价法

某些企业所生产的产品，直接材料费用在产品成本总额中所占比重较大。例如，酿酒、造纸等行业的产品，直接材料费用占产品成本总额的 70%以上。这些企业的月末在产品可以只计算材料成本，直接人工和制造费用全部由本月完工产品成本负担。采用这种方法，本月完工产品成本等于月初在产品的原材料费用加上当月发生的全部生产费用，再减去月末在产品直接材料费用。用计算公式表示为：

本月完工产品成本＝月初在产品原材料费用＋本月生产费用－月末在产品原材料费用

·业务核算·

【业务 2-23】

某企业生产甲产品，201×年 10 月的费用资料如表 2-29 所示。

表 2-29　　甲产品生产费用表

201×年 10 月 31 日　　单位:元

项目	直接材料	直接人工	制造费用	合计
月初在产品成本	1 000			1 000
本月生产费用	7 400	400	600	8 400
本月生产费用合计	8 400	400	600	9 400

甲产品本月完工 1 200 件,月末在产品 200 件。采用在产品按所耗原材料费用计价法,该种产品的原材料费用于生产开始时一次性投入,直接材料费用按完工产品数量和在产品数量的比例分配。甲产品成本计算单如表 2-30 所示。

表 2-30　　产品成本计算单

产品名称:甲产品　　201×年 10 月 31 日　　单位:元

项目	直接材料	直接人工	制造费用	合计
月初在产品成本	1 000			1 000
本月生产费用	7 400	400	600	8 400
本月生产费用合计	8 400	400	600	9 400
材料费用分配率	6			
本月完工产品成本	7 200	400	600	8 200
本月在产品成本	1 200			1 200

直接材料费用分配率=8 400/(1 200+200)=6(元/件)

完工产品直接材料费用=1 200×6=7 200(元)

在产品直接材料费用=200×6=1 200(元)

根据产品成本计算单编制会计分录如下:

借:库存商品——甲产品　　8 200

　贷:基本生产成本——甲产品(直接材料)　　7 200

　　　　　　　　——甲产品(直接人工)　　400

　　　　　　　　——甲产品(制造费用)　　600

在产品按所耗原材料费用计价法适用于各月月末在产品数量较大,各月在产品数量变化也较大以及原材料费用在产品成本中所占比重也较大的产品核算。

4. *在产品按完工产品成本计算法*

在产品按完工产品成本计算法,是将月末在产品视同已经完工的产品,按照月末在产品数量与本月完工产品数量的比例来分配生产费用,以确定月末在产品成本和本月完工产品成本的方法。在产品按完工产品成本计价简化了成本计算工作,但只适用于月末在产品已接近完工,或已经加工完成但尚未包装或尚未验收入库的产品核算;否则,会影响本月完工产品成本计算的正确性。

·业务核算·

【业务 2-24】

某工厂生产的甲产品，本月完工入库 1800 件；月末在产品 200 件，有 100 件已经接近完工，有 100 件已经完工但尚未验收入库。月末在产品 200 件均按完工产品成本计算法计算成本。甲产品生产费用发生情况和有关计算分配结果如表 2-31 所示。

表 2-31　　产品成本计算单

产品名称：甲产品　　201×年 10 月 31 日　　单位：元

项目	直接材料	直接人工	制造费用	合计
月初在产品成本	70 000	28 000	34 000	132 000
本月生产费用	430 000	178 190	195 100	803 290
本月生产费用合计	500 000	206 190	229 100	935 290
本月完工产品数量	1 800	1 800	1 800	
月末在产品数量	200	200	200	
生产量合计	2 000	2 000	2 000	
费用分配率（完工产品单位成本）	250	103.095	114.550	467.645
本月完工产品成本	450 000	185 571	206 190	841 761
本月在产品成本	50 000	20 619	22 910	93 529

直接材料分配率＝500 000/2 000＝250(元/件)

直接人工分配率＝206 190/2 000＝103.095(元/件)

制造费用分配率＝229 100/2 000＝114.55(元/件)

根据产品成本计算单编制会计分录如下：

借：库存商品——甲产品　　841 761

　贷：基本生产成本——甲产品(直接材料)　　450 000

　　　　　　　　——甲产品(直接人工)　　185 571

　　　　　　　　——甲产品(制造费用)　　206 190

5. *约当产量比例法*

约当产量是指在产品数量按其完工程度折算成的相当于完工产品的数量。约当产量比例法是指将期初结存的在产品成本与本期发生的生产费用之和，按完工产品数量与月末在产品数量折合成的完工产品数量（即约当产量）的比例进行分配，以计算完工产品成本和月末在产品成本的方法。采用约当产量比例法计算月末在产品成本和本月完工产品成本，通常可以按以下几个步骤进行。

第一步，计算在产品约当产量。其计算公式如下：

月末在产品约当产量＝月末在产品数量×月末在产品完工程度(投料程度)

正确计算约当产量的关键是合理确定在产品的投料程度和完工程度，这对正确计算在产品约当产量，从而准确地将生产费用在完工产品和在产品之间进行分配至关重要。

月末在产品完工程度应按成本项目分别确定。因为直接材料、直接人工费用和制造费用三者投入并不一致。如果材料费用在生产开始时一次投入，月末在产品的投料程度为100%。即月末在产品和本月完工产品应同等分配材料费用。而直接人工费用和制造费用一般是随着产品的进一步加工逐步递增的，因此要分成本项目计算确定在产品的加工程度和投料程度。

在产品的投料程度是指在产品已投入的直接材料费用占完工产品应投入的直接材料费用的比重。其计算分以下三种情况。

第一种情况。原材料在生产开始时一次性投入，月末在产品投料程度为100%。这时不论在产品完工程度如何，在分配材料费用时都可以直接按完工产品和月末在产品的数量比例进行分配。

第二种情况。原材料在每道工序开始时一次性投入，则在产品投料程度的公式如下：

$$某工序在产品投料程度=\frac{前面各工序累计材料消耗定额+本工序材料消耗定额}{单位产品定额消耗量}$$

第三种情况。原材料随着产品生产进度陆续投料时，各工序结存的在产品在本工序的平均投料程度按50%计算，在产品投料程度计算公式如下：

$$某工序在产品投料程度=\frac{前面各工序累计材料消耗定额+本工序材料消耗定额量\times 50\%}{单位产品定额消耗量}$$

·业务核算·

【业务2-25】

某工业企业生产的甲产品需经过三道工序加工完成。原材料于每道工序开始时一次投入。月末在产品数量及原材料消耗定额资料如表2-32所示。

表2-32　在产品数量及原材料消耗定额资料

工序	月末在产品数量(件)	单位产品原材料消耗定额(千克)
1	80	50
2	100	80
3	120	70
合计	300	200

(1) 当原材料于每道工序开始时一次性投入时，月末在产品约当产量计算表如表2-33所示。

表2-33　在产品约当产量计算表

工序	月末在产品数量(件)	单位产品原材料消耗定额(千克)	投料程度	在产品约当产量(件)
1	80	50	50/200×100%=25%	80×25%=20
2	100	80	(50+80)/200×100%=65%	100×65%=65
3	120	70	(50+80+70)/200×100%=100%	120×100%=120
合计	300	200		205

(2) 当原材料于每道工序开始后逐步投入时，月末在产品约当产量计算表如表2-34

所示。

表 2-34　　在产品约当产量计算表

工序	月末在产品数量(件)	单位产品原材料消耗定额(千克)	投料程度	在产品约当产量(件)
1	80	50	50×50%/200×100%=12.5%	80×12.5%=10
2	100	80	(50+80×50%)/200×100%=45%	100×45%=45
3	120	70	(50+80+70×50%)/200×100%=82.5%	120×82.5%=99
合计	300	200		154

除直接材料成本项目之外,直接人工和制造费用通常是按完工程度计算约当产量的。直接人工和制造费用也称加工费用。各工序在产品的完工程度是指各工序在产品累计工时定额占完工产品工时定额的百分比。在生产进度比较均衡,各工序在产品数量和单位产品在各工序的加工量相差不多的情况下,前后工序加工程度可互相抵补。直接人工费用、制造费用项目一般可以按同一加工程度计算在产品约当产量。全部在产品完工程度可按 50%确定。如果各工序在产品数量及加工程度相差悬殊,在产品完工程度应按各工序分别计算。其计算公式如下:

$$\text{某工序在产品完工率}=\frac{\text{前面各道工序的累计工时定额}+\text{本道工序工时定额}\times 50\%}{\text{完工产品工时定额}}$$

·业务核算·

【业务 2-26】

甲产品需要经三道工序加工制成,完工产品工时定额为 80 小时。试计算各工序在产品完工率,并计算在产品的约当产量,如表 2-35 所示。

表 2-35　　在产品约当产量计算表

工序	月末在产品数量(件)	工时定额(小时)	完工程度	在产品约当产量(件)
1	80	30	30×50%/200×100%=7.5%	80×7.5%=6
2	100	80	(30+80×50%)/200×100%=35%	100×35%=35
3	120	90	(30+80+90×50%)/200×100%=77.5%	120×77.5%=93
合计	300	200		134

第二步:计算费用分配率。其计算公式如下:

$$\text{各成本项目费用分配率}=\frac{\text{月初在产品成本}+\text{本月生产费用}}{\text{完工产品产量}+\text{月末在产品约当产量}}$$

第三步:计算分配月末在产品成本与完工产品成本。

完工产品成本=完工产品数量×各成本项目费用分配率

月末在产品成本=月末在产品约当产量×各成本项目费用分配率

·业务核算·

【业务2-27】

某企业201×年8月生产甲产品，月初余额及本月发生的生产费用为：原材料费用30 000元。工资及福利费11 690元，制造费用7 348元。该产品经过三道工序加工而成，单位工时定额为20小时，第一道工序工时定额为6小时，第二道工序工时定额为10小时，第三道工序工时定额为4小时。甲产品本月完工250件；第一道工序在产品40件，第二道工序在产品60件，第三道工序在产品50件。原材料是在生产开始时一次性投入的。根据上述资料，编制在产品约当产量计算表如表2-36所示及产品成本计算单如表2-37所示。

表2-36　　在产品约当产量计算表

工序	月末在产品数量（件）	工时定额（小时）	完工程度	在产品约当产量（件）
1	40	6	6×50%/20×100%=15%	40×15%=6
2	60	10	(6+10×50%)/20×100%=55%	60×55%=33
3	50	4	(6+10+4×50%)/20×100%=90%	50×90%=45
合计	150	20		84

表2-37　　产品成本计算单

产品名称：甲产品　　201×年10月31日　　金额单位：元

项目	直接材料	直接人工	制造费用	合计
本月生产费用合计	30 000	11 690	7 348	49 038
约当产量(件)	400	334	334	
费用分配率	75	35	22	
本月完工产品成本	18 750	8 750	5 500	33 000
完工产品单位成本	75	35	22	132
本月在产品成本	11 250	2 940	1 848	16 038

直接材料分配率=30 000/(250+150)=75(元/件)

完工产品直接材料费用=75×250=18 750(元)

在产品直接材料费用=75×150=11 250(元)

直接人工分配率=11 690/(250+84)=35(元/件)

完工产品直接人工费用=35×250=8 750(元)

在产品直接人工费用=35×84=2 940(元)

制造费用分配率＝7 348/(250＋84)＝22(元/件)

完工产品制造费用＝22×250＝5 500(元)

在产品制造费用＝22×84＝1 848(元)

根据产品成本计算单编制会计分录如下：

借:库存商品——甲产品　　33 000

　贷:基本生产成本——甲产品(直接材料)　　18 750

　　　　——甲产品(直接人工)　　8 750

　　　　——甲产品(制造费用)　　5 500

这种方法适用于月末在产品数量较大,各月末在产品数量变化也较大,产品成本中原材料费用、直接人工和制造费用的比重相差不大的产品核算。

6. *在产品定额比例法*

在产品定额比例法是按照月末在产品定额耗用量(或定额费用)与本月完工产品定额耗用量(或定额费用)的比例来分配生产费用,以确定月末在产品和本月完工产品实际成本的方法。其中,原材料费用按原材料定额消耗量或原材料定额费用比例分配,工资及福利费等其他费用可以按各自定额费用的比例分配,也可以按定额工时比例分配。

在产品定额比例法的计算公式如下所述：

(1) 直接材料费用的分配。其计算公式如下：

$$\text{直接材料费用分配率}=\frac{\text{月初在产品原材料成本}+\text{本月发生的原材料成本}}{\text{完工产品原材料定额消耗量(或费用)}+\text{月末在产品原材料定额消耗量(或费用)}}$$

$$\text{完工产品应分配的直接材料费用}=\text{完工产品原材料定额耗用量(或定额费用)}\times\text{直接材料费用分配率}$$

$$\text{月末在产品应分配的直接材料费用}=\text{月末在产品原材料定额耗用量(或定额费用)}\times\text{直接材料费用分配率}$$

(2) 直接人工(或制造费用)的分配。其计算公式如下：

$$\text{直接人工(或制造费用)分配率}=\frac{\text{月初在产品直接人工(或制造费用)}+\text{本月发生的直接工人(或制造费用)}}{\text{完工产品定额工时}+\text{月末在产品定额工时}}$$

$$\text{完工产品应分配的直接人工(或制造费用)}=\text{完工产品定额工时}\times\text{直接人工(或制造费用)分配率}$$

$$\text{月末在产品应分配的直接人工(或制造费用)}=\text{月末在产品定额工时}\times\text{直接人工(或制造费用)分配率}$$

·业务核算·

【业务 2-28】

某企业 201×年 10 月生产甲产品,单位产品直接材料定额费用为 25 元,单位产品工时定额 10 小时。本月生产完工产品 600 件,月末在产品 400 件,原材料在生产开始时一次性投入,月末在产品完工程度为 50%。产品成本计算单如表 2-38 所示。

表 2-38 产品成本计算单

产品名称:甲产品 201×年10月31日 单位:元

项目	直接材料	直接人工	制造费用	合计
月初在产品成本	10 000	2 000	5 000	17 000
本月生产费用	40 000	28 000	60 000	128 000
本月生产费用合计	50 000	30 000	65 000	145 000
费用分配率	2	3.75	8.125	
完工产品定额消耗量	15 000	6 000	6 000	
完工产品成本	30 000	22 500	48 750	101 250
月末在产品定额消耗量	10 000	2 000	2 000	
月末在产品成本	20 000	7 500	16 250	43 750
完工产品单位成本	50	37.5	81.25	168.75

完工产品定额费用=600×25=15 000(元)

月末在产品定额费用=400×25=10 000(元)

$$直接材料分配率=\frac{50\ 000}{15\ 000+10\ 000}=2$$

完工产品直接材料费用=15 000×2=30 000(元)

月末在产品直接材料费用=10 000×2=20 000(元)

完工产品定额工时=600×10=6 000(小时)

月末在产品定额工时=400×50%×10=2 000(小时)

$$直接人工分配率=\frac{30\ 000}{6\ 000+2\ 000}=3.75(元/小时)$$

完工产品直接人工费用=6 000×3.75=22 500(元)

月末在产品直接人工费用=2 000×3.75=7 500(元)

$$制造费用分配率=\frac{65\ 000}{6\ 000+2\ 000}=8.125(元/小时)$$

完工产品制造费用=6 000×8.125=48 750 (元)

月末在产品制造费用=2 000×8.125=16 250 (元)

根据产品成本计算单编制会计分录如下:

借:库存商品——甲产品 101 250

  贷:基本生产成本——甲产品(直接材料) 30 000

    ——甲产品(直接人工) 22 500

    ——甲产品(制造费用) 48 750

定额比例法适用于各项消耗定额资料比较完整、准确,但各月月末在产品数量变动较大,生产工艺过程已经定型的产品。该方法是加强成本控制和管理的一种非常有效的方法。它可以及时控制成本、发现问题。该方法如果与标准成本结合,会产生极佳的效果。采用这种方法,不仅可以提供完工产品和月末在产品的实际费用资料,还可以提供完工产品和月末在产品实际消耗数量的资料,便于考核和分析各项消耗定额的执行情况。但是,在各产品所耗原材料种类较多的情况下,采用这种分配方法工作量往往较大。

7. 在产品按定额成本计价法

在产品按定额成本计价法是指根据月末在产品的数量和在产品的单位定额成本计算

月末在产品成本，然后用生产费用合计数扣除月末在产品成本，计算出完工产品成本的一种方法。采用这种方法，每月实际生产费用脱离定额成本的差异，将全部由当月完工产品成本负担。其计算公式为：

某产品月末在产品定额成本＝月末在产品数量×在产品单位定额成本

某产品本月完工产品成本＝该产品本月生产费用合计－该产品月末在产品定额成本

小贴士

该方法在各个月份费用变动较大的情况下，容易造成当月产成品成本波动的情况。

·业务核算·

【业务 2-29】

某工业企业 201×年 10 月生产的甲产品所耗原材料在生产开始时一次性投入，产品的材料费用定额为 60 元。月末在产品 180 件，定额工时共计 1 300 小时，每小时费用定额为：工资及福利费 2 元，制造费用 3 元。月初在产品和本月生产费用累计为：原材料费用 56 400 元，工资及福利费 7 200 元，制造费用 8 400 元，合计 72 000 元。在产品按定额成本计价法编制产品成本计算单，如表 2-39 所示。

表 2-39 **产品成本计算单**

产品名称：甲产品 201×年 10 月 31 日 单位：元

项目	直接材料	直接人工	制造费用	合计
本月生产费用合计	56 400	7 200	8 400	72 000
本月完工产品成本	45 600	4 600	4 500	54 700
本月在产品成本	10 800	2 600	3 900	17 300

在产品定额直接材料成本＝180×60＝10 800(元)

在产品定额直接人工成本＝1 300×2＝2 600(元)

在产品定额制造费用＝1 300×3＝3 900(元)

根据产品成本计算单编制会计分录如下：

借：库存商品——甲产品 54 700

贷：基本生产成本——甲产品(直接材料) 45 600

——甲产品(直接人工) 4 600

——甲产品(制造费用) 4 500

采用这种分配方法时，如果产品成本中原材料费用所占比重较大，或者原材料费用与工资及福利费之和所占比重较大，则为了进一步简化成本计算工作，月末在产品成本也可以只按定额原材料费用，或者按定额原材料费用与定额工资及福利费用之和计算。

这种方法适用于定额管理基础较好，各项消耗定额或费用定额比较准确、稳定，而且各月在产品数量变动不大的产品核算。该方法在各个月份费用变动较大的情况下，容易造成当月产成品成本波动的情况。

企业可根据所生产的不同产品的特点及管理条件合理选择生产费用在完工产品与月末在产品之间的分配方法，但选定后，没有特殊情况不能随意变更，以便不同时期产品成本具有可比性。

·任务小结·

费用的归集与分配内容构成如图 2-1 所示。

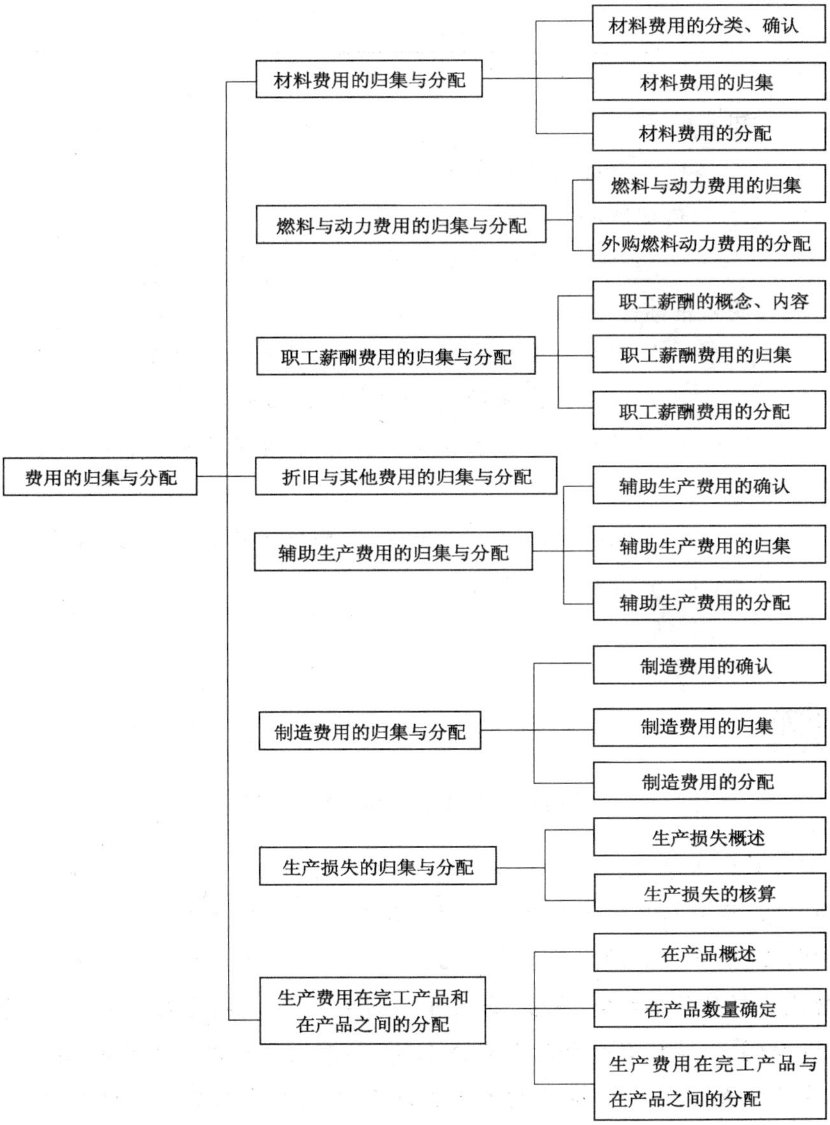

图 2-1　费用的归集与分配内容构成

模块 3　产品成本计算的基本方法——品种法

学习任务目标

知识目标

- 了解品种法的定义
- 理解品种法的特点
- 熟悉品种法的成本计算

能力目标

- 能根据企业生产组织的特点、生产工艺过程、成本管理的要求等判断出采用何种成本计算的基本方法
- 能根据产品成本相关资料，进行相关费用的归集和分配以及账务处理
- 能根据产品成本相关资料，登记产品成本费用明细账并计算完工产品成本和单位成本

情景导入

案例资料 · 走进利丰巧克力厂

201×级会计专业三年级学生杨洋同学来到了利丰巧克力厂进行为期1年的实习工作。进入该厂后，成本核算员周瑞带领杨洋同学参观了利丰巧克力厂，并详细介绍了该厂的生产组织特点、生产工艺的过程等基本情况。

利丰巧克力厂属于单步骤、大量、大批生产的工厂，采用封闭式流水线，在管理上不要求分步骤进行核算。该厂有两个基本生产车间，一车间生产白巧克力和黑巧克力两种产品，二车间生产榛果巧克力，巧克力的主要原料可可豆、糖和榛果。与此同时，该厂设有供电和修理两个辅助生产车间，为企业提供供电和各种修理劳务。

任务3.1 认知品种法

·知识构建·

3.1.1 品种法概念

1. 品种法概念

产品成本计算的品种法，是以产品品种为计算对象，归集生产费用，计算产品成本的一种方法。产品成本计算的品种法是最基本的产品成本计算方法。采用产品成本计算的品种法，既不要求按照产品批别计算成本，也不要求按照产品生产步骤计算成本，而只要求按照产品品种计算产品成本。

品种法是产品成本计算中一种比较简单的方法，一般用于大量大批简单生产（单步骤生产）的行业或企业，例如发电、自来水生产、原煤原油的开采等。这类行业或企业的生产通常具有产品品种单一、封闭式生产、月末一般没有或只有少量在产品存在的特点。当期发生的生产费用总和就是该种完工产品的总成本，用总成本除以产量，就可以计算出产品的单位成本。

2. 品种法的特点

(1) 成本计算对象。品种法以产品品种作为成本计算对象，并据以设置产品成本明细账归集生产费用和计算产品成本。如果企业生产的产品不止一种，就需要以每一种产品作为成本计算对象，分别设置产品成本明细账。

(2) 成本计算期。由于大量大批的生产是不间断的连续生产，无法按照产品的生产周期来归集生产费用、计算产品成本，因而只能定期按月计算产品成本，从而将本月的销售收入与产品生产成本配比，计算本月损益。因此，产品成本是定期按月计算的，与报告期一致，与产品生产周期不一致。

(3) 生产费用是否需要在完工产品和在产品之间进行分配。如果是大量大批的简单生产采用品种法计算产品成本，由于简单生产是一个生产步骤就完成了整个生产过程，所以月末（或者任何时点）一般没有在产品，因此，计算产品成本时不需要将生产费用在完工产品和在产品之间进行分配。如果是管理上不要求分步骤计算产品成本的大量大批的复杂生产，由于复杂生产是需要经过多个生产步骤的生产，所以月末（或者任何时点）一般生产线上都会有在产品，因此，计算产品成本时就需要将生产费用在完工产品和在产品之间进行分配。具体情况可具体分析，选择合适的方法，将生产费用在完工产品和在产品之间进行分配。

3. 品种法的适用范围

(1) 品种法主要适用于大量大批的单步骤生产企业。

(2) 在大量大批多步骤生产的企业中，如果企业规模较小，而且管理上又不要求提供各步骤的成本资料时，也可以采用品种法计算产品成本。

(3) 企业的辅助生产车间也可以采用品种法计算产品成本。

3.1.2 品种法的核算程序

1. 成本核算一般流程

成本核算的一般程序是指企业在生产过程中发生的各项生产费用和期间费用，按照成本核算的要求，逐步进行归集和分配，最后计算出各种产品的生产成本和各项期间费用的基本过程。成本核算的一般程序可归纳如下。

(1) 各生产车间每月将耗用的材料、人工等原始凭证资料进行收集、分类、整理和汇总。

(2) 财务部根据《会计基础工作规范》、对原始凭证的真实性、合法性、正确性进行审核。

(3) 财务部根据《会计制度》、《企业会计准则》等，依据审核无误的原始凭证编制费用分配表、汇总表，并编制记账凭证。

(4) 财务部根据《会计制度》、《企业会计准则》等审核记账凭证，并依据审核无误的会计凭证登记相关成本费用明细账。

(5) 财务部根据成本费用会计凭证和账簿，按成本会计核算方法编制成本报表。

成本核算的流程也可如图 3-1 所示。

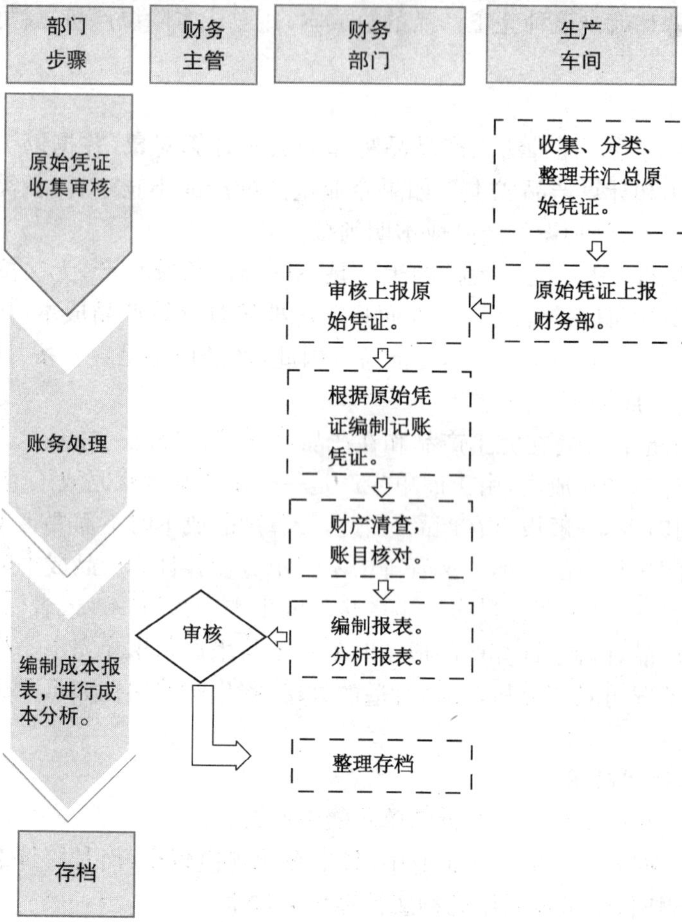

图 3-1 成本核算一般流程

2. 品种法业务处理与账务处理的流程

企业财务人员进行成本核算是随着企业业务的进程，生产部门业务信息的传递，对收到的各种成本信息、凭证进行审核、费用分配、数据核算、登记相关成本明细账、编制成本报表等一系列工作。整个业务处理和账务处理的程序如下。

(1) 开设成本明细账。按产品品种设置产品成本明细账或成本计算单、辅助生产成本明细账、制造费用明细账，并按成本项目或费用项目设置专栏。

(2) 分配各种要素费用。具体如下所述。

a. 根据货币资金支出业务，按用途分类汇总各种付款凭证，登记各项费用，据以登记有关明细账。作会计分录如下：

借：制造费用
　　辅助生产成本
　贷：银行存款

b. 根据领退料凭证及有关分配标准，编制“材料费用分配表”，分配材料费用，据以登记有关明细账。作会计分录如下：

借：基本生产成本
　　辅助生产成本
　　制造费用
　贷：原材料

借：基本生产成本
　　辅助生产成本
　　制造费用
　贷：材料成本差异

c. 根据电费付款凭证和实际耗用量，编制“外购动力费用分配表”，据以登记有关明细账。作会计分录如下：

借：基本生产成本
　　辅助生产成本
　　制造费用
　贷：应付账款

d. 根据工资结算凭证和福利费提取标准，编制“工资及福利费分配表”，分配工资及福利费，据以登记有关明细账。作会计分录如下：

借：基本生产成本
　　辅助生产成本
　　制造费用
　贷：应付职工薪酬

e. 根据固定资产使用情况及折旧办法，编制“固定资产折旧费用分配表”，分配固定资产折旧费，据以登记有关明细账。作会计分录如下：

借：制造费用
　　辅助生产成本
　贷：累计折旧

（3）分配辅助生产费用。根据“辅助生产成本明细账”上归集的生产费用，编制“辅助生产费用分配表”，采用适当的分配方法，进行辅助生产费用分配，据以登记有关明细账。作会计分录如下：

借：制造费用

　管理费用

　贷：辅助生产成本

（4）分配基本生产车间制造费用。根据基本生产车间“制造费用明细账”上归集的生产费用，编制“制造费用分配表”，采用适当的分配方法，分配制造费用，据以登记“基本生产成本明细账”和“成本计算单”。作会计分录如下：

借：基本生产成本

　贷：制造费用

（5）计算各种产品的完工产品成本和在产品成本。根据“基本生产成本明细账”和“成本计算单”上归集的生产费用，月末，采用适当的计算方法，计算各种产品的完工产品成本和在产品成本。如果月末没有在产品，则本月生产费用总额就全部是完工产品成本。

（6）结转产成品生产成本。根据“基本生产成本明细账”和“成本计算单”计算的各种产品的完工产品成本，编制“完工产品成本汇总表”，计算完工产品和在产品的总成本和单位成本，据以结转产成品生产成本。作会计分录如下：

借：库存商品

　贷：基本生产成本

以上工作程序如图 3-2 所示。

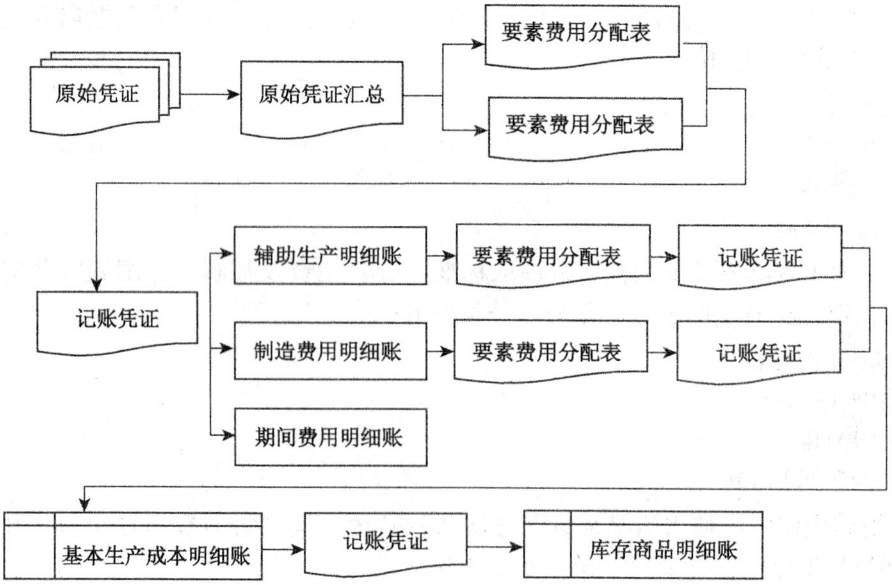

图 3-2　业务与账务处理流程

任务 3.2 品种法的应用

3.2.1 走进利丰巧克力厂

利丰巧克力厂是一家单步骤大量大批生产巧克力的工厂，采用封闭式流水线，在管理上不要求分步骤进行核算。该工厂有两个基本生产车间，一车间生产白巧克力和黑巧克力两种产品，二车间生产榛果巧克力。同时，该工厂还有供电和修理两个辅助生产车间，为企业提供供电和各种修理劳务。在成本核算上，该工厂生产的白巧克力和黑巧克力的主要原料有可可豆、糖。榛果巧克力的主要原料除包括上述原料外还需要榛果的加入。产品成本包括原材料、人工费用和制造费用三个成本项目。另外，该工厂的辅助生产车间不设制造费用科目核算。

会计期间：201×年 1 月 1 日至 201×年 12 月 31 日。

利丰巧克力厂业务发生的期间：201×年 8 月 1 日至 201×年 8 月 31 日。

3.2.2 利丰巧克力厂 201×年 8 月相关成本业务资料

利丰巧克力厂 201×年 8 月生产白巧克力、黑巧克力、榛果巧克力三种产品，本月有关成本计算资料如下所列。

1. 月初在产品成本

白巧克力、黑巧克力和榛果巧克力三种产品的月初在产品成本如表 3-1 所示。

表 3-1　白巧克力、黑巧克力产品、榛果巧克力月初在产品成本资料表

201×年 08 月 01 日　　单位：元

摘要	直接材料	直接人工	制造费用	合计
白巧克力月初在产品成本	285 000	42 570	6 675	334 245
黑巧克力月初在产品成本	123 740	36 500	3 360	163 600
榛果巧克力月初在产品成本	160 000	28 000	5 200	193 200

2. 本月生产数量

白巧克力本月完工 460 盒，月末在产品 80 盒，实际生产工时 100 000 小时；黑巧克力产品本月完工 250 盒，月末无在产品，全部完工，实际生产工时 50 000 小时。白巧克力的原材料都在生产开始时一次投入，加工费用发生比较均衡，月末在产品完工程度均为 50%。榛果巧克力本月完工 450 盒，月末无在产品，全部完工，实际生产工时 40 000 小时。

3. 本月发生生产费用

(1) 本月发出材料汇总表，见表 3-2。

表 3-2　　发出材料汇总表

201×年 08 月 31 日　　单位:元

领料部门和用途	材料类别				合计
	可可豆	糖	榛果	包装盒	
基本生产车间一车间耗用					
白巧克力耗用	80 000	10 000		1 200	91 200
黑巧克力耗用	60 000	4 000		480	64 480
白巧克力、黑巧克力共同耗用	28 000				28 000
基本生产车间二车间耗用					
榛果巧克力耗用	50 000	9 000	30 000	1 500	90 500
基本生产车间一车间一般耗用	2 000				2 000
基本生产车间二车间一般耗用	1 600				1 600
合计	221 600	23 000	30 000	3 180	277 780

(2) 本月工资结算汇总表(简化格式),见表 3-3。

表 3-3　　应付职工薪酬汇总表

201×年 08 月 31 日　　单位:元

人员类别	应付工资总额	合　计
基本生产车间一车间		
产品生产工人	478 800	478 800
车间管理人员	22 800	22 800
基本生产车间二车间		
产品生产工人	168 800	168 800
车间管理人员	21 500	21 500
辅助生产车间		
供电车间	9 120	9 120
修理车间	7 980	7 980
厂部管理人员	45 600	45 600
合　计	754 600	754 600

(3) 本月应计提固定资产折旧费 34 000 元,其中:基本生产一车间折旧 10 000 元,基本生产二车间折旧 12 000 元,供电车间折旧 2 000 元,修理车间折旧 4 000 元,厂部管理部门折旧 6 000 元。

(4) 根据保险费用的记录，本月应分摊待摊费用 4 380 元，其中应由供电车间负担800元，修理车间负担 600 元，基本生产一车间负担 1 195 元，基本生产二车间负担 1 185 元，厂部管理部门负担 600 元。

(5) 本月以银行存款支付的费用为 6 100 元，其中应由基本一生产车间负担的办公费 1 000 元，基本二生产车间负担的办公费 1 200 元，供电车间负担的办公费 500 元，修理车间负担的办公费 400 元，厂部管理部门负担的办公费 3 000 元。

3.2.3　品种法核算业务

1. 要素费用的分配

根据各项生产费用发生的原始凭证和其他有关资料，编制各项要素费用分配表，分配各项要素费用。

(1) 分配材料费用。领料单及限额领料单如表 3-4 至表 3-9 所示。

表 3-4　　**领 料 单**

201×年 08 月 31 日

领料部门：基本生产一车间　　发料仓库：1 号仓库

用途：生产白巧克力　　编号：01201×0601

材料编号	材料名称	规格	计量单位	请领数量	实发数量	实际单价（元）	实际总金额（元）
101	可可豆		千克	20 000	20 000	4	80 000
102	糖		千克	5 000	5 000	2	10 000
103	包装盒		盒	200	600	2	1 200
合计							91 200

供应部门负责人：李晓霞　　生产部门负责人：陈晨　　仓库管理员：王晓东　　领料人：张伟文

表 3-5　　**领 料 单**

201×年 08 月 31 日

领料部门：基本生产一车间　　发料仓库：1 号仓库

用途：生产黑巧克力　　编号：01201×0602

材料编号	材料名称	规格	计量单位	请领数量	实发数量	实际单价	实际总金额
101	可可豆		千克	15 000	15 000	4	60 000
102	糖		千克	2 000	2 000	2	4 000
103	包装盒		盒	240	240	2	480
合计							64 480

供应部门负责人：李晓霞　　生产部门负责人：陈晨　　仓库管理员：王晓东　　领料人：张伟文

表 3-6

限额领料单

201×年 08 月 31 日

领料部门:基本生产一车间　　　　　　　　　　　　　　　发料仓库:1 号仓库

用途:生产白巧克力、黑巧克力　　　　　　　　　　　　　编号:01201×0603

材料编号	材料名称	规格	计量单位	领用限额	单价(元)	全月实用	
						数量	金额(元)
101	可可豆		千克	8 000	4	7 000	28 000
领料日期	请领数量	实发数量	领料人签章		发料人签章	限额结余	
6/1	2 000	2 000	张伟文		王晓东	6 000	
6/12	3 000	3 000	张伟文		王晓东	3 000	
6/15	2 000	2 000	张伟文		王晓东	1 000	
合计	7 000	7 000					

供应部门负责人:李晓霞　　　　生产部门负责人:陈晨　　　　仓库管理员:王晓东

表 3-7

领 料 单

201×年 08 月 31 日

领料部门:基本生产二车间　　　　　　　　　　　　　　　发料仓库:1 号仓库

用途:生产榛果巧克力　　　　　　　　　　　　　　　　　编号:01201×0604

材料编号	材料名称	规格	计量单位	请领数量	实发数量	实际单价(元)	实际总金额(元)
101	可可豆		千克	12 500	12 500	4	50 000
102	糖		千克	4 500	4 500	2	9 000
103	榛果		千克	3 000	3 000	10	30 000
104	包装盒		盒				1 500
合计							90 500

供应部门负责人:李晓霞　　生产部门负责人:陈晨　　仓库管理员:王晓东　　领料人:肖伟伟

表 3-8

领 料 单

201×年 08 月 31 日

领料部门:基本生产一车间　　　　　　　　　　　　　　　发料仓库:1 号仓库

用途:一般耗用　　　　　　　　　　　　　　　　　　　　编号:01201×0604

材料编号	材料名称	规格	计量单位	请领数量	实发数量	实际单价(元)	实际总金额(元)
101	可可豆		千克	500	500	4	2 000
合计							2 000

供应部门负责人:李晓霞　　生产部门负责人:陈晨仓　　库管理员:王晓东　　领料人:张伟文

表 3-9 **领 料 单**

201×年 08 月 31 日

领料部门:基本生产二车间 发料仓库:1 号仓库

用途:一般耗用 编号:01201×0604

材料编号	材料名称	规格	计量单位	请领数量	实发数量	实际单价(元)	实际总金额(元)
101	可可豆		千克	400	400	4	1 600
合计							1 600

供应部门负责人:李晓霞 生产部门负责人:陈晨 仓库管理员:王晓东 领料人:肖伟伟

提示:发出材料汇总表(表 3-10)应根据上述领料单(见表 3-4,表 3-5,表 3-7,表3-8,表 3-9)和限额领料单(表 3-6)的相关数据资料填列。

表 3-10 **发出材料汇总表**

201×年 08 月 31 日 单位:元

领料部门和用途	材料类别				合计
	可可豆	糖	榛果	包装盒	
基本生产车间一车间耗用					
白巧克力耗用	80 000	10 000		1 200	91 200
黑巧克力耗用	60 000	4 000		480	64 480
白巧克力、黑巧克力共同耗用	28 000				28 000
基本生产车间二车间耗用					
榛果巧克力耗用	50 000	9 000	30 000	1 500	90 500
基本生产车间一车间一般耗用	2 000				2000
基本生产车间二车间一般耗用	1 600				1 600
合 计	221 600	23 000	30 000	3 180	277 780

耗用材料分配表如表 3-11 所示。

表 3-11 **白巧克力、黑巧克力产品共同耗用材料分配表**

201×年 08 月 31 日 金额单位:元

产品名称	直接耗用可可豆	分配率	分配共耗材料
白巧克力产品	20 000	0.8	16 000
黑巧克力产品	15 000	0.8	12 000
合 计	35 000	0.8	28 000

生产白巧克力和黑巧克力两种产品共同耗用材料按白巧克力和黑巧克力的两种产品直接耗用原材料数量的比例分配。计算过程如下:

材料费用分配率＝28 000÷35 000＝0.8(元/千克)

白巧克力耗用可可豆应负担的材料费用＝20 000×0.8＝16 000(元)

黑巧克力耗用可可豆应负担的材料费用＝15 000×0.8＝12 000(元)

材料费用分配表如表 3-12 所示。

表 3-12 **材料费用汇总表**

201×年 08 月 31 日 单位:元

会计科目	明细科目	可可豆	糖	榛果	包装盒	合计
基本生产成本	白巧克力	96 000	10 000		1 200	107 200
	黑巧克力	72 000	4 000		480	76 480
	小计	168 000	14 000		1 680	183 680
基本生产成本	榛果巧克力	50 000	9 000	30 000	1 500	90 500
制造费用	基本生产一车间	2 000				2 000
	基本生产二车间	1 600				1 600
合计		221 600	23 000	30 000	3 180	277 780

根据材料费用汇总表,编制发出材料的会计分录。

借:基本生产成本——白巧克力 107 200
——黑巧克力 76 480
——榛果巧克力 90 500
制造费用——基本生产一车间 2 000
——基本生产二车间 1 600
贷:原材料——可可豆 221 600
——糖 23 000
——榛果 30 000
——包装盒 3 180

(2) 分配应付职工薪酬。基本生产车间职工薪酬按两种产品实际工时比例分配。应付职工薪酬汇总表如表 3-13 所示。

表 3-13 **应付职工薪酬汇总表**

201×年 08 月 31 日 单位:元

人员类别	应付工资总额	合计
基本生产车间一车间		
产品生产工人	478 800	478 800
车间管理人员	22 800	22 800

（续表）

人员类别	应付工资总额	合计
基本生产车间二车间		
产品生产工人	168 800	168 800
车间管理人员	21 500	21 500
辅助生产车间		
供电车间	9 120	9 120
修理车间	7 980	7 980
厂部管理人员	45 600	45 600
合　计	754 600	754 600

计算过程如下：

职业薪酬分配率＝478 800÷(100 000＋50 000)＝3.192(元/小时)

白巧克力应负担的职工薪酬费用＝100 000×3.192＝319 200(元)

黑巧克力应负担的职工薪酬费用＝50 000×3.192＝159 600(元)

应付职工薪酬分配表如表3-14所示。

表3-14　　应付职工薪酬费用分配表

201×年08月31日　　单位：元

分配对象		直接计入	间接计入			合　计
会计科目	明细科目		分配标准（生产工时）	分配率	分配额	
基本生产成本	白巧克力产品		100 000	3.192	319 200	319 200
	黑巧克力产品		50 000	3.192	159 600	159 600
	小　计		150 000		478 800	478 800
	榛果巧克力	168 800				168 800
辅助生产成本	供电车间	9 120				9 120
	修理车间	7 980				7 980
	小计	17 100				17 100
制造费用	基本生产一车间	22 800				22 800
	基本生产二车间	21 500				21 500
管理费用	工资	45 600				45 600
合　计		275 800			478 800	754 600

根据工资及福利费分配表，编制工资及福利费分配业务的会计分录。

借：基本生产成本——白巧克力	319 200
——黑巧克力	159 600
——榛果巧克力	168 800
辅助生产成本——供电车间	9 120
——修理车间	7 980
制造费用——基本生产一车间	22 800
——基本生产二车间	21 500
管理费用——工资	45 600
贷：应付职工薪酬——工资	754 600

（3）计提固定资产折旧费用及摊销待摊费用。折旧费用计算表如表 3-15 所示。

表 3-15　　折旧费用计算表

201×年 08 月 31 日　　单位：元

会计科目	明细科目	费用项目	分配金额
制造费用	基本生产一车间	折旧费	10 000
	基本生产二车间	折旧费	12 000
辅助生产成本	供电车间	折旧费	2 000
	修理车间	折旧费	4 000
管理费用	折旧费	折旧费	6 000
合　　计			34 000

根据折旧费用计算表，编制计提折旧的会计分录。

借：制造费用——基本生产一车间	10 000
——基本生产二车间	12 000
辅助生产成本——供电车间	2 000
——修理车间	4 000
管理费用——折旧费	6 000
贷：累计折旧	34 000

待摊费用分配表如表 3-16 所示。

表 3-16　　待摊费用分配表

201×年 08 月 31 日　　单位：元

会计科目	明细科目	费用项目	分配金额
制造费用	基本生产一车间	保险费	1 195
	基本生产二车间	保险费	1 185
辅助生产成本	供电车间	保险费	800
	修理车间	保险费	600
管理费用		保险费用	600
合　计			4 380

根据待摊费用分配表，编制摊销待摊费用的会计分录。

借：制造费用——基本生产一车间　1 195
　　　　　——基本生产二车间　1 185
　　辅助生产成本——供电车间　800
　　　　　　　——修理车间　600
　　管理费用——折旧费　600
　贷：预付账款——预付保险费　43 800

提示：新会计准则颁布后，删除了“待摊费用”和“预提费用”科目，并在资产负债表中也相应取消了这两个项目。

（4）分配本月以银行存款支付的办公费用。分配结果如表3-17所示。

表3-17　其他费用分配表（分配过程略）

201×年08月31日　单位：元

会计科目	明细科目	合计
制造费用	基本生产一车间	1 000
制造费用	基本生产二车间	1 200
辅助生产成本	供电车间	500
	修理车间	400
管理费用	办公费	3 000
合计		6 100

根据其他费用分配表，编制会计分录。

借：制造费用——基本生产一车间　1 000
　　　　　——基本生产二车间　1 200
　　辅助生产成本——供电车间　500
　　　　　　　——修理车间　400
　　管理费用——折旧费　3 000
　贷：银行存款——工商银行　6 100

2. 辅助生产费用的归集和分配

（1）登记辅助生产成本明细账。辅助生产成本明细账归集供电、修理两个辅助生产车间待分配辅助生产费用。如表3-18、表3-19所示。

表3-18　辅助生产成本明细账

车间名称：供电车间　单位：元

201×年		凭证字号	摘要	直接材料	直接人工	制造费用	合　计
月	日						
8	31	转2	应付职工薪酬分配表		9 120		9 120
	31	转3	计提折旧费			2 000	2 000
	31	转4	分摊待摊费用			800	800

（续表）

201×年		凭证字号	摘要	直接材料	直接人工	制造费用	合　计
月	日						
	31	付 1	其他费用			500	500
	31		本月合计		9 120	3 300	12 420
	31		结转各受益部门		－9 120	－3 300	－12 420

表 3-19　　**辅助生产成本明细账**

车间名称：修理车间　　单位：元

201×年		凭证字号	摘要	直接材料	直接人工	制造费用	合计
月	日						
8	31	转 2	应付职工薪酬分配表		7 980		7 980
	31	转 3	计提折旧费			4 000	4 000
	31	转 4	分摊待摊费用			600	600
	31	付 1	其他费用			400	400
	31		本月合计		7 980	5 000	12 980
	31		结转各受益部门		－7 980	－5 000	－12 980

（2）编制辅助生产费用分配表。根据供电和修理两个车间的辅助生产成本明细账中待分配辅助生产费用（见表3-18，表 3-19）和提供劳务量表（见表 3-20）的相关资料编制辅助生产费用分配表（见表 3-21，采用直接分配法）并填制相应的记账凭证。

表 3-20　　**供电和修理车间提供的劳务量表**

受益部门	供电车间（度）	修理车间（小时）
供电车间		500
修理车间	2 000	
基本生产一车间一般耗用	18 000	1 800
基本生产二车间一般耗用	15 000	1 200
厂部管理部门	7 000	1 000
合计	42 000	4 500

表 3-21　　**辅助生产费用分配表**

201×年 8 月 31 日

受益部门		供电车间			修理车间			合计（元）
		数量	分配率	金额（元）	数量	分配率	金额（元）	
待分配费用		40 000	0.310 5	12 420	4 000	3.245	12 980	25 400
基本生产车间	一车间	18 000		5 589	1 800		5 841	11 430
	二车间	15 000		4 657.5	1 200		3 894	8 551.5

（续表）

受益部门	供电车间			修理车间			合计（元）
	数量	分配率	金额（元）	数量	分配率	金额（元）	
厂部管理部门	7 000		2 173.5	1 000		3 245	5 418.5
合计	40 000		12 420	4 000		12 980	25 400

根据辅助生产费用分配表，编制会计分录。

借：制造费用——基本生产一车间　　11 430.00
　　　　　　——基本生产二车间　　8 551.50
　　管理费用　　5 418.50
　贷：辅助生产成本——供电车间　　12 420.00
　　　　　　　　——修理车间　　12 980.00

3. 制造费用的归集和分配

（1）登记制造费用明细账。造费用明细账如表 3-22、表 3-23 所示。

表 3-22　制造费用明细账

车间名称：基本生产一车间　　单位：元

201×年		凭证号	摘要	材料费	人工费	折旧费	修理费	水电费	保险费	其他	合计
月	日										
8	31	转1	材料费用分配表	2 000							2 000
	31	转2	应付职工薪酬分配表		22 800						22 800
	31	转3	折旧费用计算表			10 000					10 000
	31	转4	长期待摊费用分配表						1 195		1 195
	31	付1	其他费用分配表							1 000	1 000
	31	转5	辅助生产分配表				5 841	5 589			11 430
	31		本月合计	2 000	22 800	10 000	5 841	5 589	1 195	1 000	48 425
	31		结转制造费用	−2 000	−22 800	−10 000	−5 841	−5 589	−1 195	−1 000	−48 425

表 3-23　制造费用明细账

车间名称：基本生产二车间　　单位：元

201×年		凭证号	摘要	材料费	人工费	折旧费	修理费	水电费	保险费	其他	合计
月	日										
8	31	转1	材料费用分配表	1 600							1 600
	31	转2	应付职工薪酬分配表		21 500						21 500
	31	转3	折旧费用计算表			12 000					12 000
	31	转4	长期待摊费用分配表						1 185		1 185
	31	付1	其他费用分配表							1 200	1 200

（续表）

201×年		凭证号	摘要	材料费	人工费	折旧费	修理费	水电费	保险费	其他	合计
月	日										
	31	转5	辅助生产分配表				3 894	4 657.50			8 551.50
	31		本月合计	1 600	21 500	12 000	3 894	4 657.50	1 185	1 200	46 036.50
	31		结转制造费用	−1 600	−21 500	−12 000	−3 894	−4 657.50	−1 185	−1 200	−46 036.50

（2）分配制造费用。基本生产车间制造费用按两种产品实际生产工时比例分配。制造费用分配表如表3-24所示。

表3-24　　制造费用分配表

201×年08月31日

车间名称：基本生产车间　　　　单位：元

产品	生产工时（小时）	分配率	分配金额（元）
白巧克力产品	100 000		32 283
黑巧克力产品	50 000		16 142
合计	150 000	0.322 83	48 425

根据制造费用分配表，编制会计分录。

借：基本生产成本——白巧克力　　32 283.00
　　　　　　　　——黑巧克力　　16 142.00
　　　　　　　　——榛果巧克力　　46 036.50
　贷：制造费用——基本生产一车间　　48 425.00
　　　　　　　——基本生产二车间　　46 036.50

4. 登记基本生产成本明细账

根据各项要素费用分配表及编制的记账凭证，登记有关基本生产成本明细账（见表3-25、表3-26、表3-27）、辅助生产成本明细账（见表3-18、表3-19）和制造费用明细账（见表3-22、表3-23）。

表3-25　　基本生产成本明细账

产品名称：白巧克力产品　　　　单位：元

201×年		凭证字号	摘要	直接材料	直接人工	制造费用	合计
月	日						
7	31		月末在产品成本	285 000	42 570	6 675	334 245
8	31	转1	材料费用分配表	107 200			107 200
	31	转2	应付职工薪酬分配表		319 200		319 200
	31	转5	制造费用分配表			32 283	32 283

（续表）

201×年		凭证字号	摘要	直接材料	直接人工	制造费用	合 计
月	日						
	31		本月生产费用合计	392 200	361 770	38 958	792 928
	31		分配率	726.3	723.54	77.916	
	31		结转完工入库产品成本	−334 098.00	−332 828.40	−35 841.36	−729 493.76
	31		月末在产品成本	58 102	28 941.6	3 116.64	63 434.24

表 3-26　基本生产成本明细账

产品名称：黑巧克力产品　　单位：元

201×年		凭证字号	摘要	直接材料	直接人工	制造费用	合 计
月	日						
7	31		月末在产品成本	123 740	36 500	3 360	163 600
8	31	转 1	材料费用分配表	76 480			76 480
	31	转 2	应付职工薪酬分配表		159 600		159 600
	31	转 5	制造费用分配表			16 142	16 142
	31		本月生产费用合计	200 220	196 100	19 502	415 822
	31		结转完工入库产品成本	−200 220	−196 100	−19 502	−415 822

表 3-27　基本生产成本明细账

产品名称：榛果巧克力产品　　单位：元

201×年		凭证字号	摘要	直接材料	直接人工	制造费用	合 计
月	日						
7	31		月末在产品成本	160 000	28 000	5 200	193 200
8	31	转 1	材料费用分配表	90 500			90 500
	31	转 2	应付职工薪酬分配表		168 800		168 800
	31	转 5	制造费用分配表			46 036.5	46 036.5
	31		本月生产费用合计	250 500	196 800	51 236.5	498 536.5
	31		结转完工入库产品成本	−250 500	−196 800	−51 236.5	−498 536.5

5. 编制完工产品成本汇总表

根据表 3-25、表 3-26、表 3-27 中的分配结果，编制完工产品成本汇总表（见表3-28），并据以结转完工产品成本。

表 3-28 **完工产品成本汇总表**

201×年 08 月 31 日　　单位:元

成本项目	白巧克力产品(460 盒)		黑巧克力产品(250 盒)		榛果巧克力(450 盒)	
	总成本	单位成本	总成本	单位成本	总成本	单位成本
直接材料	334 098.00	726.30	200 220	800.88	250 500	556.67
直接人工	332 828.40	723.54	196 100	784.40	196 800	437.33
制造费用	35 841.36	77.916	19 502	78.008	51 236.50	113.86
合计	702 767.76	1 527.756	415 822	1 663.288	498 536.50	1 107.86

根据完工产品成本汇总表或成本计算单及成品入库单,结转完工入库产品的生产成本。编制会计分录。

借:库存商品——白巧克力　702 767.76
　　　　——黑巧克力　415 822.00
　　　　——榛果巧克力　498 536.50
　贷:基本生产——白巧克力　702 767.76
　　　　——黑巧克力　415 822.00
　　　　——榛果巧克力　498 536.50

·任务小结·

品种法的内容构成如图 3-3 所示。

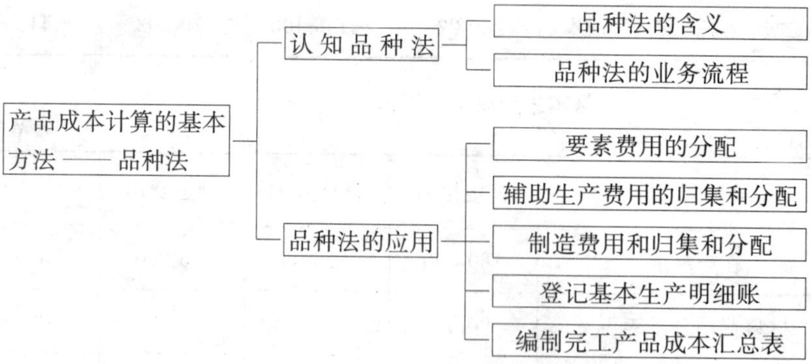

图 3-3　品种法的内容构成

模块 4　产品成本计算的基本方法——分批法

学习任务目标

知识目标

- 了解一般分批法、简化分批法的定义、特点
- 理解一般分批法、简化分批法的适用范围
- 熟悉分批法的成本计算程序

能力目标

- 能运用分批法进行成本的分配
- 能运用简化分批法进行成本的分配

情景导入

案例资料·走进佳乐服装厂

随着科学技术的进步,网络为全球的沟通提供了更好的平台,而产品个性化已经成为整个社会需求的趋势,有不少行业不得不考虑消费者的需要而单件、小批量生产。

佳乐服装厂主要生产服装,生产过程分为裁剪、缝纫和成衣三个加工步骤。为加强成本管理,管理者要求成本核算部门及时提供产品成本资料和批次成本资料。在所发生的生产费用中,布料费用和人工费用所占的比重较大。该企业设有一个基本生产车间和两个辅助生产车间(运输车间、机修车间)。该企业财务小李拿着各种要求的订单,该如何核算成本呢?

任务 4.1　认知分批法

·知识构建·

4.1.1　分批法概述

1. 分批法的定义

分批法是按照产品批次归集生产费用,计算产品成本的一种方法。

在小批单件生产的企业中,企业的生产活动基本上是根据购货单位的订单来组织生产的,

按产品批别计算产品成本，往往与按订单计算产品成本相一致，因而分批法也叫定单法。

2. 分批法的特点

(1) 分批法的成本计算对象是产品的批别。由于在单件小批生产类型的企业中，生产大多数是根据购货单位的订单组织的，因此，分批法也称定单法。但严格说来，按批别组织生产，并不一定就是按定单组织生产，还要结合企业自身的生产负荷能力，来合理组织安排产品生产的批量与批次。

(2) 分批法是以产品的生产周期作为成本计算期的。采用分批法计算产品成本的企业，虽然各批产品的成本计算单仍按月归集生产费用，但是只有在该批产品全部完工时才能计算其实际成本。由于各批产品的生产复杂程度不同，质量、数量要求也不同，生产周期也就各不相同。有的批次当月投产，当月完工；有的批次要经过数月甚至数年才能完工。可见，完工产品的成本计算因各批次的生产周期而异，是不定期的。所以，分批法的成本计算期与产品的生产周期一致，与会计报告期不一致。

(3) 生产费用一般不需要在完工产品和在产品之间分配。在单件或小批生产，购货单位要求一次交货的情况下，每批产品要求同时完工。这样，该批产品完工前的成本明细账上所归集的生产费用，即为在产品成本；完工后的成本明细账上所归集的生产费用，即为完工产品成本。因此，在通常情况下，生产费用不需要在完工产品和在产品之间分配。

3. 分批法的适用范围

分批法适用于单件、小批生产类型的企业，主要包括以下范围：

(1) 单件、小批生产的重型机械、船舶、精密工具、仪器等制造企业。

(2) 不断更新产品种类的时装等制造企业。

(3) 新产品的试制、机器设备的修理作业以及辅助生产的工具、器具、模具的制造等，亦可采用分批法计算成本。

4. 分批法的分类

分批法因其采用间接计入费用的分配方法不同，可分为一般分批法和简化分批法。

(1) 一般分批法。采用当月分配率来分配间接计入费用的分批法称为一般分批法（分批法），也就是有分批计算在产品成本的分批法。

(2) 简化分批法。采用累计分配率来分配间接计入费用的分批法称为简化分批法，也称不分批计算在产品成本的分批法，是一般分批法的简化形式。

4.1.2 分批法的业务流程

1. 分批法业务处理的流程

当企业进行小批单件生产时，整个业务处理程序如下。

(1) 根据领料凭证，按旬编制领料凭证汇总表。根据领料凭证汇总表和其他相关资料，编制材料费用分配表，并编制记账凭证。

(2) 根据工资结算汇总表和其他相关资料，编制工资及福利费分配表，并编制记账凭证。

(3) 根据固定资产折旧资料，编制固定资产折旧费用分配表，并编制记账凭证。

(4) 根据支付水电费资料，编制外购水电费分配表，并编制记账凭证。

(5) 根据生产车间支付办公费资料，编制支付办公费的记账凭证。

(6) 根据辅助生产成本明细账和其他相关资料，编制辅助生产费用分配表，并编制记账凭证。

(7) 根据制造费用明细账和其他相关资料，编制制造费用分配表，并编制记账凭证。

(8) 根据产品成本明细账和其他相关资料，编制生产费用纵向分配表，并计算各种产品的完工产品成本和月末在产品成本。

(9) 编制产成品成本汇总表，并编制记账凭证。

2. 账务处理

进行小批单件生产的企业在核算产品成本时，做如下账务处理。

(1) 根据原材料分配表，编制会计分录。

借：基本生产成本——××批次
　　　　　　　　——××批次
　　　　　　　　——××批次
　制造费用——基本生产车间
　贷：原材料

(2) 根据工资分配表，编制会计分录。

借：基本生产成本——××批次
　　　　　　　　——××批次
　　　　　　　　——××批次
　制造费用——基本生产车间
　贷：应付职工薪酬——工资

(3) 折旧费、水电费及其他费用的核算：

支付本月的水电费：

借：制造费用——基本生产车间
　贷：银行存款

提取固定资产折旧费：

借：制造费用——基本生产车间
　贷：累计折旧

本月发生的其他费用：

借：制造费用——基本生产车间
　贷：银行存款

(4) 根据制造费用分配表，编制会计分录。

借：基本生产成本——××批次
　　　　　　　　——××批次
　　　　　　　　——××批次
　贷：制造费用—基本生产车间

(5) 根据成本计算单编制结转完工产品成本的会计分录。

借：库存商品——××批次
——××批次
——××批次
贷：基本生产成本——××批次
——××批次
——××批次

·业务核算·

【业务 4-1】

贝贝乐服装厂主要生产童衣，该服装厂根据市场变化和季节变化生产不同批次服装，采用分批法计算产品成本。

201×年 9 月份的生产情况和生产费用支出情况的资料如下所述。

（1）本月份生产产品的批号如表 4-1 所示。

表 4-1　　产品产量及完工期订单

在产品名称	批号	产量(件)	投产期	完工期	提前交货
童衣	803	150	8 月	9 月	
童衣	901	210	9 月	10 月	100
童衣	902	320	9 月	10 月	

（2）本月的成本资料及核算。

各批产品的月初在产品费用如表 4-2 所知。

表 4-2　　期初在产品明细表

201×年 09 月 01 日　　单位：元

在产品名称	批号	直接材料	直接人工	制造费用	合计
童衣	803	5 250	3 700	4 800	13 750

根据各种费用分配表，汇总各批产品本月发生的生产费用如表 4-3 所示。

表 4-3　　本月生产费用汇总表

201×年 09 月 30 日　　单位：元

在产品名称	批号	直接材料	直接人工	制造费用	合计
童衣	803		3 200	4 200	7 600
童衣	901	6 300	4 150	5 644	16 094
童衣	902	8 500	5 400	6 200	20 100

（3）在完工产品与在产品之间分配费用的方法。分述如下。

803 批号童衣，本月全部完工，其产品成本明细账上归集的生产费用合计全部是完工产品成本，将其除以完工产品产量，得到完工产品单位成本。

901批号童衣，本月月末完工产品数量较大，原材料是在生产开始时一次投入的，其费用可以按照完工产品和在产品实际数量比例分配；其他费用采用约当产量比例法在完工产品与月末在产品之间进行分配，在产品完工程度为60%。

902批号童衣，本月全部未完工，本月发生的生产费用合计全部是月末在产品成本。要求：根据上述各项资料登记各批产品成本明细账及完工产品成本汇总表(见表4-4至表4-7)。

表4-4　　基本生产成本明细账

生产批号：803#　产品名称：童衣　　开工日期：201×年8月30日
生产车间：　　完工日期：201×年9月30日
生产批量：150件　　单位：元

摘要	直接材料	直接人工	制造费用	合计
期初余额	5 250	3 700	4 800	13 750
本期发生额		3 200	4 200	7 400
合计	5 250	6 900	9 000	21 150
完工产品成本	5 250	6 900	9 000	21 150
单位产品成本(分配率)	35	46	60	141

表4-5　　基本生产成本明细账

生产批号：901#　产品名称：童衣　　开工日期：201×年7月15日
生产车间：　　完工日期：201×年10月31日
生产批量：210件，完工100件　　单位：元

摘要	直接材料	直接人工	制造费用	合计
期初余额				
本期发生额	6 300	4 150	5 644	16 094
合计	6 300	4 150	5 644	16 094
分配率	30	25	34	89
完工产品成本	3 000	2 500	3 400	8 900
月末在产品成本	3 300	1 650	2 244	7 194

表4-6　　基本生产成本明细账

生产批号：902#　产品名称：童衣　　开工日期：201×年09月
生产车间：　　完工日期：201×年10月
生产批量：320件　　单位：元

摘要	直接材料	直接人工	制造费用	合计
期初余额				
本期发生额	8 500	5 400	6 200	20 100
合计	8 500	5 400	6 200	20 100
完工产品成本				
月末在产品成本	8 500	5 400	6 200	20 100

表 4-7　　完工产品成本汇总表

201×年 09 月 30 日　　金额单位:元

产品批别	单位	完工数量	直接材料	直接人工	制造费用	合计
803#童衣	件	150	5 250	6 900	9 000	21 150
901#童衣	件	100	3 000	2 500	3 400	8 900

(3) 账务处理。根据以上成本计算结果,完工产品入库,作会计分录如下。

借:库存商品——803#童衣　　21 150
　贷:基本生产成本——803#童衣——直接材料　　5 250
　　　　　　　　　　　　　——直接人工　　6 900
　　　　　　　　　　　　　——制造费用　　9 000

借:库存商品——901#童衣　　8 900
　贷:基本生产成本——901#童衣——直接材料　　3 000
　　　　　　　　　　　　　——直接人工　　2 500
　　　　　　　　　　　　　——制造费用　　3 400

任务 4.2　认知简化分批法

·知识构建·

4.2.1　简化分批法概述

1. 含义

在生产周期较长的单件小批生产的企业或车间中(如机械厂和修理厂),往往投产的批别多,当月未完工产品的批数也很多。如果仍然按月将间接成本在各批产品之间进行分配,不仅计算工作量大,而且成本计算单登记工作量也大。因此,如果企业每月月末都有较多的批别的产品没有完工,可以采用简化分批法计算产品成本。

简化分批法是指只对完工批次产品分配间接费用的方法。在使用简化分批法的企业每月发生的直接费用(材料)将直接记入各批产品生产明细账,每月发生的间接费用先累计,到产品完工时才按完工产品累计工时比例,在各批完工产品之间进行分配。

2. 适用范围

简化分批法一般适用于生产周期比较长、批别较多、月末未完工批别也较多,且各月份间接计入费用水平相差不多的小批单件生产的企业。目的是为了减少工作量。该方法在各月间接费用水平相差悬殊的情况下不宜采用,月末未完工产品的批数不多的情况下也不宜采用。

3. 特点

(1) 只对完工产品分配间接费用,月末在产品不再分配间接费用。

(2) 增设"基本生产成本"二级账,累计企业全部批别产品的各项生产费用及生产工时,计算出的已完工批别产品成本的数额要从二级账中注销;生产成本二级账月末余额反映的是企业全部产品的在产品成本。

（3）各批次产品“生产成本”明细账增设“生产工时”专栏，平时只登记“直接材料”和“生产工时”栏，“间接费用”栏不登记。

（4）可以简化费用分配和登记工作，月末未完工产品的批次越多，工作越简化。该方法又称为不分批计算在产品成本的分批法。

4.2.2 简化分批法的应用

当企业采用简化分批法进行成本核算时，整个业务处理流程如下。

（1）根据“生产任务通知单”（或批别）设置基本生产成本明细账。采用简化分批法计算成本时，仍需按产品批别设置基本生产成本明细账，但在这种基本生产成本明细账中只登记直接计入的费用和发生的生产工时。

（2）设置基本生产成本二级账。在基本生产成本二级账中，根据材料费用分配表和生产工时记录等，将各批耗用的材料费用和生产工时记入基本生产成本二级账。

（3）月末，将基本生产成本二级账的直接材料费用及生产工时与基本生产成本明细账中的直接材料费用及生产工时进行核对。

（4）月末，如有完工产品，计算累计间接计入费用分配率，并据此分配间接计入费用，登记基本生产成本明细账。

·业务核算·

【业务4-2】

（1）大诚家具厂201×年7月（本月）各批产品的情况如表4-8所示。

表4-8　　产品产量及完工期订单

在产品名称	批号	产量(件)	投产期	完工期	提前交货
家具	503	10	5月	7月	
家具	602	15	6月	7月	
家具	603	8	6月	8月	本月完工2件，完工产品工时为2 025小时
家具	701	12	7月	9月	

（2）7月份上述四种产品的月初在产品成本资料如表4-9所示。

表4-9　　期初在产品明细表

201×年07月01日

产品批号	直接材料（元）	累计工时（小时）	直接人工（元）	制造费用（元）	合　计（元）
503号东方集团	9 500	11 000			
602号友联贸易	12 000	13 000			
603号正大广场	8 500	5 000			
合计	30 000	29 000	22 000	15 000	67 000

(3) 根据各种费用分配表,汇总各批产品本月发生的生产费用如表 4-10 所示。

表 4-10 本月生产费用汇总表

201×年 07 月 31 日

产品批号	直接材料(元)	累计工时(小时)	直接人工(元)	制造费用(元)	合 计(元)
503 号东方集团		3 900			
602 号友联贸易		6 700			
603 号正大广场		3 100			
701 号世纪集团	24 000	3 300			
合 计	24 000	17 000	12 960	8 920	67 000

四种产品均为生产时一次投料。

要求:

(1) 根据上述资料,开设“基本生产成本”二级账(见表 4-11)和 503 号东方集团、602 号友联贸易、603 号正大广场、701 号世纪集团四种批次产品成本计算单(见表 4-12 至表 4-15)。

(2) 根据要素费用分配表登记“基本生产成本”二级账以及产品成本计算单。

(3) 生产成本在完工产品和月末在产品之间进行费用归集分配

这是要求将每月发生的直接费用(材料)直接计入各批产品生产明细账,每月发生的间接费用先累计,到产品完工时才按完工产品累计工时比例,在各批完工产品之间进行分配。

表 4-11 基本生产成本二级账(各批产品总成本)

201×年 07 月 31 日 单位:元

201×年		摘要	直接材料	累计工时	直接人工	制造费用	合计
月	日						
6	30	月末在产品成本	30 000	29 000	22 000	15 000	67 000
7	31	材料费用分配表	24 000				24 000
7	31	工资福利费分配表		17 000	12 960		12 960
7	31	转入制造费用				8 920	8 920
7	31	本月累计	54 000	46 000	34 960	23 920	112 880
7	31	累计间接费用分配率			0.76	0.52	
7	31	转出完工产品成本	23 625	36 625	27 835	19 045	70 505
7	31	月末在产品成本	30 375	9 375	7 125	4 875	42 375

$$直接人工累计分配率=\frac{直接人工费用累计总额}{累计工时}=\frac{34\ 960}{46\ 000}=0.76(元/小时)$$

$$制造费用累计分配率=\frac{制造费用累计总额}{累计工时}=\frac{23\ 920}{46\ 000}=0.52(元/小时)$$

转出完工产品累计工时=14 900+19 700+2 025=36 625(小时)

表 4-12 **产品成本计算单**

生产批号:503号东方集团 201×年07月31日 开工日期:201×年05月

产品名称:办公桌椅 完工日期:201×年07月

生产批量:10件 金额单位:元

摘　要	直接材料	生产工时(小时)	直接人工	制造费用	合计
月初在产品成本	9 500	11 000			9 500
本月发生费用		3 900			
本月累计	9 500	14 900			
累计间接费用分配率			0.76	0.52	
转出完工产品成本	9 500	14 900	11 324	7 748	28 572
完工产品单位成本	950		1 132.40	774.80	2 857.20

$$\begin{matrix}完工产品应负担\\的直接人工费用\end{matrix}=\begin{matrix}产品的\\生产工时\end{matrix}\times\begin{matrix}间接费用的\\累计分配率\end{matrix}=14\ 900\times0.76=11\ 324(元)$$

$$\begin{matrix}完工产品应负\\担的制造费用\end{matrix}=\begin{matrix}产品的\\生产工时\end{matrix}\times\begin{matrix}制造费用的\\累计分配率\end{matrix}=14\ 900\times0.52=7\ 748(元)$$

$$\begin{matrix}完工产品\\单位成本\end{matrix}=\frac{转出完工产品总成本}{完工产品数量}=\frac{9\ 500+11\ 324+7\ 748}{10}=2\ 857.2(元/件)$$

表 4-13 **产品成本计算单**

生产批号:602号友联贸易 201×年07月31日

产品名称:办公桌椅 开工日期:201×年06月

生产车间: 完工日期:201×年07月

生产批量:15件 金额单位:元

摘　要	直接材料	生产工时(小时)	直接人工	制造费用	合计
月初在产品成本	12 000	13 000			12 000
本月发生费用		6 700			
本月累计	12 000	19 700			
累计间接费用分配率			0.76	0.52	

（续表）

摘　　要	直接材料	生产工时（小时）	直接人工	制造费用	合计
转出完工产品成本	12 000	19 700	14 972	10 244	37 216
完工产品单位成本	800		998.13	682.93	2 481.06

表 4-14　　　　**产品成本计算单**

生产批号：603 号正大广场　　201×年 07 月 31 日

产品名称：办公桌椅　　开工日期：201×年 06 月

生产车间：　　生产批量：8 件

本月完工数量：2 件　　金额单位：元

摘　　要	直接材料	生产工时（小时）	直接人工	制造费用	合计
月初在产品成本	8 500	5 000			
本月发生费用		3 100			
本月累计	8 500	8 100			
累计间接费用分配率			0.76	0.52	
转出完工产品成本	2 125	2 025	1 539	1 053	4 717
完工产品单位成本	1 062.50		769.50	526.50	2 358.50

表 4-15　　　　**基本生产成本明细账**

生产批号：701 号世纪集团　　201×年 07 月 31 日　　开工日期：201×年 07 月

产品名称：办公桌椅　　生产批量：12 件，尚未完工

生产车间：　　金额单位：元

摘要	直接材料	生产工时（小时）	直接人工	制造费用	合计
本月发生费用	24 000	3 300			

完工产品成本汇总表如表 4-16 所示。

表 4-16　　　　**完工产品成本汇总表**

201×年 07 月 31 日　　金额单位：元

产品批别	单位	完工数量	直接材料	直接人工	制造费用	合计
503 号东方集团	件	10	9 500	11 324	7 748	28 572
602 号友联贸易	件	15	12 000	14 972	10 244	37 216
603 号正大广场	件	2	2 125	1 539	1 053	4 717
合计			23 625	27 835	19 045	70 505

小贴士

产品成本计算单，平时只登记直接材料费用和生产工时数，只有当产品完工时才能根据基本生产成本二级账计算的间接计入费用分配率和该产品累计工时计算登记完工产品应负担的间接计入费用。

基本生产成本二级账要按成本项目登记该企业全部产品批别的月初（上月末）费用、本月费用、累计费用；同时还要登记月初在产品的累计工时，本月工时和累计工时；当产品累计加工完成时，期末要将完工产品所负担的直接计入费用、按间接计入费用分配率计算的间接计入费用转出。

·任务小结·

分批法内容构成如图 4-1 所示。

- 产品成本计算的基本方法——分批法
  - 认知分批法
    - 分批法的含义
    - 分批法的业务流程
  - 认知简化分批法
    - 简化分批法的含义
    - 简化分批法的业务流程

图 4-1　分批法内容构成

模块5 产品成本计算的基本方法
——分步法

学习任务目标

知识目标

- 了解分步法的定义、特点及种类
- 理解逐步结转分步法和平行结转分步法的异同
- 熟悉逐步结转分步法和平行结转分步法的成本计算程序
- 掌握综合逐步结转分步法和分项逐步结转分步法
- 掌握成本还原的方法
- 掌握平行结转分步法

能力目标

- 能根据企业成本管理的要求判断应采用何种分步法进行成本核算
- 能应用综合逐步结转分步法和分项逐步结转分步法计算产品成本
- 能对半成品成本进行还原
- 能应用平行结转分步法计算产品成本
- 能对分步法的核算程序进行账务处理

情景导入

案例资料·走进大华纺织公司

大华纺织公司是华东地区的一家大型企业，某高职学院201×级会计专业学生到该企业参观时了解到以下信息。

在经营管理上，企业各项数据统计、传递制度比较完善，成本核算各方面基础较好。

在生产流程上，企业设有纺纱、织布和印染三个基本生产车间，其产品需要经过三个车间的连续加工而成。纺纱车间需要经过清花、粗纺、并条和粗纱等工序，将原棉加工成棉纱；织布车间将棉纱加工成坯布；印染车间将坯布加工成各种成品布。企业纺纱车间生产的棉纱大部分直接转入织布车间继续加工，只有少部分对外销售，织布车间生产的坯布全部转入印染车间继续加工。

在成本核算上，为了加强成本管理，企业财务部门对各车间生产的半成品都要进行考核。

任务5.1　认知分步法

·知识构建·

5.1.1　分步法的定义及适用范围

分步法是“产品成本计算分步法”的简称。是按照产品的生产步骤和产品品种归集生产费用、计算产品成本的一种方法。

分步法主要适用于大量、大批、多步骤生产的企业，如冶金、纺织、造纸等连续式多步骤生产的企业以及机械制造等装配式多步骤生产的企业。

小贴士

在多步骤生产的企业中，生产都分为若干个步骤进行，如冶金企业的生产可以分为炼铁、炼钢、轧钢等生产步骤；纺织企业的生产可以分为纺纱、织布、印染等生产步骤；造纸企业的生产可分为制浆、制纸、包装等生产步骤；机械制造企业的生产可分为铸造、加工、装配等生产步骤。为了加强各步骤的成本管理，这些企业不仅要求按产品的品种计算各种产品的成本，而且还要求按照各生产步骤归集生产费用，计算各生产步骤的成本。

5.1.2　分步法的特点

分步法的特点，主要表现在以下三个方面。

1. 成本计算对象是各种产品及其生产步骤

如果企业只生产一种产品，成本计算对象就是该种产成品及其所经过的各生产步骤，产品成本明细账应按照该产品的生产步骤设置；如果企业生产多种产品，成本计算对象则是各种产成品及其经过的各生产步骤，产品成本明细账应按照每种产品的各个生产步骤设置。

2. 成本计算定期在月末进行

大量、大批、多步骤生产的企业，其产品大量重复地生产，原材料源源不断地投入，半成品与产成品接连不断地被生产出来，所以成本计算期无法与产品生产周期保持一致。一般来说，产品成本的核算工作定期于每月月末进行，即成本计算期与会计报告期相一致。

3. 需要将生产费用在完工产品与在产品之间进行分配

大量、大批、多步骤生产中，各步骤月末一般都存在尚未完工的在产品，因此，需要采用适当的分配方法，将生产费用在完工产品与月末在产品之间进行分配。

5.1.3 分步法的种类

由于成本管理对各生产步骤成本核算资料的要求不同,即要不要计算各生产步骤的半成品成本,因此,分步法按是否计算各步骤半成品成本以及各步骤半成品成本结转方式的不同,又分为逐步结转分步法和平行结转分步法两种。

1. 逐步结转分步法

逐步结转分步法是当企业在管理上要求各生产步骤提供半成品的成本资料时所采用的一种成本计算方法。

逐步结转分步法又称顺序结转分步法,就是按产品加工步骤的先后顺序,逐步计算并结转各步骤半成品成本直至最后生产步骤,计算出完工产品成本的一种方法。

2. 平行结转分步法

平行结转分步法是企业在管理上不要求各生产步骤提供半成品的成本资料时所采用的一种成本计算方法。

平行结转分步法是将各生产步骤生产费用中应计入相同产成品成本的份额平行汇总,以计算得到产成品成本的一种方法。

任务 5.2 逐步结转分步法的应用

·知识构建·

5.2.1 逐步结转分步法的适用范围及特点

1. 逐步结转分步法的适用范围

逐步结转分步法主要适用于企业各步骤的半成品有独立的经济意义,以及在成本管理上需要提供各个步骤半成品成本资料的企业,特别适用于大量、大批、连续式多步骤生产的企业。

小贴士

下列企业应采用逐步结转分步法进行核算。

(1) 半成品除了供本企业进一步加工外,还可以作为商品直接对外销售,这时需要计算出半成品的成本。例如,纺织企业生产的棉纱,既可以由企业继续加工成各种棉布,又可以作为商品直接对外销售。

(2) 半成品同时被企业生产的几种产品共同耗用,为分别计算各种产品的成本,需要计算出半成品的成本。如生产钢铸件、铜铸件的机械企业。

(3) 企业实行内部经济核算,为考核需要,有必要计算半成品的成本。

2. 逐步结转分步法的特点

(1) 由于产品生产是分步骤进行的，从原材料的投入到产品完工，要经过若干连续的生产步骤，除了最后一个步骤生产的是产成品外，其他各步骤生产的都是完工程度各不相同的半成品。这些半成品除了可能直接对外销售外，也是下一步骤的加工对象。因此，既要计算最终完工产品的成本，又要计算生产过程中各步骤半成品的成本。

(2) 各步骤耗用的上一步骤半成品的成本，要随着半成品实物的转移，从上一步骤的产品成本明细账转入下一生产步骤相同产品的成本明细账中。

(3) 每一步骤的生产费用都要在完工半成品(广义在产品)或完工产品(最后步骤)与在产品(狭义在产品)之间分配。每一个步骤都在使用品种法。因此，逐步结转分步法实际上就是品种法的多次连续应用。

5.2.2　逐步结转分步法的成本计算程序

在实际工作中，半成品完工后有两种情况：一是直接转移到下一步骤；二是通过半成品库收发间接转移到下一步骤。

逐步结转分步法的成本计算程序，应视半成品实物是否通过半成品库收发而有所不同。

1. 半成品不通过半成品库收发，直接转入下一步骤继续加工

其成本计算程序为：

(1) 按生产步骤归集和分配本步骤所发生的材料费、人工费和制造费用，然后计算出第一步骤所产半成品成本。

(2) 将第一步骤半成品成本直接转入第二步骤的生产成本明细账。

(3) 第二步骤将结转来的第一步骤半成品成本，加上第二步骤所发生的各项费用，汇总后分配计算出第二步骤所生产的半成品成本。同样，按上述方法将第二步骤的半成品成本，随实物的转移结转到第三步骤的生产成本明细账上。

(4) 以此类推，逐步计算和结转半成品的成本，直到最后一个步骤计算出完工产品的成本为止。

具体程序如图5-1所示。

图5-1　逐步结转分步法(半成品不通过半成品库收发)计算程序

2. 半成品通过半成品库收发

半成品通过半成品库收发，即各生产步骤生产出的完工半成品先验收入半成品库，等生产下一步骤需要时，再从半成品库中领出来继续加工。其成本计算程序与半成品不通过半成品库收发的程序基本相同，所不同的是各步骤应设置“自制半成品明细账”，半成品成本以“自制半成品明细账”为桥梁，在各步骤的成本明细账之间结转。

具体程序如图 5-2 所示。

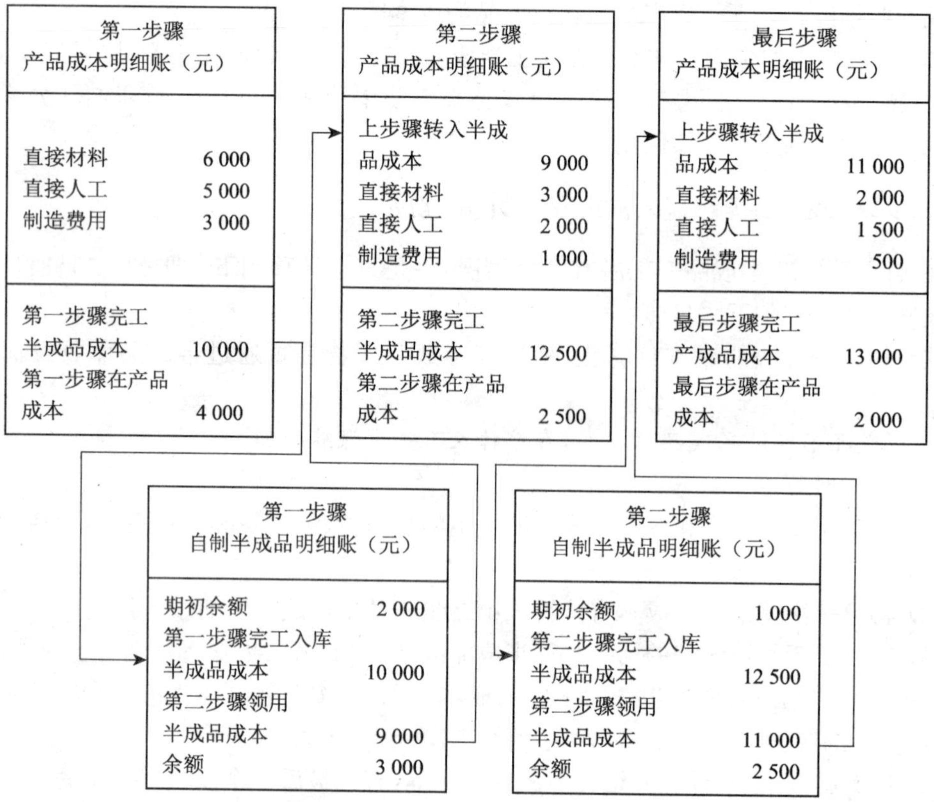

图 5-2　逐步结转分步法(半成品通过半成品库收发)计算程序

5.2.3　逐步结转分步法的种类

逐步结转分步法按照半成品成本在下一加工步骤成本明细账中反映方法不同，可分为综合结转和分项结转两种方法。

1. 综合结转法

(1) 定义。综合结转法，就是将各加工步骤所耗上一步骤的半成品成本，不分直接材料、直接人工、制造费用等成本项目，而是以一个综合的金额反映在各该步骤产品成本明细账中的“自制半成品”成本项目中的方法。

半成品成本可以按实际成本，也可以按计划成本结转。

半成品按实际成本结转时，如果半成品不通过半成品库收发，则下一步骤所耗上一步骤半成品的成本，可直接按上一步骤当期完工半成品的成本转入；但如果半成品要通过半成品库收发的，由于各月入库的半成品的单位成本不一定相同，所以应先根据企业具体的情况选择先进先出法、加权平均法、移动加权平均法等计价方法，计算出上一步骤入库半成品的实际单位成本，再将其与领用半成品的数量相乘，计算出所耗上一步骤半成品的成本。计算公式如下：

各步骤所耗上步骤的半成品成本＝半成品的实际单位成本×本步骤所耗半成品数量

半成品按计划成本结转时，企业半成品的日常收发核算均按计划单位成本计价，各步骤所耗上一步骤半成品成本，根据半成品的计划单位成本乘以所耗半成品的实际数量计算得出。月末计算出半成品的成本差异率，再将半成品的计划成本调整为实际成本。

·业务核算·

【业务5-1】

华欣纺织公司采用逐步结转分步法计算棉布的成本，整个生产分两个生产步骤进行，第一步骤将原棉加工成棉纱，然后将加工完成的棉纱直接转到第二步骤继续加工，加工成棉布。棉纱不通过半成品库收发。原棉在开始生产时一次投入，各加工步骤的在产品的完工程度均为50%，各步骤完工产品与月末在产品之间的费用采用约当产量法进行分配。201×年9月份有关资料如下所列。

(1) 棉布的产量资料见表5-1。

表5-1　　**棉布的产量资料**

201×年09月31日　　单位：匹

项目	月初在产品	本月投入	本月完工	月末在产品
第一步骤	200	1 400	1 200	400
第二步骤	300	1 200	1 300	200

(2) 月初在产品成本资料见表5-2。

表5-2　　**棉布的月初在产品成本**

201×年09月31日　　单位：元

项目	直接材料	自制半成品	直接人工	制造费用	合计
第一步骤	2 000		1 000	600	3 600
第二步骤		27 000	18 000	23 000	68 000

(3) 本月发生费用(第二步骤不包括第一步骤转入的费用)见表5-3。

表5-3　　**棉布的本月生产费用**

201×年09月31日　　单位：元

项目	直接材料	直接人工	制造费用	合计
第一步骤	30 000	20 000	13 400	63 400
第二步骤		38 000	26 000	64 000

根据上述资料，登记产品成本明细账，见表 5-4、表 5-5。

表 5-4 **产品成本明细账**

完工产品数量：1 200 匹 201×年 09 月 31 日

在产品数量：400 匹

第一步骤：棉纱完工程度：50%

金额单位：元

项目	直接材料	直接人工	制造费用	合计
月初在产品成本	2 000	1 000	600	3 600
本月生产费用	30 000	20 000	13 400	63 400
合　计	32 000	21 000	14 000	67 000
约当量	1 600	1 400	1 400	—
分配率(单位成本)	20	15	10	45
完工半成品成本	24 000	18 000	12 000	54 000
月末在产品成本	8 000	3 000	2 000	13 000

在表 5-4 中，相关数据计算如下：

直接材料分配率 = 32 000÷(1 200 + 400)= 20(元/匹)

完工半成品应负担的材料费 = 20 × 1 200 = 24 000(元)

月末在产品应负担的材料费 = 20 ×400 = 8 000(元)

直接人工分配率 = 21 000÷(1 200 + 400 × 50%)= 15(元/匹)

完工半成品应负担的人工费 = 15 × 1 200 = 18 000(元)

月末在产品应负担的人工费 = 15 ×(400 × 50%) = 3 000(元)

制造费用分配率 = 14 000÷(1 200 + 400 × 50%)= 10(元/匹)

完工半成品应负担的制造费用 = 10 × 1 200 = 12 000(元)

月末在产品应负担的制造费用 = 10 ×(400 × 50%) = 2 000(元)

表 5-5 **产品成本明细账**

完工产品数量：1 300 匹 201×年 09 月 31 日

在产品数量：200 匹

第二步骤：棉布完工程度：50%

金额单位：元

项目	自制半成品	直接人工	制造费用	合计
月初在产品成本	27 000	18 000	23 000	68 000
本月生产费用	54 000	38 000	26 000	118 000
合　计	81 000	56 000	49 000	186 000
约当量	1 500	1 400	1 400	—
分配率(单位成本)	54	40	35	129
完工产成品成本	70 200	52 000	45 500	167 700
月末在产品成本	10 800	4 000	3 500	18 300

在表5-5中，相关数据计算如下：

自制半成品分配率 = 81 000÷(1 300 + 200)= 54(元/匹)
完工产品应负担的半成品费 = 54 × 1 300 = 70 200(元)
月末在产品应负担的半成品费 = 54 ×200 = 10 800(元)
直接人工分配率 = 56 000÷(1 300 + 200 × 50%)= 40(元/匹)
完工产品应负担的人工费 = 40 × 1 300 = 52 000(元)
月末在产品应负担的人工费 = 40×(200 × 50%) = 4 000(元)
制造费用分配率 = 49 000÷(1 300 + 200 × 50%)= 35(元/匹)
完工产品应负担的制造费用 = 35 × 1 300 = 45 500(元)
月末在产品应负担的制造费用 = 35 ×(200 × 50%) = 3 500(元)

结转完工产品成本，编制会计分录如下：

借：库存商品——棉布　　167 700
　贷：基本生产成本——第二步骤　　167 700

在业务5-1中，由于第一步骤加工完成的棉纱直接转到第二步骤继续加工，半成品不通过半成品库收发，所以由以上两个产品成本明细账可以看出，第二步骤“本月生产费用”中“自制半成品”成本项目的金额就是第一步骤“完工半成品成本”的合计数54 000元，第一步骤完工半成品的成本是以一个综合的金额转入第二步骤的。

(2) 成本还原。采用综合结转法结转半成品成本，各步骤所耗半成品的成本是以“自制半成品”项目综合反映的。由业务5-1可以得知，完工产品棉布的总成本为167 700元，但这总成本是由“自制半成品70 200元”“直接人工52 000元”和“制造费用45 500元”构成的，这样计算出来的产成品棉布的成本，不能提供按原始成本项目(直接材料、直接人工、制造费用)反映的成本资料，不利于从整个企业的角度考核、分析产成品成本的结构。所以，当采用综合结转分步法时，有必要对产成品成本中的“自制半成品”成本项目进行还原，将产成品成本还原为按原始成本项目反映的成本，以满足企业考核和分析产成品成本构成的需要。

所谓成本还原，就是把产成品耗用的半成品成本逐步分解还原成“直接材料”“直接人工”和“制造费用”等原始的成本项目，从而求得按原始成本项目反映的产品成本资料。

成本还原通常采用的方法是，从最后一个生产步骤开始，将产成品中所耗用的上一步骤自制半成品的综合成本，按上一加工步骤所生产的自制半成品的成本结构进行分解，依次从后往前逐步分解，直至还原到第一个生产步骤。然后把各步骤还原出来的相同成本项目汇总，从而计算出按原始成本项目反映的产成品成本。

$$\text{成本还原分配率}=\frac{\text{所耗用的自制半成品成本}}{\text{还原为各成本项目金额}}=\frac{\text{本月所产该自制半成品成本中}}{\text{的各该成本项目金额}}\times\text{成本还原分配率}$$

仍以业务5-1为例说明产成品成本的还原方法。业务5-1中，产成品棉布的成本167 700元中所耗自制半成品棉纱的成本为70 200元，按其占第一步骤产品成本明细账中本月所产该种自制半成品总成本54 000元的比例，分解还原成按原始成本项目反映的产成品成本。

$$\text{成本还原分配率}=\frac{70\ 200}{54\ 000}=\frac{70\ 200}{24\ 000+18\ 000+12\ 000}=1.3$$

自制半成品成本还原为直接材料 = 24 000 ×1.3 = 31 200（元）
自制半成品成本还原为直接人工 = 18 000 ×1.3 = 23 400（元）
自制半成品成本还原为制造费用 = 12 000 ×1.3 = 15 600（元）
合计数= 70 200（元）

通过成本还原，自制半成品棉纱的成本 70 200 元被还原为直接材料 31 200 元，直接人工 23 400 元，制造费用 15 600 元。

然后将还原前产成品成本与产成品成本中自制半成品成本的还原额，按照相同的成本项目汇总，计算出还原后的产成品成本。还原后的产成品成本计算如下。

直接材料 = 31 200（元）
直接人工 = 52 000 + 23 400 = 75 400（元）
制造费用 = 45 500 + 15 600 = 61 100（元）
合计数=167 700(元)

在实际工作中，成本还原一般是通过编制成本还原计算表进行的，成本还原计算表见表 5-6。

表 5-6　　产成品成本还原计算表

201×年 09 月 31 日　　金额单位:元

项目	成本还原分配率	自制半成品	直接材料	直接人工	制造费用	成本合计
还原前产成品成本		70 200		52 000	45 500	167 700
本月所产半成品成本			24 000	18 000	12 000	54 000
产成品成本中半成品费用还原	1.3	−70 200	31 200	23 400	15 600	0
还原后产成品总成本			31 200	75 400	61 100	167 700

小贴士

应该注意的是，如果产品的加工步骤不止两步，在进行一次还原后，还有自制半成品成本项目，应继续还原，一直还原到自制半成品成本全部分解成按原始成本项目反映为止。

采用综合结转分步法计算产品成本，可以从各步骤的产品成本明细账中看出各步骤所耗上一步骤半成品的成本以及本步骤的加工费用，从而有利于各生产步骤的管理，也有利于对各生产步骤完工产品的成本进行分析和考核。但是，如果企业在管理上要求的是提供按原始成本项目反映的产成品资料，即就必须进行成本还原，这样，核算的工作量就会增加。因此，综合结转分步法适合于在成本管理上要求计算和结转各步骤半成品成本，了解各步骤完工产品所耗半成品费用，但不要求提供按原始成本项目反映的产成品资料时被采用。

2. 分项结转法

分项结转法，就是将各加工步骤所耗上一步骤半成品的成本，按原始成本项目（直接材料、直接人工、制造费用）记入各该步骤产品成本明细账中的各有关成本项目的方法。在分项结转法下，产成品成本直接按原始成本项目反映，不需要进行成本还原。一般适用于只要求按原始成本项目计算产品成本、对各加工步骤成本管理要求不高的企业。

·业务核算·

【业务 5-2】

华宇公司生产乙产品，分两个步骤分别在两个车间进行加工。第一步骤生产乙半成品，交半成品库验收；第二步骤按所需数量从半成品库领用，半成品库每月月末按一次加权平均法计算半成品的单位成本。各步骤月末在产品均按定额成本计算。201×年 10 月有关资料如下所列。

（1）乙产品各步骤有关成本核算资料见表 5-7。

表 5-7　　乙产品各步骤有关成本核算资料

201×年 10 月 31 日　　单位：元

项　　目		直接材料	直接人工	制造费用	合计
第一步骤	月初在产品定额成本	11 000	7 600	5 220	23 820
	本月生产费用	57 200	37 400	30 800	125 400
	月末在产品定额成本	13 200	9 800	7 420	30 420
第二步骤	月初在产品定额成本	18 000	5 200	3 800	27 000
	本月生产费用（本步骤）	54 600	47 100	18 200	119 900
	月末在产品定额成本	15 000	8 600	5 200	28 800

（2）月初库存乙半成品 400 件，其实际总成本为 35 700 元，其中直接材料 17 000 元，直接人工 11 300 元，制造费用 7 400 元。

（3）本月第一步骤完工入库半成品 1 100 件，第二步骤从半成品库领用半成品 1 300 件。本月完工入库的产成品 1 200 件。

根据上述资料，核算如下。

（1）登记第一步骤的产品成本明细账，见表 5-8。

表 5-8　　产品成本明细账

第一步骤：乙半成品　　201×年 10 月 31 日

完工数量：1 100 件　　单位：元

项　　目	直接材料	直接人工	制造费用	合计
月初在产品定额成本	11 000	7 600	5 220	23 820
本月生产费用	57 200	37 400	30 800	125 400

（续表）

项　　目	直接材料	直接人工	制造费用	合计
合　　计	68 200	45 000	36 020	149 220
完工半成品成本	55 000	35 200	28 600	118 800
完工半成品单位成本	50	32	26	108
月末在产品定额成本	13 200	9 800	7 420	30 420

根据第一步骤乙半成品入库单，应编制会计分录如下：

借：自制半成品——乙半成品　　118 800

　贷：基本生产成本——第一步骤　　118 800

（2）根据第一步骤乙半成品入库单和第二步骤乙半成品领用单，登记乙半成品明细账，见表5-9。

表5-9　　自制半成品明细账

半成品：乙半成品　　201×年10月31日　　金额单位：元

项目	数量（件）	直接材料	直接人工	制造费用	合计
月初余额	400	17 000	11 300	7 400	35 700
本月收入	1 100	55 000	35 200	28 600	118 800
合计	1 500	72 000	46 500	36 000	154 500
单位成本		48	31	24	103
本月发出	1 300	62 400	40 300	31 200	133 900
月末余额	200	9 600	6 200	4 800	20 600

根据第二步骤乙半成品领用单，应编制会计分录如下：

借：基本生产成本——第二步骤　　133 900

　贷：自制半成品——乙半成品　　133 900

（3）根据上述资料，登记第二步骤的产品成本明细账，见表5-10。

表5-10　　产品成本明细账

第二步骤：乙产成品　　201×年10月31日

完工数量：1 200件　　单位：元

项目	直接材料	直接人工	制造费用	合计
月初在产品定额成本	18 000	5 200	3 800	27 000
本月生产费用（本步骤）	54 600	47 100	18 200	119 900
本月耗用上一步骤半成品成本	62 400	40 300	31 200	133 900
合　　计	135 000	92 600	53 200	280 800
完工产成品成本	120 000	84 000	48 000	252 000
完工产成品单位成本	100	70	40	210
月末在产品定额成本	15 000	8 600	5 200	28 800

结转完工乙产品成本，应编制会计分录如下：

借：库存商品——乙产品 252 000
　贷：基本生产成本——第二步骤 252 000

由业务 5-2 可以看出，采用分项结转分步法结转半成品成本，是按其原始成本项目分项逐步转入的，这样计算出来的产成品成本可以直接、正确地提供按原始成本项目反映的产品成本资料。

2. 分项结转分步法的优缺点

与综合逐步结转分步法相比，分项逐步结转分步法的优点在于：不需要进行成本还原，可以直接和清楚地提供按原始成本项目反映的企业产品成本资料，有利于从整个企业的角度分析产成品的构成。但同时也具有以下缺点：成本结转工作比较复杂，特别是在半成品通过半成品库收发时，分项结转半成品成本的核算工作量较大，而且各加工步骤完工半成品成本中看不出所耗上一步骤半成品成本是多少，本步骤的加工费用又是多少，不便于进行各步骤半成品的成本分析。

任务 5.3　平行结转分步法的应用

5.3.1　平行结转分步法的定义及适用范围

平行结转分步法，是指各加工步骤只计算本步骤发生的生产费用和这些生产费用中应计入产成品成本的“份额”，不计算各步骤所产半成品成本，也不计算各步骤所耗上一步骤半成品成本，而是将相同产品各步骤份额平行结转、汇总，计算出产成品成本的一种成本计算方法。平行结转分步法也称不计算半成品成本的分步法。

平行结转分步法，主要适用于在成本管理上要求分步归集生产费用，但不要求计算半成品成本的企业，特别适用于没有半成品对外销售的大量、大批、装配式多步骤生产企业。

5.3.2　平行结转分步法的特点

(1) 各步骤不计算半成品的成本，只计算本步骤生产费用中应计入产成品成本的“份额”。各步骤生产成本明细账仅归集本步骤发生的生产费用，不反映耗用上一步骤半成品的成本，也不计算本步骤完工半成品的成本，因此各步骤生产成本明细账中不设置“自制半成品”成本项目。

(2) 各步骤半成品成本不随实物转移而结转，半成品成本留在其所经过加工的各步骤产品成本明细账中，半成品成本与实物相脱节。在生产过程中，不管半成品实物是否通过半成品库收发，半成品成本均不作逐步结转，即半成品成本不随实物的转移而结转。

(3) 各步骤的生产费用也要在完工产品与月末在产品之间进行分配。这里所说的完工产品是指最终完工的产成品，不是指各步骤完工的半成品。而这里的在产品，则不仅包括正在本步骤加工的，尚未完工的在产品，而且还包括本步骤已完工转入半成品库的半成品、本步骤已加工完毕但正在以后步骤进一步加工尚未验收入库的在产品。

所以，在平行结转分步法下，各步骤生产费用是在产成品与广义在产品之间分配的。

5.3.3　平行结转分步法的基本计算程序

平行结转分步法的计算程序如下所述。

(1) 按各加工步骤设置产品的生产成本明细账，归集其在本步骤加工发生的各项费用，但不包括其所耗用的上一步骤半成品的成本。

(2) 月末将归集的生产费用在最终完工产品与广义的在产品间进行分配，计算出各步骤应计入产成品成本的“份额”。

(3) 将各步骤计算出的应计入产成品成本的“份额”平行结转、汇总，计算出完工产品的成本。

具体程序如图 5-3 所示。

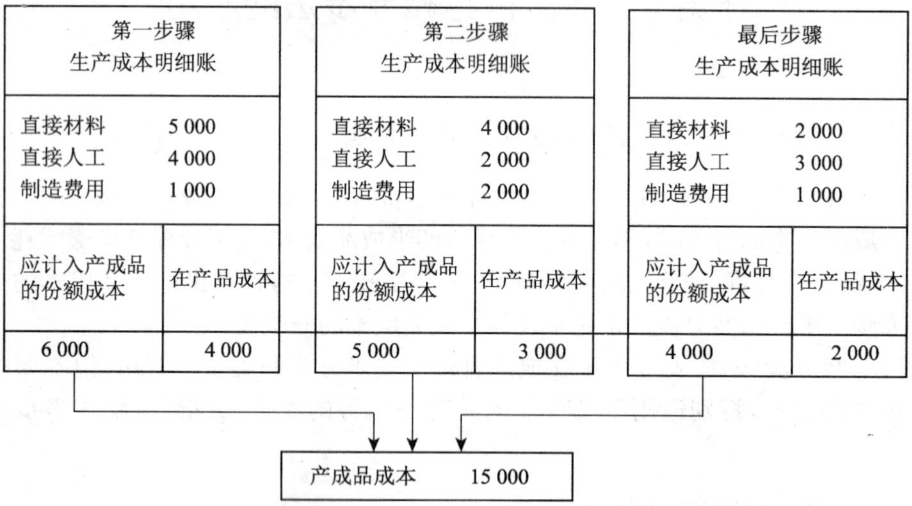

图 5-3　平行结转分步法核算程序图

·业务核算·

【业务 5-3】

锐星公司生产丙产品需经过第一、第二和第三车间连续加工制成，并采用平行结转分步法计算产品成本。原材料在生产开始时一次性投入，各车间期末在产品的完工程度均为 50%，月末按约当产量法将生产费用在完工产品与在产品之间分配。201×年 10 月有关资料如下所列。

(1) 丙产品产量资料见表 5-11。

表 5-11 丙产品产量资料

201×年 10 月 31 日 单位:件

项目	月初在产品	本月投入	本月完工	月末在产品
第一车间	100	400	380	120
第二车间	20	380	360	40
第三车间	120	360	400	80

(2) 月初在产品成本资料见表 5-12。

表 5-12 丙产品月初在产品成本

201×年 10 月 31 日 单位:元

项目	直接材料	直接人工	制造费用	合计
第一车间	22 400	11 600	9 280	43 280
第二车间	—	4 400	3 000	7 400
第三车间	—	12 400	8 200	20 600

(3) 本月发生费用见表 5-13。

表 5-13 丙产品本月生产费用

201×年 10 月 31 日 单位:元

项目	直接材料	直接人工	制造费用	合计
第一车间	92 800	46 400	37 120	176 320
第二车间	—	55 600	33 000	88 600
第三车间	—	36 000	24 800	60 800

根据上述资料,核算如下。

(1) 根据上述资料,登记产品成本明细账,见表 5-14、表 5-15、表 5-16。

表 5-14 产品成本明细账

第一车间 201×年 10 月 31 日 金额单位:元

项　　目	直接材料	直接人工	制造费用	合计
月初在产品成本	22 400	11 600	9 280	43 280
本月生产费用	92 800	46 400	37 120	176 320
合　　计	115 200	58 000	46 400	219 600
约当量(件)	640	580	580	—
分配率(单位成本)	180	100	80	360
计入产成品成本的份额	72 000	40 000	32 000	144 000
月末在产品成本	43 200	18 000	14 400	75 600

在表5-14中，相关数据计算如下：

直接材料约当产量 = 400 + (80 + 40 + 120) = 640(件)
直接材料分配率 = 115 200 ÷ 640 = 180(元/件)
直接材料应计入产成品成本的份额 = 180 ×400 = 72 000(元)
直接人工约当产量 = 400 + (80 + 40 + 120 ×50%) = 580(件)
直接人工分配率 = 58 000 ÷ 580 = 100(元/件)
直接人工应计入产成品成本的份额 = 100 ×400 = 40 000(元)
制造费用约当产量 = 400 + (80 + 40 + 120 ×50%) = 580(件)
制造费用分配率 = 46 400 ÷ 580 = 80(元/件)
制造费用应计入产成品成本的份额 = 80 ×400 = 32 000(元)

表5-15 产品成本明细账

第二车间 201×年10月31日 金额单位:元

项　　目	直接材料	直接人工	制造费用	合计
月初在产品成本		4 400	3 000	7 400
本月生产费用		55 600	33 000	88 600
合　　计		60 000	36 000	96 000
约当量(件)		500	500	—
分配率(单位成本)		120	72	192
计入产成品成本的份额		48 000	28 800	76 800
月末在产品成本		12 000	7 200	19 200

在表5-15中，相关数据计算如下：

直接人工约当产量 = 400 + (80 + 40 ×50%) = 500(件)
直接人工分配率 = 60 000 ÷ 500 = 120(元/件)
直接人工应计入产成品成本的份额 = 120 ×400 = 48 000(元)
制造费用约当产量 = 400 + (80 + 40 ×50%) = 500(件)
制造费用分配率 = 36 000 ÷ 500 = 72(元/件)
制造费用应计入产成品成本的份额 = 72 ×400 = 28 800(元)

表5-16 产品成本明细账

第三车间 201×年10月31日 金额单位:元

项　　目	直接材料	直接人工	制造费用	合计
月初在产品成本		12 400	8 200	20 600
本月生产费用		36 000	24 800	60 800
合　　计		48 400	33 000	81 400
约当量(件)		440	440	
分配率(单位成本)		110	75	185
计入产成品成本的份额		44 000	30 000	74 000
月末在产品成本		4 400	3 000	7 400

在表5-16中，相关数据计算如下：

直接人工约当产量 ＝ 400 ＋ 80 ×50% ＝ 440(件)
直接人工分配率 ＝48 400 ÷ 440 ＝ 110(元/件)
直接人工应计入产成品成本的份额 ＝ 110 ×400 ＝ 44 000(元)
制造费用约当产量 ＝ 400 ＋ 80 ×50% ＝ 440(件)
制造费用分配率 ＝ 33 000 ÷ 440 ＝ 75(元/件)
制造费用应计入产成品成本的份额 ＝ 75 ×400 ＝ 30 000(元)

(2) 根据以上各生产车间中应计入产品成本的份额，平行汇总计算出产成品的成本和单位成本，见表5-17。

表5-17　　**产品成本计算汇总表**

产品名称：丙产品　　201×年10月31日　　单位：元

项　　目	直接材料	直接人工	制造费用	合计
一车间转来份额	72 000	40 000	32 000	144 000
二车间转来份额	—	48 000	28 800	76 800
三车间转来份额	—	44 000	30 000	74 000
产成品总成本(400件)	72 000	132 000	90 800	294 800
单位成本	180	330	227	737

结转完工产品的成本，编制会计分录如下：

借：库存商品——丙产品　　294 800
　贷：基本生产成本——一车间　　144 000
　　　　　　　　　——二车间　　76 800
　　　　　　　　　——三车间　　74 000

小贴士

当采用平行结转分步法计算产品成本时，各步骤可以同时计算产品成本，平行汇总计入产成品成本，直接提供按原始成本项目反映的产成品资料，简化和加速了成本计算工作。但除了第一步骤外，其他各生产步骤的产品成本不包括所耗半成品成本，所以不能全面地反映各该步骤的生产耗费水平。因此，平行结转分步法一般宜在半成品种类较多，逐步结转半成品成本的工作量较大，而管理上又不要求提供各步骤半成品成本资料的情况下采用。

5.3.4　逐步结转分步法与平行结转分步法的比较

采用逐步结转分步法和平行结转分步法分别计算出来的产成品的成本是不一样的，具体见表5-18。

表 5-18　　逐步结转分步法和平行结转分步法的比较

不同点	逐步结转分步法	平行结转分步法
成本的计算程序不同	按照产品的加工步骤，逐步计算和结转半成品的成本，直到最后一个步骤计算出完工产品成本。	不计算各步骤所耗上一步骤半成品的成本，只计算本步骤发生的各项费用以及这些费用中应计入产成品成本的"份额"，当产品完工时，只需将各步骤的"份额"转出并汇总，即可以算出产成品的成本。
对半成品的处理方式不同	各步骤都要计算出半成品成本，半成品成本随实物转移而结转。	不需要计算各步骤半成品成本，其半成品成本不随实物转移而结转。
在产品的含义不同	指的是狭义的在产品，即本步骤尚未完工，仍需要在本步骤继续加工的在产品。	指的是广义的在产品，不仅包括正在本步骤加工的，尚未完工的在产品，而且还包括本步骤已完工转入半成品库的半成品以及本步骤已加工完毕但正在以后步骤进一步加工尚未验收入库的在产品。
产成品的成本构成不同	在逐步综合结转分步法下，需要对产成品成本中的"自制半成品"成本项目进行还原，将产成品成本还原为按原始成本项目反映的成本。	产成品的成本是由各步骤的生产费用平行转出的"份额"汇总而成，是按原始成本项目反映的成本，不需进行成本还原。

5.3.5 逐步结转分步法与平行结转分步法的优缺点

1. 逐步结转分步法的优缺点

(1) 优点。①不仅提供了产成品的成本资料，而且还提供了各步骤半成品的成本资料，为确定半成品的销售价格提供了依据，同时也有利于对各加工步骤完工半产品的成本进行分析和考核。②各步骤半成品成本随实物转移而结转，有利于加强半成品和在产品的实物管理和资金管理。

(2) 缺点。①各加工步骤的半成品成本要按加工顺序逐步结转，影响了成本计算工作的及时性。②在综合结转分步法下，如果需要从整个企业的角度分析产成品的成本构成，还需要进行成本还原，工作量大；在分项结转分步法下，各步骤半成品成本结转的工作量大且较复杂。

2. 平行结转分步法的优缺点

(1) 优点。①各步骤可以同时计算产成品应负担的本步骤费用，平行汇总计算产成品成本，不必等待上一步骤半成品成本的结转，加速了成本计算工作。②产成品成本直接按照原始成本项目反映，不需要进行成本还原，因此简化了成本计算工作。

(2) 缺点。①不能提供各步骤半成品成本资料。②半成品成本不随实物转移而结转，因而除第一步骤外，其余各步骤都不能完整地反映各加工步骤的实际生产耗费水平，不利于各步骤的成本监控管理。③在产品成本的反映与在产品实物所在地不相一致，不利于对在产品实物和资金进行管理。

·任务小结·

分步法内容构成如图 5-4 所示。

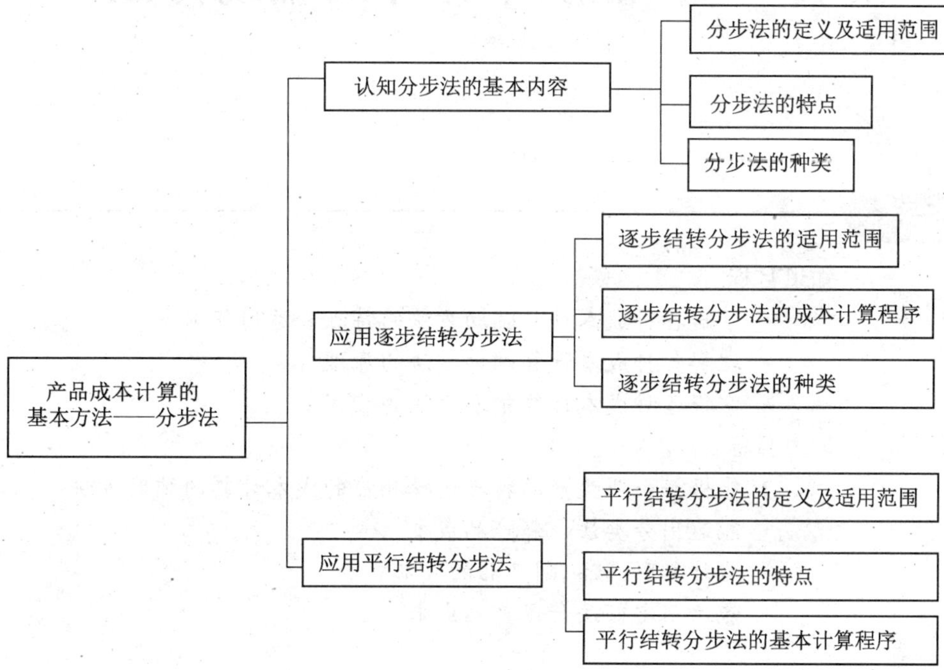

图 5-4　分步法内容构成

模块 6　产品成本计算的辅助方法

学习任务目标

知识目标

- 了解各种成本计算辅助方法的特点和适用范围
- 理解各种成本计算辅助方法的原理
- 掌握各种成本计算辅助方法的应用

能力目标

- 能根据企业生产的特点选择相应的成本计算的辅助方法
- 能运用分类法计算产品成本
- 能计算联产品、副产品的成本
- 能运用定额法计算产品成本

情景导入

案例资料·走进利民农具厂

利民农具厂生产 A, B, C, D, E 五种产品，五种产品都属于小型铁农具，它们的原材料和生产工艺相近。该企业采用品种法进行五种产品成本的核算，由于产品品种繁多，工作量较大，这时就可以简化核算，把五种产品归为一类——铁农具类进行核算。

任务 6.1　分类法的应用

·知识构建·

6.1.1　分类法的基本原理

1. 分类法的概念和作用

分类法，是指以产品类别为成本计算对象归集生产费用，先计算出各类完工产品的总成本，然后再按一定标准计算同类产品中各种产品成本的一种成本计算方法。

> **小贴士**
>
> 某些企业生产的产品种类、规格繁多，如果按照产品的品种、规格归集生产成本，计算各种产品的成本，其计算工作十分繁重。为减轻核算的工作量，在这种情况下，可以先根据产品的结构、所用原材料和工艺过程的不同，将产品划分为若干类，按照产品的类别设立产品成本明细账，归集产品的生产费用，计算各类产品成本；然后选择合理的分配标准，在每类产品的各种产品之间分配费用，计算每类产品内各种产品的成本。分类法是产品成本计算的辅助方法，与品种法关系密切，也被认为是品种法的扩展。

分类法的作用如下所述。

（1）大大简化了成本计算工作。由于分类法是按照类别归集和分配费用的，也就是说领料凭证、工时记录和各种费用分配表都是按照产品类别填列，产品成本明细账按产品类别设置，大大简化了成本计算工作。

（2）便于对各类产品成本进行考核和分析。分类法在产品品种、规格繁多的情况下，不仅能提供各种产品的成本信息水平，还能提供各类产品的成本信息水平，从而便于对各类产品成本进行考核和分析。

（3）在各种类型的企业中都可以使用。分类法与企业的生产类型没有直接联系，可以在各种类型的生产企业中使用。

2. 分类法的主要特点

（1）成本计算对象。在成本计算对象方面，分类法是以产品的类别为成本计算对象，并设置生产成本明细账，归集该类产品的生产费用。每种产品发生的费用直接计入其所属类别后再采用一定的分配标准在所属类别内进行分配，最后计算出此类产品的成本。

（2）成本计算期。在成本计算期方面，分类法的成本计算期要根据成本管理要求和产品生产类型进行确定，如果是小批生产，配合分批法使用，产品成本计算期就可以不固定；如果是大量生产，需要配合品种法或分步法进行成本计算，产品成本计算期则是固定的，通常在月末进行成本计算。

（3）成本的分配。在成本分配方面，如果月末存在未完工产品，则需要采用约当产量法、定额成本法或定额比例法等分配方法将生产费用在完工产品和月末在产品之间进行分配。

3. 分类法的基本核算程序

首先，按照一定的标准将产品划分成若干类别，以产品类别作为成本核算对象，设置成本计算单，归集生产费用。

其次，根据产品生产的特点和企业管理的要求，采用一定的方法计算各类完工产品的总成本。

最后，采用适当的方法将各类完工产品的总成本在同类产品中各品种或者各规格的产品间进行分配，计算出各品种或者各规格产品的总成本和单位成本。

分类法成本计算程序如图 6-1 所示。

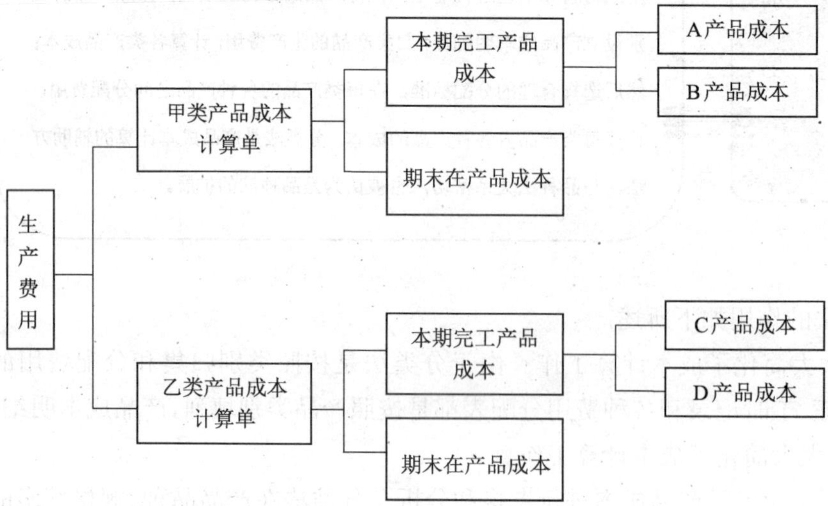

图 6-1　分类法的成本核算程序

4. 分类法的适用范围

分类法一般适用于使用同样的原材料，通过基本相同的加工工艺过程，所生产产品品种、规格、型号繁多，可以按一定标准予以分类的生产企业。

小贴士

(1) 用同样的原材料，经过同样的工艺过程生产出来的不同规格的产品，如制鞋厂生产不同尺寸的鞋。

(2) 几种主要产品是用同一种原材料进行加工且同时制造出来，即联产品，如石油冶炼行业投入原油，加工出润滑油、机油、汽油、柴油、沥青等。

(3) 生产主要产品的生产过程中，附带生产的非主要产品即副产品，如食用油厂在油脂精炼后的副产品油脚、皂脚等。

(4) 对零星产品也可以归为几类，采用分类法计算成本。

(5) 不同质量的等级产品是由于内部结构、所用原材料的质量或工艺技术上的要求不同而产生的，可以采用分类法计算成本。

·知识构建·

6.1.2 分类法应用

小贴士

同类产品内各产品之间费用分配的标准，一般采用产品的经济指标，如定额消耗量、定额费用、售价；也可以采用产品的技术指标，如含量、重量、体积、长度等。

在进行同类各产品之间分配费用时，各成本项目可以采用相同的分配标准，也可以分别采用不同的分配标准。如直接材料可以按定额消耗量或者定额费用比例分配，直接人工和制造费用可以按定额工时比例分配。

1. 分类法应用案例

·业务核算·

【业务6-1】

永毓公司由于产品品种繁多，按照各种产品所耗用原材料和工艺过程的不同，将全部产品划分为甲、乙、丙三大类，其中，甲类产品包括A，B，C三种产品。该类产品的直接材料费用项目按照各种产品的原材料费用系数进行分配，原材料费用系数按原材料定额成本确定，直接人工等其他费用项目均按各种产品的定额工时比例分配。甲类产品规定A产品为标准产品，201×年5月份产量：A产品32件，B产品20件，C产品8件。有关产量、分配标准和成本资料见表6-1、表6-2和表6-3。

表6-1　　单位产品直接材料消耗定额和计划单价

201×年05月01日

产品类别	产品品种	原材料名称或编号	消耗定额(千克)	计划单价(元)
甲类	A	1001	95	1.20
		2032	54	1.50
		4014	25	1.80
	B	1001	85	1.20
		2032	48	1.50
		4014	30	1.80
	C	1001	80	1.20
		2032	70	1.50
		4014	55	1.80

表 6-2 单位产品工时定额

201×年 05 月 01 日

产品类别	产品品种	工时定额(小时)
甲类	A	20
	B	16
	C	30

表 6-3 分类产品成本计算单

类别:甲类　201×年 05 月 31 日　金额:元

201×年		凭证号	摘要	直接材料	直接人工	制造费用	合计
月	日						
5	1		月初在产品定额	6 100	1 140	1 840	9 080
5	31		本月发生费用	16 775	3 990	6 080	26 845
	31		合　计	22 875	5 130	7 920	35 925
	31		完工产品成本	15 250	3 420	5 280	23 950
	31		月末在产品成本	7 625	1 710	2 640	11 975

产成品计算程序如下所列。

(1) 编制直接材料费用系数计算表(见表 6-4)。

表 6-4 直接材料费用系数计算表

201×年 05 月 31 日

产品类别	产品品种	单位产品直接材料定额费用(元)				材料费用系数
		材料名称或编号	消耗定额(千克)	计划单价(元)	定额成本(元)	
甲类	A	1001	95	1.20	114	1
		2032	54	1.50	81	
		4014	25	1.80	45	
		小计			240	
	B	1001	85	1.20	102	228÷240=0.95
		2032	48	1.50	72	
		4014	30	1.80	54	
		小计			228	
	C	1001	80	1.20	96	300÷240=1.25
		2032	70	1.50	105	
		4014	55	1.80	99	
		小计			300	

小贴士

在实际工作中采用分类法时，为了简化分配计算，可以将分类标准折算成相对固定的系数，按照系数进行类内各产品之间的费用分配。具体做法是：在同类产品中选择一种产量大、生产稳定或者规格折中的产品作为标准产品，把这种产品的分配系数确定为"1"；再以其他产品的分配标准额的比率，即为其他各种产品的系数。系数确定后，把各种产品的实际产量乘上其系数，换算成标准产品产量（或称为总系数）；然后再按各种产品的标准量（或者总系数）的比例分配各类完工产品总成本，计算出同类每一种产品的成本。这种方法又称为系数法，系数一经确定，在一定时期内应保持相对稳定。

（2）编制甲类各种完工产品成本计算表（见表6-5）。

表6-5　　**完工产品成本计算表**

201×年05月31日

数量单位：件
金额单位：元

产品类别：甲类

产品品种	产量	原材料费用系数	原材料费用总系数	工时定额	定额工时（小时）	总成本				单位成本
						直接材料	直接人工	制造费用	合计	
	1	2	3=1×2	4	5=1×4	6=3×率	7=5×率	8=5×率	9=6+7+8	10=9/1
A产品	32	1	32	20	640	8 000	1 824	2 816	12 640	395
B产品	20	0.95	19	16	320	4 750	912	1 408	7 070	353.5
C产品	8	1.25	10	30	240	2 500	684	1 056	4 240	530
合计			61		1 200	15 250	3 420	5 280	23 950	
分配率						250	2.85	4.4		

备注：表中的"率"指的是"分配率"。

·业务核算·

【业务6-2】

某工业企业生产A，B，C三种产品。因这三种产品所耗用原材料和生产工艺相近，故设为甲类产品，采用分类法计算成本。

甲类产品的月末在产品按定额成本计价。

201×年10月月初、月末在产品定额成本见表6-6。

表 6-6　　　　甲类产品在产品定额成本资料

201×年 10 月 01 日　　　　单位:元

项目	直接材料	直接人工	制造费用	合计
月初在产品定额	14 600	3 000	750	18 350
月末在成品定额	10 400	1 500	600	12 500

产品消耗定额见表 6-7。

表 6-7　　　　产品消耗定额

201×年 10 月 01 日

产品名称	材料消耗定额(千克)	工时消耗定额(小时)
A	24	25
B	16	11
C	20	10

(1) 甲类产品 10 月份的生产费用为:直接材料 139 800 元,直接人工 23 000 元,制造费用为 74 850 元,合计 237 650 元。

(2) 10 月份各种产品产量为:A 产品 100 件,B 产品 500 件,C 产品 200 件。

要求:根据上述资料采用分类法计算产品成本。

第一步,计算甲类完工成品成本(见表 6-8)。

表 6-8　　　　甲类产品成本计算表

201×年 10 月 31 日　　　　单位:元

月	日	摘要	直接材料	直接人工	制造费用	合计
10	1	月初在产品定额成本	14 600	3 000	750	18 350
10	31	本月生产费用	139 800	23 000	74 850	237 650
10	31	生产费用累计	154 400	26 000	75 600	256 000
10	31	结转完工产品成本	144 000	24 500	75 000	243 500
10	31	月末在产品定额成本	10 400	1 500	600	12 500

甲类完工产品成本计算如下:

直接材料成本=154 400-10 400=144 000(元)

直接人工成本=26 000-1 500=24 500(元)

制造费用=75 600-600=75 000(元)

完工产品总成本=144 000+24 500+75 000=243 500(元)

第二步,将甲类产品完工成本在 A, B, C 三种产品之间进行分配。

(1) 用定额比例法计算 A, B, C 三种成品成本。

编制类内产品成本计算表(见表 6-9)。

表 6-9　　　　　　　　甲类产品内各种成品成本计算表

201×年 10 月 31 日　　　　　　　　金额单位:元

项目	产量(件)	材料消耗定额	材料总定额消耗用量	工时定额(小时)	定额总工时(小时)	直接材料	直接人工	制造费用	成本合计	单位成本
①	②	③	④=②×③	⑤	⑥=②×⑤	⑦=④×率	⑧=⑥×率	⑨=⑥×率	⑩=⑦+⑧+⑨	(11)
分配率						10	2.45	7.5		
A产品	100	24	2 400	25	2 500	24 000	6 125	18 750	48 875	488.75
B产品	500	16	8 000	11	5 500	80 000	13 475	41 250	134 725	269.45
C产品	200	20	4 000	10	2 000	40 000	4 900	15 000	59 900	299.5
合计			14 400		10 000	144 000	24 500	75 000	243 500	

备注:表中的“率”指的是“分配率”。

表 6-9 计算说明：

产成品直接材料费用分配率=144 000÷14 400=10

A产品直接材料成本=2 400×10=24 000(元)

B产品直接材料成本=8 000×10=80 000(元)

C产品直接材料成本=4 000×10=40 000(元)

产成品直接人工分配率=24 500÷10 000=2.45

A产品直接人工=2 500×2.45=6 125(元)

B产品直接人工=5 500×2.45=13 475(元)

C产品直接人工=2 000×2.45=4 900(元)

产成品制造费用分配率=75 000÷10 000=7.5

A产品制造费用=2 500×7.5=18 750(元)

B产品制造费用=5 500×7.5=41 250(元)

C产品制造费用=2 000×7.5=15 000(元)

A产品单位成本=48 875÷100=488.75(元/件)

B产品单位成本=134 725÷500=269.45(元/件)

C产品单位成本=59 900÷200=299.50(元/件)

(2) 采用系数法计算 A，B，C 三种产品成本。

·业务核算·

【业务 6-3】

仍沿用业务 6-2,假定以 C 产品为标准产品,C 产品材料消耗定额系数为 1。A，B 材料消耗系数计算如下：

A产品材料消耗系数=24÷20=1.2

B产品材料消耗系数=16÷20=0.8

同类各种产成品计算表见表 6-10。

表 6-10 甲类产品内各种产成品成本计算表

201×年10月31日 金额单位:元

项目	产量(件)	原材料系数	原材料费用总系数	工时定额	定额总工时(小时)	直接材料	直接人工	制造费用	成本合计	单位成本
	①	②	③=①×②	④	⑤=①×④	⑥=③×率	⑦=⑤×率	⑧=⑤×率	⑨=⑥+⑦+⑧	⑩=⑨/①
分配率						200	2.45	7.5		
A产品	100	1.2	120	25	2 500	24 000	6 125	18 750	48 875	488.75
B产品	500	0.8	400	11	5 500	80 000	13 475	41 250	134 725	269.45
C产品	200	1	200	10	2 000	40 000	4 900	15 000	59 900	299.50
合计	—	—	720	—	10 000	144 000	24 500	75 000	243 500	—

备注:表中的"率"指的是"分配率"。

表 6-10 计算说明:

产成品直接材料费用分配率=144 000÷720=200

A产品直接材料成本=120×200=48 000(元)

B产品直接材料成本=400×200=80 000(元)

C产品直接材料成本=200×200=40 000(元)

产成品直接人工分配率=24 500÷10 000=2.45

A产品直接人工成本=2 500×2.45=6 125(元)

B产品直接人工成本=5 500×2.45=13 475(元)

C产品直接人工成本=2 000×2.45=4 900(元)

产成品制造费用分配率=75 000÷10 000=7.5

A产品直接人工成本=2 500×7.5=18 750(元)

B产品直接人工成本=5 500×7.5=41 250(元)

C产品直接人工成本=2 000×7.5=15 000(元)

通过比较可以看出:采用系数法计算的A,B,C三种产品应负担的直接材料、直接人工、制造费用,与定额比例法计算结果相同;计算的三种产品的总成本和单位成本与前述定额比例法也是相同的。

2. 分类法的优点及要注意的问题

通过上面举例可以看出,在产品品种或者规格较多的企业里,采用分类法计算产品成本,可以简化成本核算对象,从而简化成本核算工作。因此,这种方法在实际工作中应用比较多,在利用相同原材料,同时生产几种主要产品的企业,也可以采用分类法计算成本。但是,采用分类法时,产品的分类是否恰当,同类产品的类距是否合适,分配标准的选择是否符合实际,都直接影响成本计算结果的正确性。

小贴士

采用分类法，必须注意以下三个问题：

（1）分类要恰当。分类的原则应该是所耗用的原材料和加工过程基本相同或者相近，只有这样才能使其费用相接近，才能合并成一类产品去计算其的成本。

（2）类距要合适。所谓类距，是指类内的不同品种或者规格产品的进一步归类。类距不能过大，否则成本计算就不准不细，就会使品种或者规格相差很大的产品成本都相同，失去计算成本的意义；类距也不能过小，否则成本计算的工作量就会加大。

（3）分类标准的选择要符合实际。选择的分配标准，必须与成本水平的高低有密切联系，如果各成本项目不宜用同一分配标准，则需要根据各成本项目的性质，分别选用不同的分配标准，应该看到，采用的分配标准无论怎样科学，其分配结果都会在不同程度上具有一定的假定性。

·知识构建·

6.1.3 联产品的核算

1. 联产品的含义及核算特点

联产品，是指利用同一种原材料或者相同的几种原材料，经过同一生产过程，同时生产出使用价值不同的多种主要产品。例如，炼油厂从原油中同时提炼出汽油、煤油和柴油等产品，这些都是炼油厂的主要产品，可称为炼油厂的联产品。联产品生产时的联合加工过程，其特点是同一资源经过同一生产过程后，分离出两种或者两种以上的主要产品。

联产品的核算特点如下所述。

（1）联产品是在统一生产过程中使用相同的原材料一起生产出来的几种产品，它们的性质和用途各不相同。

（2）联产品在生产过程中所耗费的原材料和投入的加工费用难以直接计入各产品成本。

（3）各种联产品均为主要产品，是企业收入的主要来源，它们在企业中的地位相同。

2. 联产品核算程序

联产品是使用同样的原材料，并在同一生产过程中生产出来的。各种联产品一般要到生产过程终了时才能分离出来，有的产品可能在生产过程的某一个步骤中分离，有的产品分离后还需要经过进一步加工才能完成。联产品分离时的生产步骤称为分离点，分离点是联产品联合生产过程的结束。在分离点之前不可能按照每种产品来归集生产费用，各种联产品的生产费用综合在一起，称为联合成本或者分离前成本；分离后各种产品发生的成本称为可归属成本。联产品成本计算方法是由联产品生产的特点决定的，其核算程序如下所述。

（1）将分离前的联产品作为成本计算对象设置一个生产成本明细账，归集费用计算出联合成本；然后，选择适当的方法分配计算各种联产品应分配的生产费用。对于分离后可直接对外出售的产品,其所分配的生产费用即为该产品的完工成本。

(2) 对于分离后需进一步加工才能完成的产品,应当单独设置生产成本明细账,在联产品分离环节所分配的生产费用基础上,加上分离后的进一步加工费用,即为该产品的完工成本。

联产品成本核算程序如图 6-2 所示。

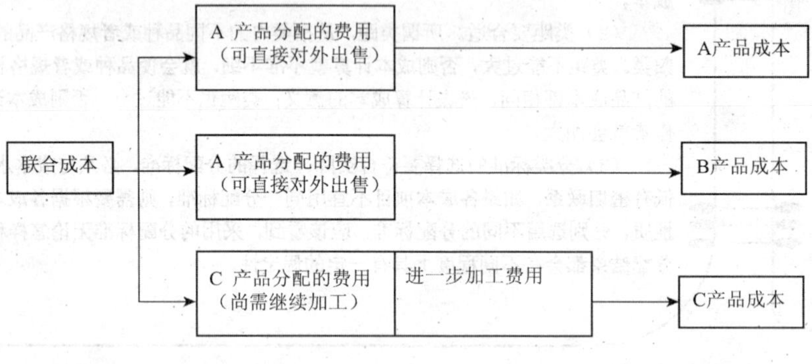

图 6-2 联产品成本核算程序

3. 联产品成本计算方法及应用案例

联产品成本计算通常需要分以下步骤进行:联产品分离前的成本计算;分离点联合成本的分配;分离后继续加工品成本的计算。联产品分离前联合成本的计算可按分类法进行。分离点联合成本的分配,可根据具体情况采用相应的分配方法,常用的分配方法有:实物量比例分配法、系数分配法(即标准产量法)、售价金额分配法。

(1) 实物量比例分配法。实物量比例分配法是将联合成本按照各种联产品的实物量(如重量、体积等)进行分配的一种方法。此法适用于发生的成本与实物量密切相关,而且各种联产品的销售价格比较均衡情况下联合成本的分配。

·业务核算·

【业务 6-4】

永毓公司生产甲、乙、丙三种联产品,本月发生的联合成本为 355 000 元。根据各种产品重量比例分配联合成本,甲、乙、丙三种产品重量分别为 4 500 千克、2 600 千克、2 900 千克。

分配结果见表 6-11。

表 6-11 **联合成本计算分配表**

201×年 10 月 31 日

品名	重量(千克)	分配率	分配金额(元)
甲产品	4 500	35.50	159 750
乙产品	2 600		92 300
丙产品	2 900		102 950
合计	10 000	35.50	355 000

（2）系数分配法（即标准产量法）。系数分配法也称标准产量法，它是将各种联产品的实际产量按照系数折算为标准产品产量，然后按照联产品的标准产量比例分配联合成本的方法。其具体分配程序如下所述。①首先，选取某种产品为标准产品，将其系数定位“1”，确定其他各种联产品的系数。②用各种联产品的实际产量乘以各自的系数，计算出各种联产品的标准产量。③以联产品的联合成本除以各种联产品的标准产量之和，求得联合成本分配率。④以联合成本分配率乘以各种联产品标准产量，即可计算出各种联产品负担的联合成本。

其中，系数分配法的关键是合理确定各产品系数。实务中，系数的确定可以采用各种联产品的重量、体积，或者单位定额成本、单位售价等。

·业务核算·

【业务6-5】

永毓公司同一生产过程生产出甲、乙、丙三种联产品，规定的各种联产品的系数之比为0.8∶1∶1.2，本月的产量分别为500千克、400千克、1 000千克。分离后乙产品和丙产品可以直接对外出售，甲产品需进一步加工才能最终完成。假设无月初、月末在产品。有关成本资料见表6-12。

表6-12　　**联产品成本资料**

201×年10月01日　　金额单位：元

项目	直接材料	直接人工	制造费用	合计
分离前联合成本	100 000	60 000	40 000	200 000
成本结构	50%	35%	15%	100%
分离后甲产品加工成本	2 000	2 500	1 000	5 500

根据上述资料，计算甲、乙、丙三种产品成本。

产品成本计算表见表6-13和表6-14。

表6-13　　**联产品成本计算表**

201×年10月31日　　金额单位：元

品名	实际产量（千克）	系数	标准产量（千克）	联合成本	分配率	总成本	单位成本
甲产品	500	0.8	400			40 000	80
乙产品	400	1	400			40 000	100
丙产品	1 000	1.2	1 200			120 000	120
合计			2 000	200 000	100	200 000	

表 6-14　　　　产品成本计算表

产品名称:甲产品

产量:500 千克　　　　201×年 08 月 31 日　　　　金额单位:元

成本项目	联合成本		分离后乙产品加工成本	总成本	单位成本
	结构比例	金额			
直接材料	50%	20 000	2 000	22 000	44
直接人工	35%	14 000	2 500	16 500	33
制造费用	15%	6 000	1 000	7 000	14
合计	100%	40 000	5 500	45 500	91

(3) 售价金额分配法。售价金额分配法,是指按照各种联产品的销售金额之比分配联合成本的一种方法。需要注意的是,这里的销售金额是按照产品产量计算,而不是按照产品销售量计算的。

·业务核算·

【业务 6-6】

永毓公司用同一种原材料,在同一个工艺过程中生产出甲、乙、丙三种联产品。这些联产品采用售价作为分配标准。甲产品分离后还要继续加工。201×年 8 月份联产品的产量和售价见表 6-15,有关成本资料见表 6-16。

表 6-15　　　　联产品产量及售价资料

201×年 08 月 01 日

产品名称	甲产品	乙产品	丙产品
产量(千克)	1 600	400	1 000
单位售价(元)	10	15	8

表 6-16　　　　联产品有关成本资料

201×年 08 月 01 日　　　　金额单位:元

项目	直接材料	直接人工	制造费用	合计
分离前的联合成本	15 480	7 353	2 967	25 800
各成本项目占总成本的比重	60%	28.5%	11.5%	100%
分离后甲产品的加工成本	800	239	401.6	1 440.6

成本计算步骤:(1)编制联产品成本计算表(见表 6-17);(2)编制甲产品成本汇总计算表(见表 6-18)。

表 6-17 **联产品成本计算表**

201×年 08 月 31 日 金额单位:元

品名	产量(千克)	单价	售价金额	分配率	总成本	单位成本
甲产品	1 600	10	16 000	53.33%	13 760	8.60
乙产品	400	15	6 000	20%	5 160	12.90
丙产品	1 000	8	8 000	26.67%	6 880	6.88
合计			30 000	100%	25 800	

表 6-18 **甲产品成本汇总计算表**

产品名称:甲产品 201×年 08 月 31 日 金额单位:元

成本项目	分配的联合成本		分离后加工成本	总成本	单位成本
	结构比例	金额			
直接材料	60%	8 256	800	9 056	5.66
直接人工	28.5%	3 921.6	239	4 160.6	2.60
制造费用	11.5%	1 582.4	401.6	1 984	1.24
合计	100%	13 760	1 440.6	15 200	9.50

·知识构建·

6.1.4 副产品的核算

1. 副产品的含义及特点

副产品,是指在生产主要产品的过程中,附带生产出来的非主要产品。副产品虽然不是企业的主要产品,但尚有一定的经济价值和用途,能满足某些方面的需要。例如,高炉炼钢的过程中,在生产主要产品炼钢的同时,还可附带生产出副产品——高炉煤气。再如,炼油厂在提炼原油过程中,在生产汽油、煤油、柴油等主要产品的同时,还会附带生产一些副产品——渣油、石油焦等。还有一些企业在生产过程中所产生的一些废气、废水、废渣,经综合利用,回收或者提炼出的产品也可以称为副产品。

小贴士

应当注意的是，主要产品和副产品的划分不是固定不变的。随着生产技术的发展和综合利用水平的提高，以及对产品性质的新发现，副产品也能转变为主要产品。

由于副产品和主要产品是在同一生产过程生产出来的，在分离前发生的费用难以划分，因此，只能将主要产品和副产品作为一类产品，采用分类法来归集费用、计算成本。但是，副产品一般来说价值都较低，在企业全部产品中所占的比重较小。这样，在计算成本时可以采用简便的计算方法：先按照一定方法确定副产品的成本；然后将其从发生费用的总额中予以扣除，其余额作为主要产品的成本。

2. 副产品成本的计价方法

副产品成本的计算，可以根据不同情况分别采用不同的方法。

(1) 副产品成本按照预计销售收入扣除销售费用和利润后的余额计价。这种方法适用于副产品价值较高的情况。

(2) 副产品成本按照事先规定的单位成本计算确定。在这种方法下，事先规定的单位成本应尽可能合理。

用以上方法计算的副产品成本，通常是从综合成本的“原材料”项目中分离出来的，也可以分别从各个成本项目中计算扣除。

有的副产品与主要产品分离后，还需要进一步加工。在这种情况下，应当根据副产品生产的特点和管理的要求单独计算成本。

此外，对副产品价值较低且分离后不再进一步加工者，副产品可不负担分离前的成本，全部成本均由主要产品负担。其优点是核算简便；缺点是因全部成本均由主要产品负担，必然使主要产品的成本提高，影响主要产品成本计算的准确性。

副产品成本的合理计价，对于正确计算主要产品成本和副产品成本十分重要。副产品成本的计价既不能过高，也不能过低，否则就会造成主要产品和副产品之间成本转嫁的问题，影响主要产品和副产品成本计算的准确性。

3. 副产品成本计算应用案例

·业务核算·

【业务 6-7】

永毓公司 201×年 5 月份在生产甲产品(主要产品)过程中，还附带生产出制造乙产品的原料，该原料经过加工即成为乙产品。附带生产的乙产品的原料按 0.6 元/千克计价，甲产品和乙产品的月末在产品成本均按原料定额成本计算。原料和辅助材料为直接费用；人工费用和制造费用按生产工时比例分配。本月生产出乙产品的原料 15 000 千克，进行加工后制成乙产品 2 000 千克。人工费用和制造费用分配情况见表 6-19。

表 6-19 人工费用和制造费用分配表

201×年 05 月 31 日 单位金额:元

项目	工时(小时)	人工费用	制造费用
甲产品	14 500	87 000	11 600
乙产品	500	3 000	400
丙产品	15 000	90 000	12 000
分配率		6	0.8

根据有关费用分配表、产品产量报告以及在产品定额资料，登记甲、乙产品成本计算单分别见表 6-20 和表 6-21。

表 6-20 产品成本计算单

产品名称:甲产品 201×年 05 月 31 日 单位金额:元

摘要	原料	辅助材料	人工费用	制造费用	合计
月初在产品定额成本	24 000				24 000
本月生产费用	485 000	3 000	87 000	11 600	586 600
扣减乙产品原料 (15 000×0.6)	−9 000				−9 000
合计	500 000	3 000	87 000	11 600	601 600
产成品(10 000 千克)	475 000	3 000	87 000	11 600	576 600
单位成本	47.5	0.30	8.70	1.16	57.66
月末在产品定额成本	25 000				25 000

表 6-21 产品成本计算单

产品名称:乙产品 201×年 05 月 31 日 金额单位:元

摘要	原料	辅助材料	人工费用	制造费用	合计
月初在产品定额成本	1 800				1 800
本月生产费用	9 000	880	3 000	400	13 280
合计	10 800	880	3 000	400	15 080
产成品(2 000 千克)	9 200	880	3 000	400	13 480
单位成本	4.60	0.44	1.50	0.20	6.74
月末在产品定额成本	1 600				1 600

·业务核算·

【业务6-8】

仍沿用业务6-7,如果生产的2 000千克乙产品按照确定的计划单位成本6.25元计算,其中:原料2.40元,辅助材料0.45元,人工费用2.2元,制造费用1.20元。那么编制的产品成本计算单见表6-22。

表6-22 产品成本计算单

产品名称:甲产品　　201×年05月31日　　金额单位:元

摘要	原料	辅助材料	人工费用	制造费用	合计
月初在产品定额成本	24 000				24 000
本月生产费用	485 000	3 880	90 000	12 000	590 880
乙产品计划单位成本	2.4	0.45	2.20	1.20	6.25
扣减乙产品成本(2 000千克)	—48 00	—900	—4 400	—24 00	—12 500
合计	504 200	2 980	85 600	9 600	602 380
产成品(10 000千克)	479 200	2 980	85 600	9 600	577 380
单位成本	47.92	0.298	8.56	0.96	57.738
月末在产品定额成本	25 000				25 000

·补充阅读·

等级产品也可以采用分类法计算产品成本。

等级产品是指品种相同,但在质量上有差别的产品。根据造成差别的原因不同,等级产品可以分为两种。一种是由于自然的原因或工艺条件不同而形成的等级品,如洗煤时就可以把原煤自然分成大、中、小块,这种等级品应按联产品成本计算方法计算;另一种是由于经营管理不好或技术操作的原因形成的等级品,如织布的时候发生的跳线布。

任务6.2 定额法的应用

·知识构建·

6.2.1 定额法概述

1. 定额法的概念

产品成本计算的定额法是以产品定额成本为基础,通过加或减脱离定额的差异和定额变动差异来计算产品实际成本的一种成本计算方法。

2. 定额法的特点及适用范围

定额法是为了克服前面所述的成本计算方法(如品种法、分批法、分步法)的弱点而提出的。在前面所述的几种成本计算方法下,生产费用的日常核算都是按照发生额进行的,不能及时反映和监督生产费用、产品成本脱离定额的差异,只有在月末成本计算出来以后才能将实际成本资料与定额资料进行对比反映,使问题处理不及时,从而不能更好地加强定额管理,实行成本控制。定额法弥补了前面几种方法的不足,它将产品成本从事后计算转移到生产费用的事前控制上来,便于及时发现脱离定额差异的原因。同时,它将产品成本计划、控制、核算和分析结合在 起,将费用的事前控制、事中控制、事后控制结合运用,有利于加强成本管理,提高经济效益。

小贴士

(1) 事前控制。是指事前制定产品消耗定额、费用定额和定额成本,以此作为降低成本的目标。

(2) 事中控制。是指在生产费用发生时,就将符合定额的费用和发生的差异分别核算,以加强对成本差异的日常核算、分析和控制。

(3) 事后控制。是指企业在月末以定额成本为基础,加减各种成本差异,计算出产品的实际成本,为成本的定期分析和考核提供资料。

定额法不但是一种产品成本计算方法,而且还是一种对产品成本进行控制管理的方法。定额法主要适用于定额管理比较健全,定额管理基础比较好,并且产品的生产已经定型,消耗定额比较准确、稳定的各种类型生产企业。

6.2.2　定额法的核算程序

首先,计算定额成本。定额成本是根据企业现行消耗定额、费用预算(计划)以及其他有关资料计算出来的一种目标成本。它是生产费用节约或者超支的尺度,是计算实际成本的基础。

其次,计算产品成本脱离定额的差异。脱离定额的差异,是指产品生产过程中的各项实际生产费用脱离现行定额的差异。及时正确地计算脱离定额的差异,有利于加强成本控制,寻找降低成本的途径。

再次,计算定额变动的差异。定额变动差异,是指由于修改定额后月初在产品定额成本与按新的定额成本计算的月初在产品成本之间产生的差异。它是定额自身变化的结果,与生产费用支出节约或者浪费无关。

最后,计算产品实际成本。计算产品实际成本的计算公式如下。

产品实际成本=定额成本±脱离定额差异±定额变动差异±材料成本差异

现将定额法成本计算的程序分述如下:

1. 定额成本的确定

定额成本的制定依据主要是产品的现行工艺过程、产品的材料消耗定额、燃料动力消耗定额、工时定额、小时工资率、制造费用率等，只有具备了科学、先进的定额，才能制定产品的定额成本。定额成本可以按零件、部件和产品分别制定。定额成本包括的成本项目通常与实际成本的成本项目相一致，便于进行计算、比较和考核。

定额成本的计算是通过编制定额成本计算表进行的。其编制方法应根据企业的具体情况确定。在产品结构简单、零部件较少的情况下，可以先计算零件的定额成本，再汇总计算部件的定额成本，最后再计算产品定额成本；如果产品结构复杂、零件较多，可以以产品为对象，直接计算产品定额成本；在规模较大、实行两级成本核算的企业中，定额成本的计算，不仅要按产品品种，而且还要按产品生产所经过的车间来进行。

定额成本各成本项目的计算公式如下：

单位产品的直接材料定额成本＝∑(产品的材料消耗定额×材料的计划单价)
单位产品的直接人工费用定额成本＝产品的工时消耗定额×计划小时工资率
单位产品的制造费用定额成本＝产品的工时消耗定额×计划小时制造费用率

各成本项目的定额成本相加即为产品的单位定额成本，单位定额成本乘以实际产量即为总定额成本。单位产品定额成本计算表的格式举例见表6-23。

表6-23　单位产品定额成本计算表

产品名称：甲产品　　201×年08月31日　　单位金额：元

项　目	材料消耗定额	工时消耗定额(小时)	计划单价	金额
直接材料				32 000
其中：A材料	400千克		30	12 000
B材料	1 000千克		20	20 000
直接人工		200	20	4 000
制造费用		400	10	4 000
单位定额成本				40 000

2. 产品成本脱离定额差异的计算

脱离定额差异，是指在产品生产过程中实际支出的各种费用与定额之间的差异。实际数大于定额数为超支差异(以“＋”表示)，实际数小于定额数为节约差异(以“－”表示)。

在定额法下，脱离定额差异的计算是按成本项目分别进行的，即分别计算材料脱离定额差异、直接人工脱离定额差异、制造费用脱离定额差异。下面分别说明其计算方法。

(1) 直接材料脱离定额差异的计算。直接材料脱离定额差异，是指由于产品生产实际材料耗用量与其定额耗用量之间的差异而造成的成本差异(即量差)。直接材料脱离定额差异的计算通常有限额领料单法、切割法和盘存法三种方法。

a. 限额领料单法。采用该方法时，原材料的领用一般实行限额领料制度，限额范围的用料，应根据限额领料单领用；增加产量发生的超额用料，在办理了追加限额手续后，也可以使用限额领料单领用；其他原因超额用料或者使用代用料，一般应填制领料单、材料单或者代用材料领料单等差异凭证。对于材料代用或者废料利用，还应在有关限额领料单内注明，并从原定的限额内扣除。生产任务完成后的余料，应填制退料单，退料单应视为差异凭证，原材料余额和退料单中的原材料数额，都属于直接材料脱离定额的直接差异。

b. 材料切割单法。对于需要切割后才能加工的材料，还应利用材料切割单来计算材料脱离定额的差异。切割单应按切割材料的批别开立，填列发交切割材料的种类、数量、消耗定额以及切割材料的毛坯数量；切割完成后，再填写实际切割成的毛坯的实际耗用量等。根据切割的毛坯的数量和消耗定额，就可以计算出材料的定额耗用量，将其与实际耗用量相比较，就可以计算出脱离定额的差异。材料切割核算单的格式举例见表6-24。

表6-24　　　　材料切割核算单

图纸号：108
机床编号：503

材料编号或名称：3108　　　　发交切割日期：201×年06月18日
产品名称：A　　　　完工日期：201×年06月22日
零件编号或名称：3025　　　　材料计量单位：千克
切割工人工号和姓名：××　　　　材料计划单价：10元

<table>
<tr><td colspan="3">发料数量</td><td colspan="4">退回余料数量</td><td colspan="2">材料实际消耗量</td><td colspan="2">废料回收数量</td></tr>
<tr><td colspan="3">200</td><td colspan="4">20</td><td colspan="2">180</td><td colspan="2">30</td></tr>
<tr><td colspan="2">单件消耗定额</td><td colspan="3">单位回收废料定额</td><td colspan="2">应切割毛坯数量/件</td><td>实际切割毛坯数量/件</td><td colspan="2">材料定额消耗量</td><td>废料定额回收量</td></tr>
<tr><td colspan="2">10</td><td colspan="3">0.2</td><td colspan="2">18</td><td>16</td><td colspan="2">160</td><td>3.2</td></tr>
<tr><td colspan="2">材料脱离定额差异</td><td colspan="5">废料脱离定额差异</td><td colspan="3">差异原因</td><td>责任人</td></tr>
<tr><td>数量</td><td>金额</td><td colspan="2">数量</td><td colspan="2">单件</td><td>金额</td><td colspan="3" rowspan="2">未按规定操作因而多留了角料，减少了毛坯件</td><td rowspan="2">切割工人：×××</td></tr>
<tr><td>＋20</td><td>＋200</td><td colspan="2">－26.8</td><td colspan="2">2</td><td>－53.6</td></tr>
</table>

说明：回收废料超过定额的差异可以冲减材料费用，故列负数；相反，低于定额的差异列正数。

应切割成毛坯数量＝材料实际消耗量/材料消耗定额＝180÷10＝18(件)

材料定额消耗量＝实际切割毛坯数量×材料消耗定额＝16×10＝160(千克)

废料定额回收量＝实际切割毛坯数量×废品回收定额＝16×0.2＝3.2(千克)

材料脱离定额差异＝(材料定额消耗量－材料实际消耗量)×材料计划单价
＝(180－160)×10＝200(元)

废料脱离定额差异＝(废料定额回收数量－废料实际回收数量)×废料单价
＝(3.2－30)×2＝－53.6(元)

c. 盘存法。在连续或者大量生产产品的企业中，产品不能按批别划分，可以用定期盘存法计算材料脱离定额的差异。其计算步骤是：①根据产量凭证和产量盘存(或者账面)资料所列完工产品数量和在产品数量，计算产品投产量，产品投产量乘以直接材料消耗定额，计算出直接材料定额消耗量；②根据限额领料单、退料单等领退料凭证以及车间余料盘存数，计算出直接材料实际消耗量；③通过账面数和盘存数的差额就确定材料脱离定额差异。

(2) 直接人工费用脱离定额差异的计算。分述如下。

A. 生产工人工资脱离定额差异，应根据企业工资制度进行计算。实行计件工资制度的企业，生产工人工资属于直接费用，因而其脱离定额差异的核算与直接材料相类似。凡符合定额的生产工人工资可反映在工作班产量记录、工序进程单等产量记录中；脱离定额的差异部分，应设置"工资补付单"等差异凭证予以反映，单中应注明差异发生的原因。该设置凭证应经过一定的审批手续批准。

B. 实行计时工资制度的企业，生产工人工资脱离定额的差异不能在平时按照产品直接计算，只有在月末实际工人工资总额确定以后，才能按照下列公式计算：

计划小时工资率＝某车间计划产量的定额工人工资总额/该车间计划产量的定额生产工时总数
实际小时工资率＝该车间实际生产工人工资总额/该车间实际生产工时总数
某产品的定额工人工资＝该产品实际产量的定额生产工时×计划小时工资率
某产品的实际工人工资＝该产品实际产量的实际生产工时×实际小时工资率
某产品工人工资脱离定额的差异＝该产品的实际工人工资－该产品的定额工人工资

直接人工费用脱离定额的差异，应按成本计算对象通过编制直接人工费用定额和脱离定额差异汇总表进行计算，其格式举例见表 6-25。

表 6-25　直接人工费用定额和脱离定额差异汇总计算表

车间：A 车间　201×年 08 月 31 日　金额单位：元

产品名称	产量（件）	单位工时定额	人工费用定额			实际人工费用			脱离定额差异
			定额工时	计划小时工资率	定额工资	实际工时（小时）	实际小时工资率	实际工资	
甲产品	400	15	6 000		120 000	5 000		125 000	＋500
乙产品	1 000	8	8 000		160 000	7 000		175 000	＋15 000
合计			14 000	20	280 000	12 000	25	300 000	＋20 000

(3) 制造费用脱离定额差异计算。制造费用属于间接费用，一般应按车间、部门分别进行归集，月末分配计入产品成本。该项费用采用制定费用预算的办法下达给车间及有关部门，一般不能用日常核算办法来控制差异，只能定期（一般按月）将费用预算与实际发生数相比较计算出差异。其计算公式如下：

计划小时制造费用分配率＝某车间计划与实际制造费用总额/某车间计划产量的定额生产工时总数
实际小时制造费用分配率＝某车间实际制造费用总额/某车间实际生产工时总数
某产品定额制造费用＝该产品实际生产定额工时×计划小时制造费用分配率
某产品实际制造费用＝该产品实际工时×实际小时制造费用分配率
某产品制造费用脱离定额差异＝某产品实际制造费用－该产品定额制造费用

制造费用定额和脱离定额差异，是通过编制"制造费用定额和脱离定额差异汇总计算表"进行计算的，其格式举例见表 6-26。

表 6-26　　**制造费用定额和脱离定额差异汇总计算表**

车间:A车间　　201×年08月31日　　金额单位:元

产品名称	产量(件)	单位工时定额	制造费用定额			实际制造费用			脱离定额差异
			定额工时(小时)	计划小时分配	定额制造费用	实际工时(小时)	实际小时分配率	实际制造费用	
甲产品	400	15	6 000		60 000	5 000		60 000	0
乙产品	1 000	8	8 000		80 000	7 000		84 000	+4 000
合计			14 000	10	140 000	12 000	12	144 000	+4 000

3. 材料成本差异的调整

在采用定额法计算产品成本的企业,为了便于对产品成本进行考核和分析,材料的日常核算都应按计划成本进行。因此,日常所发生的材料费用,包括材料定额费用和材料脱离定额的差异,都是按照材料的计划单位成本计算的。材料定额费用是定额消耗量乘以计划单位成本;材料脱离定额的差异,是按计划单位成本反映的数量差异,即量差。因此,在月末计算产品的实际材料费用时,还必须考虑所消耗材料应负担的成本差异问题,即所消耗材料的价差。其计算公式如下:

$$\text{某产品分配的材料成本差异}=\left(\text{该产品的材料定额费用}\pm\text{材料脱离定额差异}\right)\times\text{材料成本差异分配率}$$

·业务核算·

【业务6-9】

201×年8月,甲产品原材料定额费用和脱离定额差异汇总表见表6-27。

假设直接材料成本差异率是−1%,计算该产品应负担的成本差异。

表 6-27　　**原材料定额费用和脱离定额差异汇总表**

产品名称:甲产品　　201×年08月31日　　金额单位:元

原材料名称	材料编号	单位	计划单价	定额费用		计划价格费用		脱离定额差异		差异原因
				数量	金额	实际用量	金额	数量	金额	
A材料	1011	千克	5	800	4 000	840	4 200	+40	200	
B材料	1012	千克	10	1 200	12 000	1 120	11 200	−80	−800	
合计					16 000		15 400		−600	

甲产品应负担的材料成本差异=(16 000−600)×(−1%)=−154(元)

各种产品应分配的材料成本差异,一般均由各该产品的完工产品成本负担,月末在产品不再负担。

在多步骤生产中采用定额法的情况下,若逐步结转半成品成本,则半成品的日常核算也应按计划成本和定额成本进行。在月末计算产品实际成品时,也应比照材料成本差异的分配方法计算产品所耗半成品的成本差异。

此时,产品实际成本的计算公式如下:

$$\text{产品实际成本}=\text{按现行定额计算的产品定额成本}\pm\text{脱离现行定额差异}\pm\text{材料或者半成品成本差异}$$

在定额法下,为了便于考核和分析各生产步骤的产品成本,简化成本计算工作,各步骤所耗用的材料和半成品的成本差异应尽量由厂部分配调整,不计入各生产步骤产品的成本。

4. 定额变动差异的计算

定额变动差异,是由于修订消耗(费用)定额而产生的新旧两种定额之间的差异额。它的修订一般在月初、季初或者年初进行。修订定额月份投产的产品,都是按新定额计算其定额成本和脱离定额的差异;但在定额变动的月份,月初在产品的定额成本仍是按旧定额计算的。为了将按旧定额计算的月初在产品的定额成本和按新定额计算的本月投入的产品的定额成本在新定额的同一基础上能相加,以便计算产品的实际成本,就必须将按旧定额计算的月初在产品定额成本调整为按新定额计算的月初在产品定额成本。按新定额计算的月初在产品定额成本与按旧定额计算的月初在产品定额成本之间的差异,称为月初在产品的定额变动差异。

月初在产品定额变动差异,可以根据定额发生变动的月初在产品结存数量(或者在产品账面结存数量)乘以单位定额变动差异来计算,这种计算应按零件、部件或者工序进行,计算工作量较大;也可以通过加速定额变动系数进行折算。定额变动系数,是指按新定额计算的单位产品费用与按旧定额计算的单位产品费用之比。其计算公式如下:

定额变动系数= 按新定额计算的单位产品费用/按旧定额计算的单位产品费用

月初在产品定额变动差异=按旧定额计算的月初在产品成本×(定额变动系数-1)

·业务核算·

【业务 6-10】

东华工厂生产的甲产品的某个零件从 8 月 1 日起修订直接材料消耗定额,每件产品旧的直接材料费用定额为 200 元,新的直接材料费用定额为 180 元。该种零件 7 月 31 日在产品的直接材料定额为 60 000 元。

定额变动系数和月初在产品定额变动差异计算如下:

A 产品定额变动系数= 180÷200=0.9

A 产品月初在产品定额变动差异=60 000×(0.9-1)=-6 000 元

5. 产品实际成本的计算

在修订定额成本的月份,产品的实际成本应按下列公式计算:

$$\text{产品实际成本}=\text{按现行定额计算的产品定额成本}\pm\text{脱离现行定额差异}\pm\text{直接材料成本差异}\pm\text{月初在产品定额变动差异}$$

·任务小结·

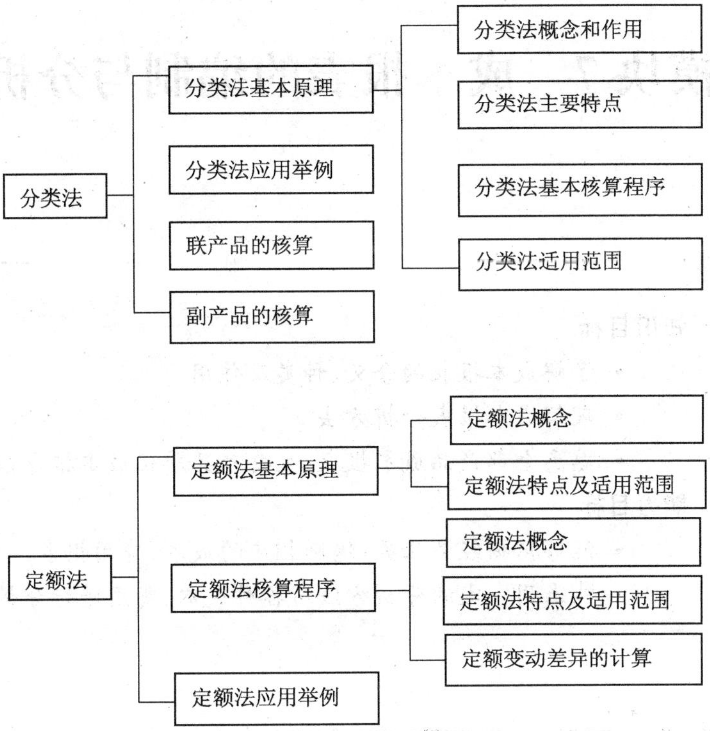

图 6-3　分类法及定额法的内容构成

模块7　成本报表的编制与分析

学习任务目标

知识目标

- 了解成本报表的含义、种类及作用
- 理解成本报表分析方法
- 熟悉全部产品成本报表、主要产品单位成本报表、期间费用报表

能力目标

- 能够根据经济业务，编制相应的成本、费用报表
- 能采用一定的分析方法对各种成本、费用进行分析

情景导入

案例资料·编报利丰巧克力厂本年度成本、费用报表并分析

2016级会计专业学生杨洋同学步入了三年级实习阶段，他进入了利丰巧克力厂开始为期1年的企业实践。在成本核算员周瑞师傅指导下目前已经实践了快半年。此时恰逢201×年年末，成本核算员周瑞和杨洋同学需要对利丰巧克力厂本年度实现的成本费用编制成本、费用报表，并对编制后的成本、费用报表出具相应的分析报告。最后，将分析报告汇报给相关领导。

任务7.1　认知成本报表

·知识构建·

7.1.1　成本报表概述

1. 成本报表的概念

成本报表是依据日常成本核算资料定期编制的、用于综合反映企业一定时期产品成本水平及其构成情况以及有关各项费用支出情况的报告文件。

2. 成本报表的特点

(1) 灵活性。成本报表属于企业内部报表,不受对外报送报表所规定的要求限制,所以,成本报表的种类、格式、项目、内容等可根据企业实际需要自行设计,并可随着生产条件的变化及管理要求的提高随时进行修改和调整,具有较大的灵活性。

(2) 多样性。成本报表是企业在其特定的生产环境下,结合其自身的生产特点和管理要求编制的。不同企业的生产特点和成本管理要求不同,决定了不同企业编制的成本报表在种类、格式、指标项目以及指标计算口径上的不同,因而成本报表呈现出多样性。

(3) 综合性。成本报表应同时满足企业财会、生产技术和计划管理等部门对成本管理的需要。成本报表不仅要为这些职能部门提供用于事后分析的资料,而且还要提供事前计划、事中控制所需要的大量信息。因此,成本报表不仅要设置货币指标,而且还要设置反映成本消耗的多种形式的指标;不仅包括会计核算提供的指标,而且还包括统计核算、业务核算提供的指标。成本报表包含的信息广泛,具有综合性的特点。

3. 成本报表的作用

(1) 综合反映报告期内的产品成本水平。产品成本是反映企业一定期间内生产经营各方面管理水平高低的一项综合性指标,即企业的供应、生产和销售各个环节的经营管理水平,最终都直接或者间接地反映在产品成本中。利用成本报表的资料,能够及时发现企业在生产、技术、质量和管理等方面取得的成绩和存在的问题。

(2) 反映企业成本计划的完成情况。通过成本报表所提炼的各项产品成本指标,可以掌握企业一定时期的成本水平,分析和考核产品成本计划完成情况,明确各部门、各岗位执行成本计划的成绩和责任,总结经验,发现成本管理工作中存在的问题,采取措施,及时加强成本管理。

(3) 为制定成本计划和成本决策提供依据。企业根据报告年度产品成本的实际水平,结合报告年度成本计划的执行情况,考虑计划年度可能出现的有利因素和不利因素,制定下年度的成本计划,并进行成本预测和成本决策。因此,本期成本报表所提供的资料,是编制下期成本计划、进行成本预测和成本决策的重要依据。

7.1.2 成本报表的种类

1. 按成本报表反映的经济内容分类

成本报表按其反映的经济内容,可以分为反映企业产品成本水平及其构成情况的报表和反映费用支出情况的报表。

(1) 反映企业产品成本水平及其构成情况的报表。这类报表主要有商品产品成本表、主要产品单位成本表和制造费用表等。在报表中,将报告期的实际成本与计划成本、历史成本及同行业的成本进行比较,分析成本计划的执行情况,为降低产品成本提供资料。

(2) 反映费用支出情况的报表。这类报表主要有财务费用明细表、管理费用明细表、销售费用明细表等。通过这类报表,可以了解企业在一定时期内费用支出的总额及其构成情况,了解费用支出的合理程度和变动趋势,有利于企业管理部门正确制定费用预算,考核各项消耗和支出指标的完成情况,明确各有关部门和人员的经济责任。

2. 按成本报表编制的时间分类

成本报表在报送内容上虽不像财务报表那样规范，尤其在报送时间上具有很大灵活性，但主要报表仍可按编报时间进行划分，可分为定期成本报表和不定期成本报表。

(1) 定期成本报表。定期成本报表是指按规定期限编报的、反映企业有关成本情况的报表。按报送期限长短不同，定期成本报表可分为年报、季报、月报、旬报、周报、日报等报表。在实际工作中，企业可以根据生产特点和成本管理需要选择成本报表的编制时间，以满足企业对成本进行控制和考核的需要。

(2) 不定期成本报表。不定期成本报表是针对成本管理中出现的某些问题或急需解决的问题而随时按要求编制的成本报表，如发生异常的成本差异，及时将信息反馈给有关部门而编制的成本费用报表。

7.1.3 成本报表的编制要求

为提高成本信息的质量，充分发挥成本报表的作用，成本报表的编制应符合下列基本要求。

1. 数字真实

成本报表中的各项数据必须真实可靠，不能任意估计，更不能弄虚作假、篡改数字，应如映企业实际发生的成本费用。

2. 计算准确

成本报表中的各项数字要计算准确，各种成本报表之间、主表与附表之间、各项目之间，凡是有勾稽关系的数字，应相互一致；本期报表与上期报表之间有关的数字应相互衔接。

3. 内容完整

应编制的各种成本报表必须齐全，应填列的指标和文字说明必须全面，表内项目和表外补充资料不论根据账簿资料直接填列，还是分析计算填列，都应做到准确、全面，不得随意取舍。对于重要的项目，在成本报表中应单独列示，以显示其重要性；对于次要的项目，可以合并反映。

4. 编报及时

企业应按规定编制成本报表，并按规定日期报送使用部门，以及时满足各相关部门对成本报表资料的需要，充分发挥成本报表的作用。

7.1.4 成本报表的编制

1. 商品产品成本表的概念和作用

商品产品成本表是反映企业在报告期内所生产的全部产品(包括可比产品和不可比产品)的总成本及各种主要产品的单位成本的会计报表。

编制商品产品成本表是为了考核企业全部商品产品成本计划的执行情况以及可比产品成本降低任务的完成情况，以便分析成本增减变化的原因，寻求进一步降低产品成本的途径。

2. 商品产品成本表的结构和内容

商品产品成本表按可比产品和不可比产品分别反映其单位成本和总成本。可比产品是指企业过去曾经正式生产过，有完整的成本核算资料的产品；不可比产品是指以前年度或上年度未正常生产过的产品。商品产品成本表的格式如表 7-1 所示。

表 7-1 **商品产品成本报表(按成本项目反映)**

年 月 日

编制单位： 金额单位:元

项目	上年实际	本年计划	本月实际	本年累计实际
生产费用				
直接材料				
直接人工				
制造费用				
生产费用合计				
加:在产品、自制半成品期初余额				
减:在产品、自制半成品期末余额				
产品生产成本合计				

反映产品成本情况的报表是产品成本报表。

产品成本报表主要反映企业为生产一定种类和一定数量产品所支出的生产费用的水平及其构成情况，并与计划、上年实际、历史最好水平或同行业同类产品先进水平相比较，反映产品成本的变动情况和变动趋势。

商品产品成本报表是反映企业在报告期内生产的全部商品产品总成本的报表。该表一般分为两种:一种按成本项目反映，另一种按产品品种反映。

按成本项目反映的商品产品成本报表是按成本项目汇总反映企业在报告期内发生的生产成本以及产品生产成本合计额的报表。

按产品品种反映的商品产品成本表，是按产品品种汇总反映企业在报告期内生产的全部产品的单位成本和总成本的报表。如表 7-2 所示。

表 7-2 **商品产品成本报表(按产品品种反映)**

年 月 日

编制单位： 单位:元

产品名称	计量单位	实际产量		单位成本				本月总成本			本年累计总成本		
		本月	本年累计	上年实际平均	本年计划	本月实际	本年累计实际平均	按上年实际平均单位成本计算	按本年计划单位成本计算	本月实际	按上年实际平均单位成本计算	按本年计划单位成本计算	本年实际
可比产品													
不可比产品													
合计													

主要产品单位成本表是反映企业报告期内生产的各种主要产品的单位成本及其构成情况的报表。该表应按主要产品分别编制，即每种主要产品都要编制一张主要产品单位成本报表。该表是产品生产成本(按产品品种反映)表中某些主要产品成本的进一步反

映。如表 7-3 所示。

表 7-3　　主要产品单位成本表

产品名称:×××
产品销售单价:××元
产品规格:×××
本月实际产量:××件
计量单位:件
本年累计实际产量:××件　　金额单位:元

成本项目	历史先进水平	上年实际平均	本年计划	本月实际	本年累计实际平均
直接材料					
直接人工					
制造费用					
生产成本					
主要技术经济指标					
1. 主要材料(用量)					
2.					

3. 反映各种费用情况的报表——费用支出报表

费用支出报表主要反映企业在一定时期内各种费用总额及其构成情况的报表,并与计划(预算)、上年实际对比,反映各项费用支出的变动情况和变动趋势。

制造费用明细表是企业在报告期内发生的全部制造费用及其构成情况的报表,分别反映该费用的本月(本年)计划数、上年同期实际、本月实际数和本年累计实际数。如表 7-4 所示。

表 7-4　　制造费用明细表

年　月　日

编制单位:　　单位:元

费用项目	本月计划	上年同期实际	本月实际	本年累计实际
职工薪酬				
办公费				
折旧费				
租赁费				
运输费				
保险费				
水电费				
机物料消耗				

管理费用明细表及财务费用明细表分别如表 7-5、表 7-6 所示。

表 7-5　　**管理费用明细表**

年　月　日

编制单位：　　单位：元

费用项目	本月计划	上年同期实际	本月实际	本年累计实际
职工薪酬				
办公费				
折旧费				
租赁费				
运输费				
水电费				

表 7-6　　**财务费用明细表**

年　月　日

编制单位：　　单位：元

费用项目	本月计划	上年同期实际	本月实际	本年累计实际
利息支出(减：利息收入)				
汇兑损失(减：汇兑收益)				
金融机构手续费				
其　他				
合　计				

任务 7.2　成本报表的分析

·知识构建·

7.2.1　成本分析的作用

成本分析是以成本核算资料为基础，结合有关计划、定额及其他相关资料，揭示企业各项成本指标计划完成情况和成本变动原因、经营管理业绩及存在缺陷的一种管理活动。通过成本分析可以揭示成本变动原因，明确成本发生变化的责任，有助于挖掘企业内部降低成本的潜力。成本分析的作用如下所述。

(1) 通过成本分析，可以随时检查各项定额、费用指标和成本计划的执行情况，及时采取有效措施，使各项消耗和费用开支控制在预先制定的标准限度内，以便于更好地完成计划任务。

(2) 通过系统、全面地分析成本计划完成或未完成的原因，可以对成本计划本身及其会计执行情况进行评价;对成本管理的经验教训进行总结,肯定成绩,指出存在的问题,逐步认识和掌握产品成本变动规律;不断挖掘企业内部潜力,降低产品成本,提高经济效益。

(3) 进行成本分析,可以为下期作出新的生产经营决策及编制成本计划提供重要依据。通过成本分析,可以对各种备选方案进行比较,从而为企业正确进行生产、技术和经营管理决策,确定最佳方案提供客观依据。

7.2.2 成本报表的分析方法

1. 比较分析法

比较分析法也称对比分析法,是指对经济指标的比较,从数量上确定其差异的一种成本分析方法。比较分析法只适用于同质指标的数量对比,其主要作用在于发现问题,找出差距,分析原因,为进一步降低成本指明方向。比较分析法是成本报表分析的最基本方法。比较分析法根据分析的目的与要求不同,主要有以下几种形式。

(1) 以成本的实际数与成本的计划或定额数对比,分析成本计划或定额的完成情况。

(2) 以本期实际数与前期(上期、上年同期或历史最高水平)实际数对比,观察企业成本的变动情况和变化趋势,了解企业生产经营工作的改进情况。

(3) 以本企业实际数与国内外同行业先进水平对比,可以在更大范围内找出差距,推动企业改进经营管理。

2. 比率分析法

比率分析法是通过计算各项指标之间的相对数即比率,来评价企业成本活动的相对效益的一种成本分析方法。采用这种方法,先要把对比的数值变成相对数,求出比率,然后再进行对比分析。

比率分析法主要有相关比率分析法和构成比率分析法两种。

(1) 相关比率分析法。相关比率分析法是通过计算两个性质不同而又相关的指标的比率,来进行数量分析的方法。在实际工作中,由于企业规模不同等原因,单纯地对比产值、销售收入或利润等绝对数的多少,不能准确说明各个企业的经济效益的水平。如果计算成本与产值、销售收入或利润相比的相对数,即计算产值成本率、销售收入成本率或成本利润率,就可以反映各个企业经济效益的水平。相关比率分析法是比率分析法中最重要的分析方法,在成本效益分析中被广泛采用。

(2) 构成比率分析法。构成比率分析法又称比重分析法或结构比率分析法,它是一种主要通过计算某项成本指标的各个组成部分占总体的比重,来分析其内容构成的变化的方法。例如,将构成产品成本的各个成本项目(直接材料、直接人工、制造费用)与产品生产成本比较,计算其占总成本的比重,然后将不同时期同样产品的成本构成进行比较,可以观察产品成本构成的变化,了解企业改进生产技术和经营管理对产品成本的影响。

3. 因素分析法

因素分析法是将某一综合指标分解为若干个相互联系的因素,然后计算几个相互联系的因素对综合经济指标变动影响程度的一种分析方法。

采用比较分析法和比率分析法只能揭示实际数与其基数之间的差异,但难以揭示产生成本差异的因素和各因素的影响程度。采用因素分析法可以找出产生差异的主要因素,采取有效措施,降低产品成本。

因素分析法主要有连环替代法和差额计算法。

(1) 连环替代法。连环替代法又称因素替代法,是因素分析法的基本形式,是用来分析引起某个经济指标变动的各个因素影响程度的一种数量分析方法。

运用连环替代法的一般程序。①确定某项指标由哪几个因素组成。②确定各个因素与该指标的关系,是加减还是乘除关系。③采用适当方法分解因素。④计算确定各个因素影响的数额。

【业务 7-1】

某企业 201×年原材料费用实际数为 40 194 元,计划数为 40 000 元,实际数比计划数增加了 194 元。其原材料消耗情况如表 7-7 所示。

表 7-7　　原材料消耗情况

项目	单位	计划数	实际数	差异
产量	件	200	203	+3
单位产品原材料消耗	千克	10	9	−1
材料单价	元	20	22	+2
原材料费用总额	元	40 000	40 194	+194

从表 7-7 中可知,原材料费用实际数比计划数多 194 元,是由于产量、单位产品原材料消耗和材料单价共同变动所致。采用连环替代法分析各因素的影响程度,计算如下:

计划指标数=200×10×20=40 000(元)

第一次替代数=203×10×20=40 600(元)(由于产量增加原材料费用 600 元)

第二次替代数=203×9×20=36 540(元)(由于单位产品原材料消耗降低原材料费用 4 060 元)

第三次替代数=203×9×22=40 194(元)(由于材料单价提高原材料费用 3 654)

从分析结果可知,由于产量增加使原材料费用增加 600 元,由于单位产品原材料消耗降低使原材料费用降低 4 060 元,由于材料单价升高使原材料费用升高 3 654 元,各项因素共同影响,使原材料费用升高 194 元。

(2) 差额计算法。差额计算法是连环替代法的一种简化形式,应用原理与连环替代法是一致的,只是计算程序不同。差额计算法的特点是先计算各因素的实际数与计划数之间的差额,然后按连环替代法相同的顺序依次求出各因素变动对总指标的影响程度。

【业务 7-2】

以业务 7-1 的资料为例,采用差额计算法分析如下。

A. 分析对象,为原材料费用。

40 194−40 000=194(元)

原材料费用增加 194 元。

B. 确定各个因素的影响程度。

产量变动的影响=(+3)×10×20=600(元)

单位产品原材料消耗量变动的影响=203×(−1)×20=−4 060(元)

材料单价的影响＝203×9×(＋2)＝＋3 654(元)

计算差额,可以按绝对数计算,也可以按相对数计算。差额计算法由于计算方法简便,所以应用比较广泛,特别是在影响因素只有两个时,更适宜应用。

·任务小结·

成本报表编制与分析内容构成如图 7-1 所示。

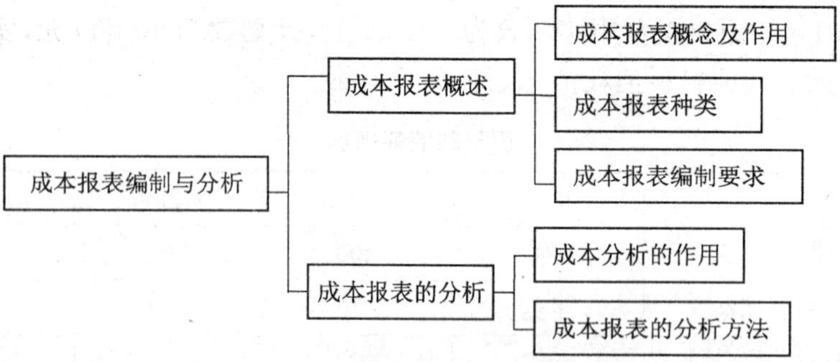

图 7-1　成本报表编制与分析内容构成